Die Früchte des spirituellen Lebens

Ayya Khema

Sāmaññaphala-Sutta

Die Früchte des spirituellen Lebens

O. W. Barth

Wer mehr über die Buddha-Lehre, wie sie von Ayya Khema vermittelt wurde, erfahren oder in die Meditation eingeführt werden möchte, wende sich bitte an:

Buddha-Haus
Meditations- und Studienzentrum e.V.
Uttenbühl 5
87466 Oy-Mittelberg

Tel. 08376-502; Fax: 08376-592

Erste Auflage 1999

Inhalt

Vorwort

Als mein Lehrer, der Ehrwürdige Ñāṇarāma Mahāthera, einmal gefragt wurde, welche von den vielen Lehrreden des Buddha besonders wichtig sei, erwiderte er: das *Sāmañña-phala-Sutta*, die Lehrrede von den Früchten des spirituellen Lebens. Würde man nur eine einzige Lehrrede kennen, so erklärte er, dann sollte es diese sein. Denn sie enthalte den ganzen Weg der Läuterung, der Meditation und der Einsicht, den der Buddha gelehrt hat und der zur vollen Erleuchtung führt.

Wenn wir daher diese Lehrrede (aus der langen Sammlung der Lehrreden des Buddha Nr. D2) als einen Wegweiser für die eigene spirituelle Entwicklung benutzen, so kann sie ein bedeutsames Licht auf viele Fragen werfen, die uns oft schwierig erscheinen.

Alle, die an dem Buch mitgearbeitet haben und denen ich zu Dank verpflichtet bin, sind glücklich, wenn diese Erklärungen einigen Menschen den Weg nach innen erleichtern.

Ayya Khema
Buddha-Haus
Juli 1997

Die Früchte des spirituellen Lebens
(Sāmaññaphala-Sutta)

1. Folgendes habe ich gehört. Einst weilte der Erhabene in Rājagaha in Jīvaka Komārabhaccas Mangohain zusammen mit einer großen Schar von Mönchen, zwölfhundertfünfzig an der Zahl. Zur selben Zeit saß König Ajātasattu, der Sohn der Königin Vedehī, inmitten seines Gefolges auf dem Dach seines Palastes. Es war eine Vollmondnacht im Herbst, ein Feiertag in der Mitte des Monats. Der König von Magadha, Ajātasattu, gab seiner Begeisterung Ausdruck mit den Worten:

«Entzückend, wahrlich, ist diese klare Nacht, Freunde! Schön ist sie, lieblich und Glück verheißend! Welchem Bettelmönch oder Brahmanen wollen wir heute unsere Ehrfurcht bezeugen, damit er unser Herz beruhigt?»

2. Einer seiner Minister antwortete: «Eure Majestät, da ist Pūraṇa Kassapa, Leiter eines Ordens, ein Mann, der viele Schüler, viele Anhänger hat, ein wohlbekannter Lehrer, berühmt als Sektenstifter, hoch geschätzt vom Volk, erfahren, einer, der schon seit langem der Welt entsagt hat. Er ist betagt, weit vorgerückt in den Jahren, im letzten Lebensabschnitt. Eure Majestät sollte ihn besuchen; vielleicht kommt dabei des Königs Gemüt zur Ruhe.» Nach diesen Worten verharrte der König in Schweigen.

3.–7. Daraufhin sagte einer seiner Minister: «Eure Majestät, da ist Makkhali Gosāla / Ajita Kesakambalī / Pakudha Kaccāyana / Sañjaya Belaṭṭhiputta / Nigaṇṭha Nātaputta, Leiter eines Ordens, ein Mann, der viele Schüler, viele Anhänger hat, ein wohlbekannter Lehrer, berühmt als Sektenstifter, hoch geschätzt vom Volk, erfahren, einer, der schon seit langem der Welt entsagt hat. Er ist betagt, weit vorgerückt in den Jahren, im letzten Lebensabschnitt. Eure Majestät sollte ihn besuchen; vielleicht kommt dabei des Königs Gemüt zur Ruhe.» Aber auch nach diesen Worten verharrte der König in Schweigen.

8. Währenddessen hatte der Leibarzt Jīvaka nicht weit von König Ajātasattu schweigend dagesessen. Nun wandte sich der König an ihn: «Freund Jīvaka, warum schweigst du?»

Jīvaka erwiderte: «Es verweilt, Majestät, der Erhabene, Heilige, vollkommen Erwachte in unserem Mangohain zusammen mit einer Gemeinde von zwölfhundertfünfzig Mönchen. Diesem Gotama aber, dem Erhabenen, geht ein solcher Ruf voran: ‹Wahrlich, das ist der Erhabene, Heilige, vollkommen Erleuchtete, der im Wissen und Wandel Vollendete, der Wegesmächtige, der Weltenkenner, der unübertroffene Lenker führungsbedürftiger Menschen, der Lehrer der Götter und Menschen, der Erwachte, der Erhabene.› Eure Majestät sollte den Erhabenen besuchen; vielleicht kommt dabei des Königs Gemüt zur Ruhe.»

9. «So sollen, bester Jīvaka, die Reitelefanten bereitgestellt werden.» – «Sehr wohl», sagte da Jīvaka, der Hofarzt. Er ließ fünfhundert Elefantenweibchen bereitstellen wie auch den Reitelefanten des Königs und meldete dann diesem: «Bereit sind für Euch, Majestät, Reitelefanten und Sattelzeug; handelt nun, wie es Euch beliebt.»

10. Daraufhin ließ der König von Magadha, Ajātasattu, seine Frauen auf die Elefantenweibchen steigen, den Elefanten des Königs bestieg er selbst, und im Schein von Fackeln zog er aus Rājagaha hinaus mit großem Prunk, zum Mangohain des Leibarztes Jīvaka.

Als nun der König nicht mehr weit vom Mangohain entfernt war, überkam ihn plötzlich Furcht, und seine Haare sträubten sich. Da wandte sich der König angsterfüllt, aufgeregt, mit gesträubtem Haar an Jīvaka, den Leibarzt, und sagte: «Aber du betrügst mich doch nicht, bester Jīvaka, du hintergehst mich doch nicht? Du lockst mich doch nicht in eine Falle? Wie kann eine so große Gemeinde, zwölfhundertfünfzig Mönche, versammelt sein, ohne daß irgendein Geräusch zu hören ist? Kein Niesen, kein Räuspern, nichts.»

«Seid ohne Furcht, großer König, seid ohne Furcht. Ich betrüge Euch nicht, Majestät, ich hintergehe Euch nicht, ich locke Euch nicht in eine Falle. Reitet weiter, großer König, reitet weiter – dort am Pavillon brennen Lampen.»

Die Frage nach den Früchten der Entsagung

11. So ritt der König von Magadha, Ajātasattu, so weit, wie der Weg für Elefanten gangbar war; dann stieg er ab und schritt zu Fuß zum Eingang des Pavillons. Dort angelangt, wandte er sich an Jīvaka, den Leibarzt:

«Wo, bester Jīvaka, ist nun der Erhabene?»

«Dieser dort, großer König, ist der Erhabene, der sich mit dem Rücken an den Pfeiler in der Mitte lehnt, das Gesicht nach Osten gewandt; dieser dort, der vor der Mönchsgemeinde sitzt.»

12. Da schritt nun König Ajātasattu auf den Erhabenen zu, stellte sich dann aber ein wenig abseits. Er blickte auf die in völligem Schweigen verharrende Mönchsgemeinde wie auf einen klaren See; tief aufatmend, sprach er:

«Von solchem Frieden wie eben hier die Mönchsgemeinde möge auch mein Sohn, Prinz Udāyibhadda, erfüllt sein.»

(Der Erhabene sprach:) «Folgen deine Gedanken, großer König, dem Ruf deines Gefühls?»

«Lieb ist mir, Ehrwürdiger, mein Sohn, Prinz Udāyibhadda. Möge doch, Ehrwürdiger, Udāyibhadda, der geliebte Sohn, den Frieden erlangen, von dem die Mönchsgemeinde hier erfüllt ist.»

Alsdann entbot König Ajātasattu dem Erhabenen seinen Gruß, verbeugte sich ehrerbietig vor der Mönchsgemeinde und nahm Platz. An seiner Seite sitzend, sprach Ajātasattu zum Erhabenen dies:

«Ich möchte, Ehrwürdiger, den Erhabenen in einem Punkte befragen, wenn der Erhabene gewillt ist, meine Fragen zu beantworten.»

«Frag nur, großer König, was dir beliebt.»

14. «Es gibt, Ehrwürdiger, die verschiedensten Arbeiten und Berufe – Elefantenführer, Pferdebändiger, Wagenlenker, Bogenschützen, Herolde, Gesandte, Essensausteiler, Beamte, Fürsten, Herzöge, Marschälle, Hauptleute, Schildträger, Haussklaven, Barbiere, Bader, Köche, Kranzbinder, Färber, Weber, Korbflechter, Töpfer, Rechner, Schreiber und so weiter. Diese ernten schon zu Lebzeiten die Früchte ihrer Tätigkeit. Ihr Verdienst dient sichtbar ihrem eigenen Wohl wie dem von Vater und Mutter, Weib und Kindern, Freunden und Gefährten. Sie können damit Opfer bringen im Tempel, und das ist sichtbarer Gewinn. Wer sich aber der Entsagung hingibt und wie du ein Mönch ist, wo liegt für den der sichtbare Gewinn?»

15. «Hast du, großer König, diese Frage schon anderen Bettelmönchen und Brahmanen gestellt?»

«Ich erinnere mich, Ehrwürdiger, diese Frage schon anderen Bettelmönchen und Brahmanen gestellt zu haben.»

«Was aber, großer König, haben sie dir geantwortet? Wenn es dir keine Mühe macht, sprich!»

«Es macht mir keine Mühe, Ehrwürdiger, wenn der Erhabene zugegen ist oder seinesgleichen.»

«Dann also, großer König, sprich!»

16. «Einstmals, Ehrwürdiger, begab ich mich zu Pūraṇa Kassapa. Ich wechselte mit ihm einen höflichen Gruß und ließ mich etwas abseits von ihm nieder. Dann sprach ich zu ihm: ‹Es gibt, verehrter Kassapa …› (Weiter entsprechend 14.)

17. Auf diese Frage, Ehrwürdiger, antwortete mir Pūraṇa Kassapa wie folgt: ‹Es mag einer, großer König, etwas begehen oder begehen lassen, zerstören oder zerstören lassen, quälen oder quälen lassen, Kummer bereiten oder Kummer bereiten lassen, unterdrücken oder unterdrücken lassen, einschüchtern oder einschüchtern lassen, Lebendiges zerstören, Nichtgegebenes nehmen, in Häuser einbrechen, fremdes Gut rauben, Diebstahl begehen, Wegelagerei betreiben, die Frau eines anderen verführen, lügen: Was immer er tut, er begeht kein Unrecht. Und wer mit einer messerscharfen Schlachtscheibe alle Lebewesen dieser Erde zu einem einzigen Fleischbrei, zu einer einzigen Fleischmasse machen würde, er beginge kein Unrecht, und es erwüchsen für ihn keine Folgen daraus. Und wer auch am südlichen Ufer des Ganges mordend oder morden lassend dahinzöge, zerstörend oder zerstören lassend, quälend oder quälen lassend, er beginge kein Unrecht, und es erwüchsen für ihn keine Folgen daraus. Und wer am nördlichen Ufer des Ganges schenkend oder schenken lassend dahinzöge, opfernd oder opfern lassend, so hat er darum kein Verdienst, und es erwachsen für ihn keine Folgen daraus. Durch Gebefreudigkeit, Selbstbeherrschung, Enthaltsamkeit, Wahrhaftigkeit entsteht kein Verdienst, und es erwachsen keine Folgen daraus.›

17A. So belehrte mich, Ehrwürdiger, Pūraṇa Kassapa, nach den sichtbaren Früchten der Entsagung befragt, nur über die Fruchtlosigkeit allen Tuns; gleich wie wenn etwa, Ehrwürdiger, einer, über eine Mangofrucht befragt, von einer Brotfrucht spräche oder, über eine Brotfrucht befragt, von einer Mangofrucht. Ebenso hat mich, Ehrwürdiger, Pūraṇa Kassapa, über die sichtbaren Früchte der Entsagung befragt, nur über die Fruchtlosigkeit der Taten ins Bild gesetzt. Da habe ich, Ehrwürdiger, mir gesagt: ‹Wie könnte jemand wie ich einen in meinem Reich lebenden Bettelmönch oder Brahmanen tadeln?› So habe ich denn, Ehrwürdiger, die Rede des Pūraṇa Kassapa weder gelobt noch getadelt. Ohne Lob und ohne Tadel erhob ich mich, unzufrieden, von meinem Sitz; unzufriedene Worte vermeidend, ging ich fort.

Die Lehre des Makkhali Gosāla

18. Ein anderes Mal, Ehrwürdiger, begab ich mich zu Makkhali Gosāla … (weiter entsprechend 16).

19. Nach diesen Worten antwortete mir Makkhali Gosāla wie folgt: ‹Es gibt, großer König, keinen Grund, es gibt keine Ursache für die Verderbtheit der Wesen; ohne Grund, ohne Ursache werden die Wesen verderbt. Es gibt keinen Grund, es gibt keine Ursache für die Läuterung der Wesen; ohne Grund, ohne Ursache werden die Wesen lauter. Es gibt keine Selbstbestimmung, keine Bestimmung durch andere, keine persönliche Bestimmung. Es gibt keine Macht, keine Energie, keine persönliche Stärke, keine seelische Kraft. Alle empfindenden Wesen, alle Lebewesen, alle Geschöpfe, alle Seelen sind willenlos, kraftlos, ohne Energie. Sie unterliegen den vom Schicksal, von den Umständen, von der Natur bewirkten Veränderungen und empfinden Wohl und Wehe entsprechend den sechs Arten von Dasein.

Und es gibt vierzehnhunderttausend hauptsächliche Arten der Geburt und sechzighundert sowie sechshundert weitere. Es gibt fünfhundert Arten von Absichten und fünf Absichten und drei Absichten und eine Absicht und eine halbe. Es gibt zweiundsechzig Pfade, zweiundsechzig Zwischenweltzeitalter, sechs Arten des Daseins, acht Entwicklungsstufen des Menschen, neunundvierzighundert Lebensformen, neunundvierzighundert Wandermönche, neunundvierzighundert Schlangenreiche, zwanzighundert Sinneskräfte, dreißighundert Höllen, sechsunddreißig Wurzeln der Leidenschaft, sieben Bereiche wahrnehmender Geschöpfe, sieben Gebiete nichtwahrnehmender Geschöpfe, sieben sich durch Knoten fortpflanzende Dinge; es gibt sieben Arten von Göttern, sieben Arten von Menschen, sieben Arten von Dämonen, sieben große Seen, sieben Hauptgruppen von Knoten, siebenhundert Untergruppen von Knoten, sieben Hauptgruppen von Abgründen, siebenhundert Untergruppen von Abgründen, sieben Hauptgruppen von Träumen, siebenhundert Untergruppen von Träumen. Vierundachtzighunderttausend große Weltperioden müssen Narren wie Weise durchwandern, ehe sie dem Leiden ein Ende machen werden.

Nicht geben kann es einen Gedanken wie diesen: ‹Durch solche Übungen, durch solche Riten, solche Askese oder solchen heiligen Lebenswandel will ich noch nicht reif gewordenes *kamma* (Skrt. *karma*) zur Reife bringen oder reif gewordenes Kamma beseitigen, wann immer es sich zeigt.› Das eben geht nicht. Wohlbemessen sind Wohl und Wehe. Saṃsāras Grenzen sind festgelegt, man kann sie weder erweitern noch verkürzen. Es gibt weder Fortschritt noch Rückschritt. Wie sich ein Fadenknäuel, das man auf den Boden wirft, abwickelt bis zu seinem Ende, ebenso müssen Narren und Weise die Welt durchwandern, ehe sie dem Leiden ein Ende machen werden.

20. So setzte mir, Ehrwürdiger, Makkhali Gosāla, nach dem sichtbaren Lohn der Entsagung gefragt, seine Lehre der Läuterung beim Durchwandern von Saṃsāra auseinander… (weiter entsprechend 17A).

Die Lehre des Ajita Kesakambalī

21. (Entsprechend 18.)

22. Nach diesen Worten antwortete mir Ajita Kesakambalī wie folgt: ‹Es gibt, großer König, kein Almosengeben, kein Opferdarbringen, keine Freigebigkeit. Es gibt keine Frucht

und kein Ergebnis guter und böser Taten. Es gibt keine diesseitige und keine jenseitige Welt; es gibt weder Mutter noch Vater. Es gibt keine wiedergeborenen Wesen. Es gibt in der Welt keine Bettelmönche und Brahmanen, die die Vollendung erreicht haben und die diesseitige und die jenseitige Welt auf der Grundlage ihres eigenen direkten Wissens und ihrer eigenen Verwirklichung kennen und erklären. Aus den vier Grundelementen besteht hier der Mensch. Wenn er stirbt, geht das Erdelement (seines Körpers) in das (äußere) Erdelement ein und geht in es über; das Wasserelement (seines Körpers) geht in das (äußere) Wasserelement ein und geht in es über; das Feuerelement (seines Körpers) geht in das (äußere) Feuerelement ein und geht in es über; das Luftelement (seines Körpers) geht in das (äußere) Luftelement ein und geht in es über. Seine Sinneskraft geht über in den Raum. Vier Männer tragen den Körper auf einer Bahre weg. Bis der Verbrennungsplatz erreicht ist, werden Lobeshymnen gesungen. Die Knochen werden taubenfarbig. Seine verdienstvollen Opfergaben enden in Asche. Die Übung des Almosengebens ist eine Lehre für Narren. Lügen, nichtiges Gequassel bringen jene hervor, die behaupten, es gebe etwas. Bei der Auflösung des Körpers werden der Narr und der Weise gleichermaßen vernichtet und gehen zugrunde. Nach dem Tode sind sie nicht mehr.›

23. So erläuterte mir, Ehrwürdiger, Ajita Kesakambalī, nach dem sichtbaren Lohn der Entsagung gefragt, seine Lehre der Vernichtung … (weiter entsprechend 20).

Die Lehre des Pakudha Kaccāyana

24. (Entsprechend 18.)

25. Auf diese Frage, Ehrwürdiger, antwortete mir Pakudha Kaccāyana wie folgt: ‹Sieben Elemente gibt es, Eure Majestät, ungemacht sind sie, ungebildet, ungeschaffen, ohne einen Schöpfer, starr, unwandelbar, feststehend wie eine Säule. Sie

regen sich nicht, sie ändern sich nicht, sie beeinträchtigen sich nicht, sie sind unfähig, einander Glück, Leid oder Glück und Leid zuzufügen. Welche sieben sind das? Das Erdelement, das Wasserelement, das Feuerelement, das Luftelement, Glück, Leid und als siebentes das Leben… (wie eben). Da gibt es keinen, der mordet oder morden läßt, keinen, der hört oder hören läßt, keinen, der weiß oder wissen läßt. Auch wenn jemand einem anderen den Kopf mit einem scharfen Schwert abschlägt, so raubt er diesem nicht das Leben; nur auf die Lücken zwischen den sieben Elementen trifft da das Schwert.›

26. So erklärte mir, Ehrwürdiger, Pakudha Kaccāyana, nach dem sichtbaren Lohn der Entsagung gefragt, etwas ganz anderes… (weiter entsprechend 23).

Die Lehre des Nigaṇṭha Nātaputta

27. (Entsprechend 18.)

28. Auf diese Frage, Ehrwürdiger, antwortete mir Nigaṇṭha Nātaputta wie folgt: ‹Es wird, großer König, ein Nigaṇṭha, ein Fesselloser, durch vierfache Zucht zurückgehalten. Wie aber, großer König, wird ein Nigaṇṭha von vierfacher Zucht zurückgehalten? Es hält sich, großer König, ein Fesselloser hinsichtlich allen Wassers zurück; er ist ausgestattet mit der Vermeidung allen Übels, er ist geläutert durch die Vermeidung allen Übels, er ist erfüllt von der Vermeidung allen Übels. Wenn nun, großer König, ein Nigaṇṭha durch diese vierfache Zucht zurückgehalten wird, nennt man ihn einen selbstvervollkommneten, selbstgezügelten, selbstgewirkten Fessellosen.›

29. So erläuterte mir, Ehrwürdiger, Nigaṇṭha Nātaputta, nach dem sichtbaren Lohn der Entsagung gefragt, die vierfache Zügelung… (weiter entsprechend 20).

30. (Entsprechend 18.)

31. Darauf, Ehrwürdiger, antwortete mir Sañjaya Belaṭṭhiputta wie folgt: ‹Wenn du mich fragen würdest, großer König, ob es eine jenseitige Welt gibt, und ich wüßte von einer solchen, würde ich sagen: ‚Die gibt es.' Aber ich sage nicht: ‚Die gibt es.' Und nicht: ‚So ist es.' Ebensowenig: ‚Es ist anders.' Weder sage ich: ‚Es ist nicht so' noch: ‚Es ist nicht nicht so.'

Genauso könntest du mir folgende Fragen stellen: ‚Gibt es keine jenseitige Welt? Ist es so, daß es sowohl eine jenseitige Welt gibt als auch, daß es keine gibt? Ist es so, daß es weder eine jenseitige Welt gibt noch, daß es sie nicht nicht gibt?'

Und du könntest mich fragen: ‚Gibt es wiedergeborene Wesen? Gibt es keine wiedergeborenen Wesen? Ist es so, daß es sowohl wiedergeborene als auch nicht wiedergeborene Wesen gibt? Ist es so, daß es weder wiedergeborene noch nicht wiedergeborene Wesen gibt?'

Und du könntest mich fragen: ‚Gibt es eine Frucht und ein Ergebnis guter und schlechter Taten? Gibt es keine Frucht und kein Ergebnis guter und schlechter Taten? Ist es so, daß es sowohl eine Frucht und ein Ergebnis guter und schlechter Taten gibt als auch, daß es keine Frucht und kein Ergebnis guter und schlechter Taten gibt? Ist es so, daß es weder eine Frucht und ein Ergebnis guter und schlechter Taten gibt noch, daß es keine Frucht und kein Ergebnis guter und schlechter Taten gibt?'

Und du könntest mich fragen: ‚Lebt der Erleuchtete nach dem Tod weiter? Lebt der Erleuchtete nach dem Tod nicht weiter? Lebt der Erleuchtete nach dem Tod weiter wie auch nicht weiter? Lebt der Erleuchtete nach dem Tod weder weiter noch nicht weiter?'

Wenn du, großer König, mich so fragen würdest, und ich meinte, es wäre so, würde ich dir antworten: ‚So ist es.' Aber ich sage nicht: ‚Das ist es.' Und nicht: ‚Es ist so.' Ebensowenig: ‚Es ist anders.‘ Auch sage ich weder: ‚Es ist nicht so‘, noch: ‚Es ist nicht nicht so.‘›

32. So hat mir, Ehrwürdiger, Sañjaya Belaṭṭhiputta, nach dem sichtbaren Lohn der Entsagung befragt, nur Verwicklung dargelegt; so wie wenn, Ehrwürdiger, einer, über eine Mangofrucht befragt, von einer Brotfrucht spräche oder, über eine Brotfrucht befragt, von einer Mangofrucht. Ebenso hat mir, Ehrwürdiger, Sañjaya Belaṭṭhiputta, nach dem sichtbaren Lohn der Entsagung befragt, nur Verwicklung dargelegt. Da kam mir, Ehrwürdiger, der Gedanke: Dieser hier ist von allen Bettelmönchen und Brahmanen der verwirrteste und törichteste. Wie könnte er sonst, nach den sichtbaren Früchten der Entsagung befragt, nur Verwirrung stiften? ... (Weiter entsprechend 29.)

Die erste sichtbare Frucht der Entsagung

33. Nun, Ehrwürdiger, frage ich auch den Erhabenen ...» (Weiter entsprechend 14.)

34. «Es ist möglich, großer König. Aber laß mich dir eine Gegenfrage stellen. Wie es dir richtig erscheint, so magst du antworten.

Was meinst du hierzu? Nimm an, du hast einen Sklaven, der vor dir aufsteht und sich nach dir niederlegt, der deinen Befehlen gehorcht und alles für dich tut, der stets freundlich ist und auf alle deine Gemütsregungen achtet. Der Gedanke könnte ihm kommen: ‹Erstaunlich ist doch und wunderbar der Verdienste Weg, der Verdienste Lohn. Ist doch der König von Magadha, Ajātasattu, ein Mensch, und auch ich bin ein Mensch, aber König Ajātasattu erfreut sich an den fünf Sinnesvergnügungen gleich einem Gott. Ich hingegen bin sein Sklave, sein Arbeiter, stehe vor ihm auf und lege mich nach ihm nieder, höre auf seine Befehle und komme ihm stets entgegen, freundlich redend und auf jede seiner Gemütsregungen achtend. Ich könnte wie er sein, wenn ich mir seine

Verdienste erwürbe. Wie, wenn ich nun, mit geschorenem Haar und Bart, mit gelben Gewändern bekleidet, aus der Häuslichkeit in die Hauslosigkeit hinauszöge?›

Nach einiger Zeit nun schert er sich Haar und Bart, kleidet sich in gelbe Gewänder und zieht aus der Häuslichkeit hinaus in die Hauslosigkeit. Dort verweilt er mit gezügeltem Körper, gezügelter Sprache, gezügeltem Geist, zufrieden mit einem Mindestmaß an Nahrung und Obdach, Freude empfindend an der Einsamkeit. Wenn dir nun deine Leute all dies berichteten, würdest du dann sagen: ‹Bringt mir diesen Mann her, Männer. Er soll erneut mein Sklave, mein Arbeiter sein, der vor mir aufsteht und sich nach mir niederlegt, der meinen Befehlen gehorcht und mir stets entgegenkommt, freundlich redend und auf jede meiner Gefühlsregungen achtend›?»

35. «Gewiß nicht, Ehrwürdiger. Vielmehr würden wir ihn ehrerbietig begrüßen, uns vor ihm erheben; wir würden ihn einladen, sich zu setzen und ihn mit Gewand, Speise, Lagerstätte, mit Arzneien im Krankheitsfall versehen und ihm angemessenen Schutz und ebensolche Fürsorge zuteil werden lassen.»

36. «Was meinst du nun, großer König? Wenn es sich so verhält, gibt es dann eine sichtbare Frucht der Entsagung, oder gibt es sie nicht?»

«Allerdings, Ehrwürdiger, da es sich so verhält, gibt es eine sichtbare Frucht der Entsagung.»

«So ist dies, großer König, die erste Frucht der Entsagung, sichtbar schon zu Lebzeiten, die ich dir zeige.»

Die zweite sichtbare Frucht der Entsagung

37. «Ist es möglich, Ehrwürdiger, eine weitere schon zu Lebzeiten sichtbare Frucht der Entsagung aufzuzeigen?»

«Es ist möglich, großer König. Doch laß mich dir dazu wieder eine Gegenfrage stellen. Wie es dir richtig erscheint, so magst du antworten.

Was meinst du hierzu? Nimm an, da ist ein Ackerbauer, ein Hausvater, der Steuern bezahlt, um die königlichen Einnahmen zu verbessern. Der Gedanke könnte ihm kommen: ‹Erstaunlich ist doch und wunderbar der Verdienste Weg, der Verdienste Lohn. Ist doch der König von Magadha, Ajātasattu, ein Mensch, und auch ich bin ein Mensch, aber König Ajātasattu erfreut sich an den fünf Sinnesvergnügungen gleich einem Gott. Ich hingegen bin ein Ackerbauer, ein Hausvater, der Steuern bezahlt, um die königlichen Einnahmen zu verbessern. Ich könnte wie er sein, wenn ich mir seine Verdienste erwürbe. Wie, wenn ich nun, mit geschorenem Haar und Bart, mit gelben Gewändern bekleidet, aus der Häuslichkeit in die Hauslosigkeit hinauszöge?›

Nach einiger Zeit nun, einen kleinen oder großen Besitz aufgebend, einen kleinen oder großen Kreis von Verwandten verlassend, schert er sich Haar und Bart, kleidet sich in gelbe Gewänder und zieht aus der Häuslichkeit hinaus in die Hauslosigkeit. Dort verweilt er mit gezügeltem Körper, gezügelter Sprache, gezügeltem Geist, zufrieden mit einem Mindestmaß an Nahrung und Obdach, Freude empfindend an der Einsamkeit. Wenn dir nun deine Leute all dies berichteten, würdest du dann sagen: ‹Bringt mir diesen Mann her, Männer. Er soll erneut ein Ackerbauer, ein Hausvater sein, der Steuern bezahlt, um die königliche Einnahmen zu verbessern?»

38. «Gewiß nicht, Ehrwürdiger. Vielmehr würden wir ihn ehrerbietig begrüßen, uns vor ihm erheben; wir würden ihn einladen, sich zu setzen, und ihn mit Gewand, Speise, Lagerstätte, mit Arzneien im Krankheitsfall versehen und ihm angemessenen Schutz und Fürsorge zuteil werden lassen.»

39. «Was meinst du wohl, großer König? Wenn es sich so verhält, gibt es dann eine sichtbare Frucht der Entsagung, oder gibt es sie nicht?»

«Allerdings, Ehrwürdiger, da es sich so verhält, gibt es eine sichtbare Frucht der Entsagung.»

«So ist dies, großer König, die zweite Frucht der Entsagung, sichtbar schon zu Lebzeiten, die ich dir zeige.»

40. «Ist es möglich, Ehrwürdiger, noch eine andere schon zu Lebzeiten sichtbare Frucht der Entsagung aufzuzeigen, vorzüglicher und feiner als die beiden ersten?»

«Es ist möglich, großer König. Darum höre und achte wohl darauf, was ich sagen werde.»

«So soll es sein, Ehrwürdiger», stimmte Ajātasattu, der König von Magadha, dem Erhabenen zu.

41. Der Erhabene sprach wie folgt: «Da erscheint, großer König, der Erhabene in der Welt, der Heilige, der vollkommen Erleuchtete, der im Wissen und Wandel Vollendete, der Wegesmächtige, der Weltenkenner, der unübertroffene Lenker führungsbedürftiger Menschen, der Lehrer der Götter und Menschen, der Erwachte, der Erhabene. Nachdem er diese Welt mit ihren Göttern, mit Māra und Brahmā, mit ihren Bettelmönchen und Brahmanen, mit ihren Führern und Völkern selbst verstanden und durchdrungen hat, macht er sie anderen bekannt. Er verkündet die Lehre, die am Anfang gute, die in der Mitte gute, die am Ende gute, gemäß ihrem Sinn, gemäß ihrer Form; den ganz und gar vollkommenen, ganz und gar reinheitsdurchdrungenen heiligen Wandel legt er dar.

42. Diese Lehre hört ein Hausvater oder der Sohn eines Hausvaters oder ein in einem anderen Stand Geborener. Er faßt Vertrauen zum Vollendeten. Von diesem Vertrauen erfüllt, überlegt er: ‹Beengt ist das häusliche Leben, ein Platz von Staub und Müll. Wie der freie Himmel ist die Pilgerschaft. Nicht leicht ist es für einen, der zu Hause wohnt, einen ganz und gar vollkommenen, ganz und gar reinheitsdurchdrungenen heiligen Wandel zu führen, glänzend wie Perlmutt. Wie, wenn ich, mit geschorenem Haar und Bart, mit gelben Gewändern bekleidet, aus der Häuslichkeit hinauszöge in die Hauslosigkeit?›

43. Nach einiger Zeit nun, einen kleinen oder großen Besitz aufgebend, einen kleinen oder großen Kreis von Ver-

wandten verlassend, schert er sich Haar und Bart, kleidet sich in gelbe Gewänder und zieht aus der Häuslichkeit hinaus in die Hauslosigkeit.

44. Dort lebt er, gezügelt durch die Ordenszucht, lebt lauter in Handel und Wandel. Die Regeln der Übung hat er aufgenommen, er übt sich darin, er erblickt Gefahr in den kleinsten Fehlern. Einen lauteren Wandel in Worten und Taten macht er sich zu eigen, bestreitet seinen Lebensunterhalt auf rechte Weise; mit vollkommener Sittlichkeit stattet er sich aus. Seine Sinnestore bewacht er, mit Achtsamkeit und Wissensklarheit versehen ist er und zufrieden.

Der kleine Abschnitt von der Sittlichkeit

45. Wie aber, großer König, ist der Mönch in der Sittlichkeit vollkommen? Er gibt das Töten lebender Wesen auf, er nimmt Abstand vom Töten lebender Wesen. Ohne Stock, ohne Waffe, voll Mitgefühl und Liebe, ist er auf das Wohl aller lebenden Wesen bedacht. Dies gilt ihm als Sittlichkeit.

Nichtgegebenes zu nehmen hat er aufgegeben, er nimmt Abstand vom Nehmen des Nichtgegebenen. Nur Gegebenes nehmend, verweilt er ehrlichen und reinen Herzens. Dies gilt ihm als Sittlichkeit.

Unkeuschen Lebenswandel hat er aufgegeben, keusch lebt er, er verweilt abseits, vom gemeinen Geschlechtsverkehr nimmt er Abstand. Dies gilt ihm als Sittlichkeit.

Zu lügen hat er aufgegeben, er nimmt Abstand vom Lügen. Nur die Wahrheit spricht er, der Wahrheit ergeben, lebt er vertrauenswürdig und verläßlich, niemanden in der Welt täuscht er. Dies gilt ihm als Sittlichkeit.

Zwischenträgerei hat er aufgegeben, von der Zwischenträgerei nimmt er Abstand. Was er hier gehört hat, gibt er dort nicht wieder, um jene zu entzweien; und was er dort gehört hat, gibt er hier nicht wieder, um diese zu entzweien. So einigt er Entzweite und fördert die Geeinten. Eintracht liebt er, an der Eintracht erfreut er sich, Eintracht beglückt ihn, nur Eintracht fördernde Worte spricht er. Dies gilt ihm als Sittlichkeit.

Rohe Rede hat er aufgegeben, von roher Rede nimmt er Abstand. Worte, die dem Ohr angenehm sind, liebevoll, zu Herzen gehend, höflich, vielen erwünscht und angenehm, solche Worte spricht er. Dies gilt ihm als Sittlichkeit.

Leeres Gerede hat er aufgegeben, von leerem Gerede nimmt er Abstand. Zur rechten Zeit spricht er, den Tatsachen und dem Sinn gemäß, spricht über die Lehre und die Ordenszucht, spricht Worte, die denkwürdig sind, mit Gleichnissen geschmückt, gemessen und dem Heilsamen verbunden. Dies gilt ihm als Sittlichkeit.

Er steht ab vom Beschädigen von Keim- und Pflanzenleben.

Nur zu einer Tageszeit nimmt er Speise zu sich, des Nachts bleibt er nüchtern, er steht ab von unzeitiger Nahrungsaufnahme.

Er meidet Tanz, Gesang, Musik und den Besuch unpassender Darbietungen.

Er meidet Blumenschmuck, die Verschönerung mit Wohlgerüchen, Salben, Putz und Schmuck.

Er meidet hohe und luxuriöse Betten und Sitze.

Er meidet die Annahme von Gold und Silber.

Er meidet die Annahme von ungekochtem Getreide, von rohem Fleisch, Frauen und Mädchen; Sklaven und Sklavinnen nimmt er nicht an. Schafe, Ziegen, Hunde, Schweine, Elefanten, Rinder und Pferde nimmt er nicht an. Grund und Boden nimmt er nicht an. Botschaften und Aufträge nimmt er nicht an. Von Kauf und Verkauf hält er sich fern. Von falschem Maß, von falschem Gewicht hält er sich fern. Von den krummen Wegen der Bestechung, der Täuschung und des Betrugs hält er sich fern. Vom Verstümmeln, vom Hinrichten, vom Einsperren, von Räuberei, Plünderei und Gewalt hält er sich fern. Dies gilt ihm als Sittlichkeit.

46. Während einige Bettelmönche und Brahmanen, die von den gläubig dargebrachten Gaben leben, unablässig Schaden an Keim- und Pflanzenleben anrichten – Schaden an Pflanzen, die sich über die Wurzeln vermehren, über den Stiel, durch Ableger, durch Knospen und Samen –, nimmt er Abstand vom Schädigen von Keim- und Pflanzenleben. Dies gilt ihm als Sittlichkeit.

47. Während einige Bettelmönche und Brahmanen, die von den gläubig dargebrachten Speisen leben, sich am Gebrauch aufbewahrter Güter erfreuen – an aufbewahrter Nahrung, aufbewahrten Getränken, aufbewahrter Kleidung, aufbewahrten Fahrzeugen, aufbewahrten Liegen, aufbewahrtem Parfüm und aufbewahrten Delikatessen –, nimmt er Abstand vom Gebrauch aufbewahrter Güter. Dies gilt ihm als Sittlichkeit.

48. Während einige Bettelmönche und Brahmanen, die von den gläubig dargebrachten Gaben leben, unpassende Darbietungen besuchen – wie Tanz, Gesang, Instrumentalmusik, Schauspiel, Geschichtenerzählung, Musik mit Händeklatschen, Becken und Trommeln, Kunstausstellungen, Akrobatik, Kämpfe von Elefanten, Pferden, Büffeln, Stieren, Böcken, Widdern, Hähnen und Wachteln, Stock- und Boxkämpfe, Ringen, Scheinkämpfe, Appelle, Manöver und Truppenparaden –, nimmt er Abstand von solchen unpassenden Darbietungen. Dies gilt ihm als Sittlichkeit.

49. Während einige Bettelmönche und Brahmanen, die von den gläubig dargebrachten Gaben leben, sich dem Spiel und der Unterhaltung hingeben – wie achtreihigen Brettspielen, zehnreihigen Brettspielen, abgebildeten Brettspielen, Hüpfspielen, Buchstabierspielen, Würfelspielen, Stockspielen, dem Fingermalen, Ballspielen, dem Pfeifenblasen, dem Spielen mit Spielpflügen, dem Saltoschlagen, dem Spielen mit Spielwindmühlen, dem Spielen mit Spielmaßen, dem Spielen mit Spielkutschen, dem Spielen mit Wurfpfeilen, dem

Buchstabenraten, dem Gedankenraten, dem Nachäffen von Absonderlichkeiten –, nimmt er Abstand von solchen Spielen und Erholungen. Dies gilt ihm als Sittlichkeit.

50. Während einige Bettelmönche und Brahmanen, die von den gläubig dargebrachten Gaben leben, hohe und luxuriöse Betten und Sitze zu benutzen pflegen – geräumige Betten und Sessel, Thronsessel mit eingeschnitzten Tierbildern auf den Armlehnen, Flokatis, aus vielfarbigen Flicken zusammengenähte Decken, weiße Wolldecken, mit Blumen bestickte Wolldecken, mit Baumwolle gefüllte Steppdecken, mit Tierfiguren bestickte Wolldecken, Wolldecken mit Fransen an beiden oder an einer Seite, mit Edelsteinen besetzte Tagesdecken, Decken aus Seide, Teppiche; Läufer für das Reiten auf Elefanten, für das Reiten auf Pferden, für das Fahren mit Kutschen; auserlesene Vorleger aus Antilopenfellen, mit roten Markisen überdachte Decken, mit roten Kissen für Haupt und Füße belegte Couchs –, nimmt er Abstand von solchen hohen und luxuriösen Betten und Sitzen. Dies gilt ihm als Sittlichkeit.

51. Während einige Bettelmönche und Brahmanen, die von den gläubig dargebrachten Gaben leben, sich an den Mitteln zur eigenen Verschönerung erfreuen – wie dem Einpudern des Körpers mit parfümierten Pudern, Ölmassagen, dem Baden in Duftbädern, dem Kneten der Glieder; Spiegeln, Salben, Blumenschmuck, Parfüms, Wundsalben, Gesichtspuder, Schminke, Armbändern, Stirnbändern, verzierten Spazierstöcken, mit Ornamenten versehenen Heilmittelrohren, Rapiers, Sonnenschirmen, bestickten Sandalen, Turbanen, Diademen, Fächern aus Yakschwanz und mit langen Fransen versehenen weißen Gewändern –, nimmt er Abstand von solchen Mitteln zur eigenen Verschönerung. Dies gilt ihm als Sittlichkeit.

52. Während einige Bettelmönche und Brahmanen, die von den gläubig dargebrachten Gaben leben, sich mit nichtigem Gerede beschäftigen – wie dem Reden über Könige, Diebe und Staatsminister, dem Reden über Armeen, Ge-

fahren und Kriege, dem Reden über Speisen, Getränke, Kleidung und Wohnung, dem Reden über Schmuck und Wohlgerüche, dem Reden über Beziehungen, Fahrzeuge, Dörfer und Städte, dem Reden über Frauen und Helden, mit Straßengesprächen und Gesprächen am Brunnen, dem Reden über die Verstorbenen vergangener Tage, dem Daherreden von Schnickschnack, Spekulationen über die Welt und das Meer, dem Reden über Gewinn und Verlust –, nimmt er Abstand von solchem nichtigen Gerede. Dies gilt ihm als Sittlichkeit.

53. Während einige Bettelmönche und Brahmanen, die von den gläubig dargebrachten Gaben leben, zänkische Reden führen wie zum Beispiel:

‹Diese Lehre und diese Ordensregeln verstehst du nicht. Ich verstehe diese Lehre und diese Ordensregeln.›

‹Wie kannst du diese Lehre und diese Ordensregeln verstehen!›

‹Auf die falsche Art und Weise übst du. Ich übe auf die richtige Art und Weise.›

‹Ich bin konsequent. Du nicht.›

‹Was du als erstes hättest sagen sollen, sagtest du am Schluß; was du als letztes hättest sagen sollen, sagtest du am Anfang.›

‹Was dich so in Anspruch nahm, es dir auszudenken, ist widerlegt worden.›

‹Deine Lehre ist widerlegt worden. Du bist besiegt. Geh, versuch deine Lehre zu retten, oder entwirre dich, wenn du kannst.›,

nimmt er Abstand von solch zänkischem Gerede. Dies gilt ihm als Sittlichkeit.

54. Während einige Bettelmönche und Brahmanen, die von den gläubig dargebrachten Gaben leben, Botschafts- und Überbringerdienste übernehmen für Könige, Staatsminister, Brahmanen, Hausväter und Jugendliche – ‹Gehe hierhin, gehe dorthin, nimm dies, bringe jenes von dort› –, nimmt er Abstand von solchen Botschafts- und Überbringerdiensten. Dies gilt ihm als Sittlichkeit.

55. Während einige Bettelmönche und Brahmanen, die von den gläubig dargebrachten Speisen leben, sich hervortun im Ränkeschmieden, im Klatschen, in Anspielungen, im Herabsetzen anderer und im Verfolgen von Vorteilen um der Vorteile willen, nimmt er Abstand von solcher Art der Rede und des Handelns. Dies gilt ihm als Sittlichkeit.

Der große Abschnitt von der Sittlichkeit

56. Während einige Bettelmönche und Brahmanen, die von den gläubig dargebrachten Gaben leben, ihren Lebensunterhalt mit falschen Mitteln verdienen – mit so heruntergekommenen Fertigkeiten wie dem Vorhersagen von Wohlstand, langem Leben und so weiter oder deren Gegenteil aufgrund von körperlichen Kennzeichen an Händen, Füßen und so weiter; dem Vorhersagen aufgrund von Omen und Zeichen, dem Weissagen aufgrund von Donnerschlag und anderen Zeichen am Himmel, dem Deuten unheilvoller Träume, dem Vorhersagen der Geschicke aufgrund von körperlichen Zeichen, dem Weissagen aufgrund von Zeichen auf von Mäusen angefressenen Tüchern, dem Darbringen von Feueropfern, dem Darbringen von Opfergaben mit einem Löffel, dem Darbringen von Opfergaben für die Götter aus Hülsenfrüchten, Reispuder, Reiskörnern, Butterschmalz und Öl, dem Darbringen von Opfergaben mit dem Mund, dem Darbringen von Blutopfern für die Götter, dem Vorhersagen aufgrund von Fingerabdrücken, Aussagen darüber, ob ein bestimmter Platz für ein Haus oder einen Garten günstig ist oder nicht, Prophezeiungen für Staatsoffiziere, dem Dämonenbeschwören auf Friedhöfen, dem Geisterbeschwören, der Kenntnis von Bannsprüchen zum Gebrauch für Bewohner von Erdhäusern, dem Bannen von Schlangen, dem Giftgewerbe, dem Handel mit Zaubermitteln von Skorpionen, Ratten, Vögeln, Krähen; dem Vorhersagen des Lebensalters, dem Aufsagen von Zaubersprüchen zum Schutz

vor Pfeilen, dem Aufsagen von Zaubersprüchen, um die Sprache der Tiere zu verstehen –, nimmt er Abstand von solchen falschen Mitteln des Lebensunterhaltes, von solch heruntergekommenen Fertigkeiten. Dies gilt ihm als Sittlichkeit.

57. Während einige Bettelmönche und Brahmanen, die von den gläubig dargebrachten Gaben leben, ihren Lebensunterhalt mit falschen Mitteln verdienen – mit so heruntergekommenen Fertigkeiten wie der Vorhersage von Glück oder Unglück durch das Deuten der Farbe, der Gestalt und anderer Zeichen an Edelsteinen, der Kleidung, Stöcken, Schwertern, Speeren, Pfeilen, Bögen und anderen Waffen, Frauen, Männern, Jungen, Mädchen, Sklaven, Sklavinnen, Elefanten, Pferden, Büffeln, Ochsen, Kühen, Ziegen, Widdern, Geflügel, Wachteln, Eidechsen, Ohrringen, Hausgiebeln, Schildkröten und anderen Tieren –, nimmt er Abstand von solchen falschen Mitteln des Lebensunterhaltes, von solch heruntergekommenen Fertigkeiten. Dies gilt ihm als Sittlichkeit.

58. Während einige Bettelmönche und Brahmanen, die von den gläubig dargebrachten Gaben leben, ihren Lebensunterhalt mit falschen Mitteln verdienen, mit so heruntergekommenen Fertigkeiten wie derartigen Vorhersagen: ‹Der König wird vorwärts rücken.› – ‹Der König wird zurückkehren.› – ‹Der König wird angreifen, und der Feind wird sich zurückziehen.› – ‹Der feindliche König wird angreifen, und unser König wird sich zurückziehen.› – ‹Unser König wird siegen, und der feindliche König wird besiegt werden.› – ‹Der feindliche König wird siegen, und unser König wird besiegt werden.› – ‹So wird dem einen der Sieg zufallen und dem anderen die Niederlage.›, nimmt er Abstand von solchen falschen Mitteln des Lebensunterhaltes, von solch heruntergekommenen Fertigkeiten. Dies gilt ihm als Sittlichkeit.

59. Während einige Bettelmönche und Brahmanen, die von den gläubig dargebrachten Gaben leben, ihren Lebensunterhalt mit falschen Mitteln verdienen – mit so herunter-

gekommenen Fertigkeiten wie solchen Vorhersagen: ‹Es wird eine Mondfinsternis geben, es wird eine Sonnenfinsternis geben, es wird eine Sternbedeckung geben. Sonne und Mond werden ihrer vorgeschriebenen Bahn folgen, Sonne und Mond werden von ihrer vorgeschriebenen Bahn abweichen. Die Sterne werden ihrer vorgeschriebenen Bahn folgen, ein Stern wird von seiner vorgeschriebenen Bahn abweichen. Es werden Meteore auf der Erde aufschlagen, es wird ein Himmelsglühen geben, es wird ein Erdbeben geben. Die Erde wird rumoren. Es wird einen Aufgang und einen Untergang, eine Verdunkelung und eine Aufhellung von Mond, Sonne und Sternen geben. Derart wird die Folge der Mondfinsternis sein, derart wird die Folge der Sonnenfinsternis sein, derart wird die Folge der Sternbedeckung sein ..., derart wird die Folge eines Aufgangs und eines Untergangs, einer Verdunkelung und einer Aufhellung von Mond, Sonne und Sternen sein.› –, nimmt er Abstand von solchen falschen Mitteln des Lebensunterhaltes, von solch heruntergekommenen Fertigkeiten. Dies gilt ihm als Sittlichkeit.

60. Während einige Bettelmönche und Brahmanen, die von den gläubig dargebrachten Gaben leben, ihren Lebensunterhalt mit falschen Mitteln verdienen – mit so heruntergekommenen Fertigkeiten wie solchen Vorhersagen: ‹Es wird reichlich Regen geben; es wird eine Dürre geben; es wird eine gute Ernte geben; es wird eine Hungersnot geben; es wird sichere Zeiten geben; es wird gefährliche Zeiten geben; es wird Krankheit geben; es wird Gesundheit geben.› oder die ihren Lebensunterhalt mit dem Abfassen von Berichten verdienen, mit dem Durchführen von Berechnungen, mit dem Durchführen von Zählungen, mit dem Abfassen von Gedichten –, nimmt er Abstand von solchen falschen Mitteln des Lebensunterhaltes, von solch heruntergekommenen Fertigkeiten. Dies gilt ihm als Sittlichkeit.

61. Während einige Bettelmönche und Brahmanen, die von den gläubig dargebrachten Speisen leben, ihren Lebensunterhalt mit falschen Mitteln verdienen – mit so herunter-

gekommenen Fertigkeiten wie dem Festlegen glückverheißender Termine für Hochzeiten, sowohl in dem Fall, daß die Braut heimgeführt wird, als auch in dem Fall, daß sie das Haus verläßt; dem Festlegen glückverheißender Termine für Verlobungen und Scheidungen; dem Festlegen glückverheißender Termine für Kauf und Verkauf; dem Aufsagen von Zauberformeln zum Segen oder Fluch; dem Bestimmen fruchtbarer und unfruchtbarer Tage zur Empfängnisverhütung; dem Aufsagen von Zauberformeln zum Lähmen der Zunge eines Mannes, zum Lähmen seiner Kiefer; dem Besprechen der Hände; dem Herbeiführen von Taubheit; dem Befragen eines Spiegels; dem Befragen eines als Medium dienenden Mädchens; dem Befragen von Göttern; der Verehrung der Sonne; der Verehrung Mahābrahmās; dem Hervorbringen von Flammen aus dem Mund; dem Anrufen der Göttin des Glücks –, nimmt er Abstand von solchen falschen Mitteln des Lebensunterhaltes, von solch heruntergekommenen Fertigkeiten. Dies gilt ihm als Sittlichkeit.

62. Während einige Bettelmönche und Brahmanen, die von den gläubig dargebrachten Gaben leben, ihren Lebensunterhalt mit falschen Mitteln verdienen – mit so heruntergekommenen Fertigkeiten wie dem Versprechen von Geschenken für Gottheiten im Gegenzug von zu erweisenden Diensten; dem Erfüllen derartiger Versprechen; dem Dämonenzauber; dem Aufsagen von Zauberformeln nach dem Betreten einer Hütte; dem Herbeiführen von Manneskraft und Impotenz; dem Bestimmen und Weihen von Plätzen für ein Haus; dem Durchführen ritueller Mundwaschungen und Bäder; dem Darbringen von Feueropfern; dem Verabreichen von Brech- und Abführmitteln; dem Verabreichen von Husten und Schleim lösenden Mitteln; dem Verabreichen von Mitteln für Ohren, Augen, Nase und Gegenmitteln; dem Heilen von Augen, die vom grauen Star befallen sind; dem Durchführen von Operationen; dem Behandeln von Kinderkrankheiten; dem Verabreichen von Mitteln zur Heilung körperlicher Krankheiten und Trostsprüchen, um ihren Nach-

wirkungen zu begegnen –, nimmt er Abstand von solchen falschen Mitteln des Lebensunterhaltes, von solch heruntergekommenen Fertigkeiten. Dies gilt ihm als Sittlichkeit.

63. Ein solcherart nun, großer König, mit Sittlichkeit ausgestatteter Mönch sieht, was seine sittliche Zucht betrifft, nirgendwo Gefahren. Wie etwa, großer König, ein gesalbter Kriegerfürst, der seine Feinde besiegt hat, nirgendwo Gefahr durch seine Feinde sieht, ebenso sieht, großer König, der solcherart mit Sittlichkeit ausgestattete Bettelmönch nirgendwo Gefahr, was seine sittliche Zucht betrifft. Ausgestattet mit dieser edlen Gesamtheit von Sittlichkeit, empfindet er in seinem Inneren ein makelloses Glück. Solcherart nun, großer König, ist der Mönch mit Sittlichkeit ausgestattet.

Die Sinnenzügelung

64. Und wie, großer König, bewacht der Mönch seine Sinnestore? Hat da, großer König, der Mönch mit dem Auge eine Form gesehen, so haftet er weder am Gesamteindruck noch an den Einzelheiten. Sollte er da ohne eine Zügelung des Auges verweilen, so könnten ihn üble Geisteszustände wie Begehren und Kummer überkommen; deshalb übt er die Zügelung: er bewacht das Auge und vollbringt die Zügelung des Auges. Hat er mit dem Ohr einen Ton vernommen ..., hat er mit der Nase einen Duft gerochen, hat er mit der Zunge einen Geschmack erfaßt, hat er mit dem Körper ein Objekt berührt, hat er mit dem Geist ein Objekt erkannt, so haftet er weder am Gesamteindruck noch an den Einzelheiten. Sollte er da ohne eine Zügelung des Geistes verweilen, könnten ihn üble Geisteszustände wie Begehren und Kummer überkommen; deshalb übt er die Zügelung: er bewacht den Geist und vollbringt die Zügelung des Geistes. Ausgestattet mit dieser edlen Zügelung der Sinne, empfindet er in seinem Inneren ein ungetrübtes Glück. So also, großer König, bewacht der Mönch seine Sinnestore.

Achtsamkeit und Wissensklarheit

65. Und worin, großer König, bestehen Achtsamkeit und Wissensklarheit des Mönchs? Es handelt, großer König, der Mönch beim Kommen und Gehen mit Wissensklarheit, ebenso beim Hinblicken und Wegblicken. Mit Wissensklarheit beugt und streckt er seine Glieder, mit Wissensklarheit trägt er Ordensgewand und Almosenschale. Beim Essen, Trinken, Kauen und Schmecken handelt er mit Wissensklarheit; mit Wissensklarheit handelt er beim Entleeren des Darms und beim Urinieren. Beim Stehen, Sitzen, Einschlafen, Aufwachen, Sprechen, Schweigen handelt er mit Wissensklarheit. So also, großer König, ist der Mönch mit Achtsamkeit und Wissensklarheit ausgestattet.

Zufriedenheit

66. Und worin, großer König, besteht die Zufriedenheit des Mönchs? Der Mönch, großer König, ist zufrieden mit dem Gewand, das seinen Leib bedeckt, mit der Almosenspeise, die sein Leben fristet. Wohin er auch pilgert, nur damit pilgert er. Wie etwa, großer König, ein gefiederter Vogel, wohin er auch fliegt, nur mit der Last seiner Federn fliegt, gerade so, großer König, ist der Mönch zufrieden mit dem Gewand, das seinen Leib bedeckt, und mit der Almosenspeise, die sein Leben fristet. Wohin er auch pilgert, nur damit pilgert er. Darin, großer König, besteht die Zufriedenheit des Mönchs.

Die Überwindung der Hindernisse

67. Ausgestattet mit dieser edlen Gesamtheit von Sittlichkeit, dieser edlen Sinnenzügelung, erfüllt von dieser edlen Achtsamkeit und Wissensklarheit und erfüllt von dieser edlen Zu-

friedenheit, sucht er eine abgelegene Bleibe auf, einen Wald, die Wurzeln eines Baumes, einen Berg, ein enges Tal, eine Höhle, ein Leichenfeld, einen Platz im Dschungel, einen Ort unter freiem Himmel oder einen Strohhaufen. Vom Almosengang zurückgekehrt, nach dem Mahl, setzt er sich mit gekreuzten Beinen nieder, richtet den Körper gerade auf und errichtet die Achtsamkeit vor sich.

68. Die Sinnesgier hat er aufgegeben, gierlosen Herzens verweilt er; von Gier läutert er sein Herz. Übelwollen und Haß hat er aufgegeben, haßlosen Herzens verweilt er, auf das Wohl aller Lebewesen und Geschöpfe bedacht; von Übelwollen und Haß läutert er sein Herz. Starrheit und Mattigkeit hat er aufgegeben, frei von Starrheit und Mattigkeit verweilt er klaren Geistes, achtsam und wissensklar; von Starrheit und Mattigkeit läutert er sein Herz. Rastlosigkeit und Sorgen hat er aufgegeben, frei von Rastlosigkeit und Sorgen verweilt er mit einem friedfertigen Herzen; von Rastlosigkeit und Sorgen läutert er sein Herz. Den Zweifel hat er aufgegeben; er, der den Zweifel überwunden hat, verweilt unverwirrt im Heilsamen; vom Zweifel läutert er sein Herz.

69. Nimm an, großer König, ein Mann leiht sich Geld und macht damit ein Geschäft; das Geschäft ist erfolgreich, so daß er seine Schulden begleichen kann und er darüber hinaus noch genug übrig hat für den Unterhalt einer Ehefrau. Nun sagte er sich: ‹Von Schulden bedrückt, habe ich mich mit Geschäften abgegeben; diese Geschäfte waren erfolgreich. Jetzt bin ich meine Schuldenlast los und habe darüber hinaus noch genug übrig für den Unterhalt einer Ehefrau.› Darüber würde er Freude empfinden.

70. Nimm weiter an, großer König, ein Mann wird krank, schwer krank, die Nahrung bekommt ihm nicht mehr; er ist völlig entkräftet. Nach einiger Zeit nun erholt er sich von dieser Krankheit, das Essen bekommt ihm wieder und seine Kraft kehrt zurück. Er sagt sich nun: ‹Ich bin krank gewesen, schwer krank, die Nahrung bekam mir nicht und ich war völlig entkräftet. Jetzt aber bin ich von dieser Krankheit gene-

sen, das Essen bekommt mir wieder, und meine Kraft kehrt zurück.› Darüber würde er Freude empfinden.

71. Nimm weiter an, großer König, ein Mann sitzt im Gefängnis. Nach einiger Zeit wird er entlassen, gesund und unversehrt, ohne irgendeinen Verlust an seinem Vermögen erlitten zu haben. Er sagt sich nun: ‹Ich saß im Gefängnis. Jetzt bin ich entlassen worden, gesund und unversehrt, ohne irgendeinen Verlust an meinem Vermögen erlitten zu haben.› Darüber würde er Freude empfinden.

72. Nimm weiter an, großer König, da ist ein Mann, ein Sklave, nicht sein eigener Herr, von anderen abhängig, unfähig, dorthin zu gehen, wohin es ihm beliebt. Nach einiger Zeit nun kommt er frei, ist sein eigener Herr, von anderen unabhängig, könnte gehen, wohin es ihm beliebt. Er sagt sich nun: ‹Ich war ein Sklave, nicht mein eigener Herr, von anderen abhängig, unfähig, dorthin zu gehen, wohin es mir beliebte. Jetzt bin ich frei, bin mein eigener Herr, von anderen unabhängig, kann gehen, wohin es mir beliebt.› Darüber würde er Freude empfinden.

73. Nimm weiter an, großer König, ein Mann, begütert, reich, reist durch die Wüste, wo Nahrung knapp ist und der Gefahren viele. Nach einiger Zeit nun hat er die Wüste durchquert und ist sicher in einem Dorf außerhalb der Gefahrenzone angelangt. Er sagt sich nun: ‹Ich bin mit Hab und Gut durch die Wüste gereist, wo Nahrung knapp war und der Gefahren viele. Jetzt habe ich die Wüste durchquert und bin sicher in einem Dorf außerhalb der Gefahrenzone angelangt.› Darüber würde er Freude empfinden.

74. Ebenso, großer König, sieht es ein Mönch: Sind die fünf Hindernisse in seinem Inneren nicht beseitigt, so betrachtet er dies als Schuld, als Krankheit, als ein Gefängnis, als ein Sklavendasein, als einen Weg durch eine Wüste. Sind hingegen die fünf Hindernisse in seinem Inneren beseitigt, so betrachtet er dies als Schuldenbegleichung, als Gesundung, als Befreiung aus einem Gefängnis, als ein Entrinnen aus dem Sklavendasein, als einen Sicherheit bietenden Platz.

Die erste meditative Vertiefung

75. Sieht der Mönch diese fünf Hindernisse in seinem Inneren beseitigt, kommt Freude in ihm auf. Von Freude erfüllt, erfaßt ihn Verzücken. Von Verzücken erfüllt, beruhigt sich der Körper; mit beruhigtem Körper empfindet er ein Glücksgefühl; von diesem Glücksgefühl erfüllt, sammelt sich sein Geist. Abgeschieden von den Sinnesdingen, abgeschieden von unheilsamen Geisteszuständen, tritt der Mönch in die durch das anfänglich aufgenommene und dann voll erfaßte Meditationsobjekt bedingte, durch Abgeschiedenheit entstandene und von Verzückung und Glücksgefühl erfüllte erste Vertiefung ein und verweilt in ihr. Mit dieser durch Abgeschiedenheit entstandenen Verzückung und diesem Glücksgefühl tränkt er seinen Körper, durchtränkt ihn, erfüllt ihn und sättigt ihn damit, so daß kein Teil seines Körpers von dieser Verzückung und diesem Glücksgefühl undurchdrungen bleibt.

76. Gleichwie, großer König, ein geschickter Bader oder Badergeselle in eine Metallschüssel Seifenpulver streut und, es immer wieder durchfeuchtend, mit Wasser verarbeitet, so daß dieser Seifenball von Feuchtigkeit durchdrungen, von Feuchtigkeit durchsetzt, innen von Feuchtigkeit durchtränkt ist und doch nicht tropft – ebenso, großer König, tränkt der Mönch seinen Körper mit der durch Abgeschiedenheit entstandenen Verzückung und diesem Glücksgefühl, durchtränkt ihn, erfüllt ihn und sättigt ihn damit, so daß kein Teil seines Körpers von dieser Verzückung und diesem Glücksgefühl undurchdrungen bleibt. Das aber, großer König, ist eine sichtbare Frucht der Entsagung, vortrefflicher noch und feiner als die vorangegangenen.

Die zweite meditative Vertiefung

77. Dann, großer König, tritt der Mönch, nach Ablegung des anfänglich aufgenommenen und dann voll erfaßten Meditationsobjektes, begleitet von innerer Ruhe und der Einheit des Geistes, in die vom anfänglich aufgenommenen und dann voll erfaßten Meditationsobjekt freie, durch Sammlung entstandene, von Verzückung und Glücksgefühl erfüllte zweite meditative Vertiefung ein und verweilt in ihr. Mit dieser durch Sammlung entstandenen Verzückung und diesem Glücksgefühl tränkt er seinen Körper, durchtränkt ihn, erfüllt ihn und sättigt ihn damit, so daß kein Teil seines Körpers von dieser Verzückung und diesem Glücksgefühl undurchdrungen bleibt.

78. Wie wenn, großer König, da ein See wäre mit einer unterirdischen Quelle, ohne Wasserzufluß aus östlicher Richtung, ohne Wasserzufluß aus westlicher Richtung, ohne Wasserzufluß aus nördlicher Richtung, ohne Wasserzufluß aus südlicher Richtung, ohne Wasserzufluß durch gelegentliche Regenschauer; nur ein Strom kühlen Wassers aus seiner unterirdischen Quelle tränkte den gesamten See, durchtränkte ihn, erfüllte ihn, sättigte ihn, so daß kein Teil des Sees von diesem kühlen Wasser frei bliebe – ebenso nun, großer König, tränkt der Mönch seinen Körper mit dieser durch Sammlung entstandenen Verzückung und diesem Glücksgefühl, durchtränkt ihn, erfüllt ihn, sättigt ihn damit, so daß kein Teil seines Körpers von diesem Entzücken und diesem Glücksgefühl undurchdrungen bleibt. Auch das, großer König, ist eine sichtbare Frucht der Entsagung, vortrefflicher noch und feiner als die vorangegangenen.

Die dritte meditative Vertiefung

79. Und ferner, großer König, tritt der Mönch, nach Abwendung von der Verzückung, gleichmütig, achtsam, wissensklar, ein Glücksgefühl empfindend, von dem die Edlen sagen: ‹Der Gleichmütige, Achtsame lebt glücklich›, in die dritte meditative Vertiefung ein und verweilt in ihr. Mit diesem von Verzückung freien Glücksgefühl tränkt er seinen Körper, durchtränkt ihn, erfüllt ihn und sättigt ihn damit, so daß kein Teil seines Körpers von diesem Glücksgefühl undurchdrungen bleibt.

80. Gleichwie, großer König, in einem Lotosteich mit blauen, roten und weißen Lotosblumen einige blaue oder rote oder weiße Lotosblumen, im Wasser entstanden, im Wasser gewachsen, niemals aus dem Wasser hervorkommen, aber im Wasser eingetaucht gedeihen; von den Spitzen bis zu den Wurzeln sind sie dann von kühlem Wasser getränkt, bedeckt, umgeben und gesättigt, so daß kein Teil dieser Lotosblumen von kühlem Wasser ungesättigt bleibt – ebenso tränkt, großer König, der Mönch seinen Körper mit diesem von der Verzückung freien Glücksgefühl, durchtränkt ihn, erfüllt ihn, sättigt ihn damit, so daß kein Teil seines Körpers von diesem Glücksgefühl undurchdrungen bleibt. Auch das, großer König, ist eine sichtbare Frucht der Entsagung, vortrefflicher noch und feiner als die vorangegangenen.

Die vierte meditative Vertiefung

81. Und ferner, großer König, tritt der Mönch nach dem Loslassen von Freude und Leid, dem Überwinden von Frohsinn und Trübsinn, in die freudlos-leidlose, durch Gleichmut und Achtsamkeit geläuterte vierte meditative Vertiefung ein und verweilt in ihr. Seinen Körper mit einem reinen, klaren Geist füllend, sitzt er da, so daß kein Teil seines Körpers von diesem reinen, klaren Geist undurchdrungen bleibt.

82. Wie wenn, großer König, ein Mann vom Scheitel bis zur Sohle mit einem weißen Gewand bedeckt wäre, so daß kein Teil seines Körpers von diesem weißen Gewand unbedeckt bliebe, ebenso, großer König, sitzt der Mönch, seinen Körper mit einem reinen, klaren Geist füllend, da, so daß kein Teil seines Körpers von diesem reinen, klaren Geist undurchdrungen bleibt. Auch das, großer König, ist eine sichtbare Frucht der Entsagung, vortrefflicher noch und feiner als die vorangegangenen.

Einsicht

83. Ist der Geist derart gesammelt, vollkommen rein und klar, unbefleckt, ungetrübt, geschmeidig, gefügig, gefestigt, unerschütterlich, so lenkt er den Geist zur Einsicht. Er erkennt dann: ‹Dies ist mein Körper, formhaft, aus den vier Elementen bestehend, von Vater und Mutter gezeugt, aus Reis und Reisbrei aufgebaut, unbeständig, Verletzungen, Abschürfungen ausgesetzt, der Auflösung und dem Vergehen unterworfen. Und dies ist mein Bewußtsein, davon getragen und daran gebunden.›

84. Nimm an, großer König, da ist ein wunderschöner Beryll, ein Edelstein, aus reinstem Wasser entstanden, achtflächig, gut geschnitten, klar, durchsichtig, makellos, mit allen Vorzügen ausgestattet. Und darin würde ein blauer, gelber, roter, weißer oder brauner Faden verlaufen. Den würde nun ein scharfsichtiger Mann in die Hand nehmen und sagen: ‹Dies ist ein wunderschöner Beryll, ein Edelstein, aus reinstem Wasser entstanden, achtflächig, gut geschnitten, klar, durchsichtig, makellos, mit allen Vorzügen ausgestattet. Und darin verläuft ein blauer, gelber, roter, weißer oder brauner Faden.› Ebenso nun, großer König, verhält es sich mit dem Geist: Ist er derart gesammelt, vollkommen rein und klar, unbefleckt, ungetrübt, geschmeidig, gefügig, gefestigt, unerschütterlich, so lenkt der Mönch ihn zur Einsicht. Er erkennt

dann: ‹Dies ist mein Körper, formhaft, aus den vier Elementen bestehend, von Vater und Mutter gezeugt, aus Reis und Reisbrei aufgebaut, unbeständig, Verletzungen und Abschürfungen ausgesetzt, der Auflösung und dem Vergehen unterworfen. Und dies ist mein Bewußtsein, davon getragen und daran gebunden.› Auch das, großer König, ist eine sichtbare Frucht der Entsagung, vortrefflicher noch und feiner als die vorangegangenen.

Das Wissen um den aus Geist gemachten Körper

85. Ist der Geist derart gesammelt, vollkommen rein und klar, unbefleckt, ungetrübt, geschmeidig, gefügig, gefestigt, unerschütterlich, so richtet und lenkt er ihn auf das Wissen um die Schaffung eines aus Geist gemachten Körpers. Aus diesem Körper erschafft er einen anderen Körper von materieller Form, geistgemacht, der mit allen Gliedern versehen, mit allen Fähigkeiten ausgestattet ist.

86. Stell dir, großer König, einen Mann vor, der ein Rohr aus seinem Futteral zieht. Der würde denken: ‹Dies ist das Rohr, das ist das Futteral. Das Rohr ist eine Sache, das Futteral eine andere. Jetzt ist das Rohr aus dem Futteral gezogen.› Oder stell dir, großer König, einen Mann vor, der ein Schwert aus der Scheide zieht. Der würde denken: ‹Dies ist das Schwert, das ist die Scheide. Das Schwert ist eine Sache, die Scheide eine andere. Jetzt ist das Schwert aus der Scheide gezogen.› Oder stell dir, großer König, einen Mann vor, der eine sich häutende Schlange aus ihrer alten Hülle zieht. Der würde denken: ‹Dies ist die Schlange, das ist die abgeworfene Haut. Die Schlange ist eine Sache, die abgeworfene Haut eine andere. Jetzt ist die Schlange aus ihrer alten Hülle gezogen.› Wenn der Geist, großer König, derart gesammelt, vollkommen rein und klar, unbefleckt, ungetrübt, geschmeidig, gefügig, gefestigt, unerschütterlich ist, so richtet ihn der Mönch auf das Wissen um die Schaffung eines aus Geist gemachten

Körpers. Aus diesem Körper erschafft er einen anderen Körper von materieller Form, aus Geist gemacht, der mit allen Gliedern versehen, mit allen Fähigkeiten ausgestattet ist. Auch das, großer König, ist eine sichtbare Frucht der Entsagung, vortrefflicher noch und feiner als die vorangegangenen.

Das Wissen um die mannigfachen Arten magischer Kräfte

87. Ist der Geist derart gesammelt, vollkommen rein und klar, unbefleckt, ungetrübt, geschmeidig, gefügig, gefestigt, unerschütterlich, so richtet er ihn auf das Wissen um die mannigfachen Arten magischer Kräfte. Diese mannigfachen Arten magischer Kräfte übt er aus: als nur einer, vielfach zu werden, und vielfach geworden, wieder einer zu werden; zu erscheinen und zu verschwinden; durch Wände, Mauern und Berge hindurchzuschweben gleichwie durch Luft; in die Erde einzutauchen und daraus aufzutauchen, als sei sie Wasser; auf dem Wasser zu wandeln, ohne zu versinken, wie auf der Erde; mit gekreuzten Beinen durch die Luft zu schweben wie ein Vogel mit seinen Schwingen; Sonne und Mond, die so mächtigen, die so gewaltigen, mit der Hand zu berühren und zu ergreifen; Herr über seinen Körper zu sein und bis hinauf in die Welt Brahmās zu gelangen.

88. Stell dir, großer König, einen tüchtigen Töpfer oder Töpfergeselle vor, der jedes Gefäß, das man sich wünschen mag, aus wohlzubereitetem Ton herstellen kann. Oder, großer König, einen tüchtigen Elfenbeinschnitzer oder Elfenbeinschnitzergesellen, der jedes Stück aus Elfenbein, das man sich wünschen mag, aus wohlzubereitetem Elfenbein herstellen kann. Oder, großer König, einen geschickten Goldschmied oder Goldschmiedegesellen, der jedes Stück aus Gold, das man sich wünschen mag, herstellen kann. Ebenso, großer König, verhält es sich mit dem Geist: Derart gesammelt, vollkommen rein und klar, ungetrübt, unbefleckt,

geschmeidig, gefügig, gefestigt, unerschütterlich, richtet ihn der Mönch auf das Wissen um die mannigfachen Arten magischer Kräfte. Diese mannigfachen Arten magischer Kräfte übt er aus: als nur einer, vielfach zu werden, und vielfach geworden, wieder einer zu werden; zu erscheinen und zu verschwinden; durch Wände, Mauern und Berge hindurchzuschweben gleichwie durch Luft; in die Erde einzutauchen und daraus aufzutauchen, als sei sie Wasser; auf dem Wasser zu wandeln, ohne zu versinken, wie auf der Erde; mit gekreuzten Beinen durch die Luft zu schweben wie ein Vogel mit seinen Schwingen; Sonne und Mond, die so mächtigen, die so gewaltigen, mit der Hand zu berühren und zu ergreifen; Herr über seinen Körper zu sein und bis hinauf in die Welt Brahmās zu gelangen. Auch das, großer König, ist eine sichtbare Frucht der Entsagung, vortrefflicher noch und feiner als die vorangegangenen.

Das Wissen um das himmlische Ohr

89. Ist der Geist derart gesammelt, vollkommen rein und klar, ungetrübt, unbefleckt, geschmeidig, gefügig, gefestigt, unerschütterlich, so richtet und lenkt er ihn auf das Wissen um das himmlische Ohr. Mit dem himmlischen Ohr nun, dem geläuterten, übermenschlichen, vernimmt er beide Töne, himmlische wie menschliche, nahe wie ferne.

90. Stell dir, großer König, einen Mann vor, der auf einer Landstraße dahinzieht und Paukenschall, Trommelwirbel oder den Ton von Muschelhörnern, Zimbeln und Trompeten hört; er sagte sich: ‹Das ist Paukenschall. Das ist Trommelwirbel. Das ist der Ton von Muschelhörnern, Zimbeln und Trompeten.› Ebenso, großer König, verhält es sich mit dem Geist: Derart gesammelt, vollkommen rein und klar, ungetrübt, unbefleckt, geschmeidig, gefügig, gefestigt, unerschütterlich, richtet ihn der Mönch auf das Wissen um das himmlische Ohr. Mit dem himmlischen Ohr nun, dem geläuterten,

übermenschlichen, vernimmt er beide Töne, himmlische wie menschliche, ferne wie nahe. Auch das, großer König, ist eine sichtbare Frucht der Entsagung, vortrefflicher noch und feiner als die vorangegangenen.

Das Wissen um die Gesinnung anderer

91. Ist der Geist derart gesammelt, vollkommen rein und klar, ungetrübt, unbefleckt, geschmeidig, gefügig, gefestigt, unerschütterlich, so richtet und lenkt er ihn auf das Erkennen der Gesinnung anderer. Nachdem er sie durchdringend geschaut hat, erkennt er die Gesinnung der anderen Wesen, der anderen Personen. Er erkennt den gierigen Geist als gierig und den gierlosen als gierlos, den gehässigen Geist als gehässig und den haßlosen als haßlos, den verblendeten Geist als verblendet und den unverblendeten Geist als unverblendet, den verkrampften Geist als verkrampft und den unverkrampften als unverkrampft, den entfalteten Geist als entfaltet und den unentfalteten als unentfaltet, den übertreffbaren Geist als übertreffbar und den unübertreffbaren als unübertreffbar, den gesammelten Geist als gesammelt und den ungesammelten als ungesammelt, den befreiten Geist als befreit und den unbefreiten als unbefreit.

92. Stell dir, großer König, einen jungen Mann vor oder eine junge Frau, dem Schmucke zugetan, die in einem Spiegel oder in einem Gefäß mit klarem Wasser das Bild des eigenen Antlitzes prüfend betrachtet. Sie wüßte: ‹Es hat ein Muttermal›, wenn es ein Muttermal hätte, oder: ‹Es hat kein Muttermal›, wenn es keines hätte. Ebenso, großer König, verhält es sich mit dem Geist: Derart gesammelt, vollkommen rein und klar, unbefleckt, ungetrübt, geschmeidig, gefügig, gefestigt, unerschütterlich, richtet ihn der Mönch auf das Erkennen der Gesinnung anderer. Nachdem er sie durchdringend geschaut hat, erkennt er die Gesinnung der anderen Wesen, der anderen Personen. Er erkennt den gierigen Geist

als gierig und den gierlosen als gierlos, den gehässigen Geist als gehässig und den haßlosen als haßlos, den verblendeten Geist als verblendet und den unverblendeten als unverblendet, den verkrampften Geist als verkrampft und den unverkrampften als unverkrampft, den entfalteten Geist als entfaltet und den unentfalteten als unentfaltet, den übertreffbaren Geist als übertreffbar und den unübertreffbaren als unübertreffbar, den gesammelten Geist als gesammelt und den ungesammelten als ungesammelt, den befreiten Geist als befreit und den unbefreiten als unbefreit. Auch das, großer König, ist eine sichtbare Frucht der Entsagung, vortrefflicher noch und feiner als die vorangegangenen.

Das Wissen um die Erinnerung an frühere Daseinsformen

93. Ist der Geist derart gesammelt, vollkommen rein und klar, unbefleckt, ungetrübt, geschmeidig, gefügig, gefestigt, unerschütterlich, so richtet und lenkt er ihn auf die Erinnerung an frühere Daseinsformen. Er erinnert sich der mannigfachen früheren Daseinsformen, an ein, zwei, drei, vier oder fünf Leben; an zehn, zwanzig, dreißig, vierzig oder fünfzig Leben; an hundert Leben, an tausend Leben, an hunderttausend Leben; an viele Zeitalter der Ausdehnung des Universums, an viele Zeitalter der Zusammenziehung des Universums, an viele Zeitalter der Ausdehnung und Zusammenziehung des Universums: ‹Dort war ich, jenen Namen hatte ich, dieser Familie, dieser Kaste gehörte ich an, so ernährte ich mich, solche Freuden und Leiden wurden mir zuteil, so war mein Lebensende. Von da geschieden, trat ich dort wieder ins Dasein. Dort nun war ich, jenen Namen hatte ich, dieser Familie, dieser Kaste gehörte ich an, so ernährte ich mich, solche Freuden und Leiden wurden mir zuteil, so war mein Lebensende. Von dort geschieden, trat ich hier wieder ins Dasein.› So erinnert er sich der mannigfachen früheren Daseinsformen mit ihren Merkmalen und Einzelheiten.

94. Stell dir, großer König, einen Mann vor, der von seinem Dorf in ein anderes Dorf geht, von diesem Dorf in ein anderes Dorf und von jenem Dorf dann in sein Dorf zurück. Er sagte sich: ‹Ich bin von meinem Dorf in ein anderes gegangen; dort habe ich so gestanden, so gesessen, so gesprochen, so geschwiegen. Von diesem Dorf ging ich weiter in jenes Dorf; dort habe ich so gestanden, so gesessen, so gesprochen, so geschwiegen. Von jenem Dorf ging ich zurück in mein Dorf.› Ebenso, großer König, verhält es sich mit dem Geist: Derart gesammelt, vollkommen rein und klar, unbefleckt, ungetrübt, geschmeidig, gefügig, gefestigt, unerschütterlich, richtet ihn der Mönch auf die Erinnerung an frühere Daseinsformen. Er erinnert sich der mannigfachen früheren Daseinsformen, an ein, zwei, drei, vier oder fünf Leben; an zehn, zwanzig, dreißig, vierzig oder fünfzig Leben; an hundert Leben, an tausend Leben, an hunderttausend Leben; an viele Zeitalter der Ausdehnung des Universums, an viele Zeitalter der Zusammenziehung des Universums, an viele Zeitalter der Ausdehnung und Zusammenziehung des Universums. ‹Dort war ich, jenen Namen hatte ich, dieser Familie, dieser Kaste gehörte ich an, so ernährte ich mich, solche Freuden und Leiden wurden mir zuteil, so war mein Lebensende. Von da geschieden, trat ich dort wieder ins Dasein. Dort nun war ich, jenen Namen hatte ich, dieser Familie, dieser Kaste gehörte ich an, so ernährte ich mich, solche Freuden und Leiden wurden mir zuteil, so war mein Lebensende. Von dort geschieden, trat ich hier wieder ins Dasein.› So erinnert er sich der mannigfachen früheren Daseinsformen mit ihren Merkmalen und Einzelheiten. Auch das, großer König, ist eine sichtbare Frucht der Entsagung, vortrefflicher noch und feiner als die vorangegangenen.

95. Ist der Geist derart gesammelt, vollkommen rein und klar, unbefleckt, ungetrübt, geschmeidig, gefügig, gefestigt, unerschütterlich, so richtet er ihn auf das Erkennen des Abscheidens und Wiedererscheinens der Wesen. Mit dem himmlischen Auge, dem geläuterten, übermenschlichen, sieht er die Wesen abscheiden und wieder erscheinen, die niedrigen wie die erhabenen, die schönen wie die häßlichen, die glücklichen wie die unglücklichen; wie die Wesen gemäß ihrem Kamma (Skrt. Karma) wieder erscheinen, sieht er so: ‹Wahrlich, mit einem schlechten Wandel sind diese Wesen behaftet, was ihre Taten, Worte und Gedanken angeht; sie beschimpfen die Edlen, haben verkehrte Ansichten, und gemäß ihren Ansichten handeln sie. Beim Zerfall des Körpers, nach dem Tod, gelangen sie in ein niederes Dasein, auf eine Leidensfährte, in die Verdammnis, in die Hölle. Jene Wesen aber sind mit einem guten Wandel behaftet, was ihre Taten, Worte und Gedanken angeht; sie beschimpfen nicht die Edlen, haben die rechten Ansichten, und gemäß ihren Ansichten handeln sie. Beim Zerfall des Körpers, nach dem Tod, gelangen sie auf eine glückliche Fährte, in die himmlische Welt.› So sieht er mit dem himmlischen Auge, dem geläuterten, übermenschlichen, die Wesen abscheiden und wieder erscheinen, die niedrigen wie die erhabenen, die schönen wie die häßlichen, die glücklichen wie die unglücklichen, und er versteht, wie die Wesen wieder erscheinen gemäß ihrem Kamma.

96. Stell dir, großer König, an einem zentralen Platz ein Haus mit einer Dachterrasse vor; von dort aus würde ein scharfsichtiger Mann sehen, wie Leute ein Haus betreten, es wieder verlassen, wie sie durch die Straßen gehen, wie sie auf dem Platz sitzen. Er sagte sich: ‹Diese Leute betreten das Haus, diese verlassen es wieder, diese gehen durch die Straßen, diese sitzen auf dem Platz. ‹Ebenso, großer König, verhält es sich mit dem Geist: Derart gesammelt, vollkommen rein und klar, unbefleckt, ungetrübt, geschmeidig, gefügig,

gefestigt, unerschütterlich, richtet ihn der Mönch auf das Erkennen des Abscheidens und Wiedererscheinens der Wesen. Mit dem himmlischen Auge, dem geläuterten, übermenschlichen, sieht er die Wesen abscheiden und wieder erscheinen, die niedrigen wie die erhabenen, die schönen wie die häßlichen, die glücklichen wie die unglücklichen; wie die Wesen gemäß ihrem Kamma wieder erscheinen, sieht er so: ‹Wahrlich, mit einem schlechten Wandel sind diese Wesen behaftet, was ihre Taten, Worte und Gedanken angeht; sie beschimpfen die Edlen, haben verkehrte Ansichten, und gemäß ihren Ansichten handeln sie. Beim Zerfall des Körpers, nach dem Tod, gelangen sie in ein niederes Dasein, auf eine Leidensfährte, in die Verdammnis, in die Hölle. Jene Wesen aber sind mit einem guten Wandel behaftet, was ihre Taten, Worte und Gedanken angeht; sie beschimpfen nicht die Edlen, haben die rechten Ansichten, und gemäß ihren Ansichten handeln sie. Beim Zerfall des Körpers, nach dem Tod, gelangen sie auf eine glückliche Fährte, in die himmlische Welt.› So sieht er mit dem himmlischen Auge, dem geläuterten, dem übermenschlichen, die Wesen abscheiden und wiedererscheinen, die niedrigen wie die erhabenen, die schönen wie die häßlichen, die glücklichen wie die unglücklichen, und er versteht, wie die Wesen wieder erscheinen gemäß ihrem Kamma. Auch das, großer König, ist eine sichtbare Frucht der Entsagung, vortrefflicher noch und feiner als die vorangegangenen.

Das Wissen um die Überwindung der Triebe

97. Ist der Geist derart gesammelt, vollkommen rein und klar, unbefleckt, ungetrübt, geschmeidig, gefügig, gefestigt, unerschütterlich, so richtet er ihn auf das Wissen um die Überwindung der Triebe. Da weiß er der Wirklichkeit gemäß: ‹Dies ist das Leiden.› Er weiß der Wirklichkeit gemäß: ‹Dies ist die Entstehung des Leidens.› Er weiß der Wirklichkeit

gemäß: ‹Dies ist die Aufhebung des Leidens.› Er weiß der Wirklichkeit gemäß: ‹Dies ist der zur Aufhebung des Leidens führende Weg.› Er weiß der Wirklichkeit gemäß: ‹Dies sind die Triebe.› Er weiß der Wirklichkeit gemäß: ‹Dies ist die Entstehung der Triebe.› Er weiß der Wirklichkeit gemäß: ‹Dies ist die Aufhebung der Triebe.› Er weiß der Wirklichkeit gemäß: ‹Dies ist der zur Aufhebung der Triebe führende Weg.›

Indem der Mönch in dieser Weise erkennt und schaut, wird sein Geist vom Sinnlichkeitstrieb, vom Daseinstrieb, vom Unwissenheitstrieb befreit. Derart befreit, steigt in ihm das Wissen auf: ‹Dies ist die Erlösung.› Und er weiß: ‹Vernichtet ist die Geburt, vollendet das heilige Leben, was zu tun war, ist getan worden, nichts weiteres gibt es nach diesem.›

98. Stell dir, großer König, in einer Gebirgsschlucht einen scharfsichtigen Mann am Ufer eines Sees mit klarem, durchsichtigem und ungetrübtem Wasser vor, der in dem See Austern erblickt, Sand, Kieselsteine und Fischschwärme, die dahingleiten und bewegungslos verharren. Der dächte dann solches: ‹Dies ist ein See mit klarem, durchsichtigem, ungetrübtem Wasser; und darin sind Austern, Sand, Kieselsteine und Fischschwärme, die dahingleiten und bewegungslos verharren.› Ebenso, großer König, verhält es sich mit dem Geist: Derart gesammelt, vollkommen rein und klar, unbefleckt, ungetrübt, geschmeidig, gefügig, gefestigt, unerschütterlich, richtet ihn der Mönch auf das Wissen um die Überwindung der Triebe. Da weiß er der Wirklichkeit gemäß: ‹Dies ist das Leiden.› Er weiß der Wirklichkeit gemäß: ‹Dies ist die Entstehung des Leidens.› Er weiß der Wirklichkeit gemäß: ‹Dies ist die Aufhebung des Leidens.› Er weiß der Wirklichkeit gemäß: ‹Dies ist der zur Aufhebung des Leidens führende Weg.› Er weiß der Wirklichkeit gemäß: ‹Dies sind die Triebe.› Er weiß der Wirklichkeit gemäß: ‹Dies ist die Entstehung der Triebe.› Er weiß der Wirklichkeit gemäß: ‹Dies ist die Aufhebung der Triebe.› Er weiß der Wirklichkeit gemäß: ‹Dies ist der zur Aufhebung der Triebe führende Weg.›»

I

Die ersten drei Früchte des spirituellen Lebens

Die Lehrrede beginnt damit, daß König Ajātasattu in einer Vollmondnacht mit seinem Gefolge und seinen Ministern auf der Terrasse seines Palastes sitzt. Er fragt die Anwesenden, ob jemand einen Priester oder einen Mönch kenne, der ihm helfen könnte, inneren Frieden zu finden. Jeder lobt und empfiehlt irgendeinen Lehrer. Aber der König kennt bereits alle. Die Rede ist hauptsächlich von sechs spirituellen Lehrern, die der König schon aufgesucht hatte. Keiner hatte ihm helfen können. Nur einer der Anwesenden sitzt da und schweigt – der Leibarzt des Königs. Der König wendet sich an ihn, und Jīvaka berichtet ihm von dem Buddha, der sich gerade in seinem Mangohain befinde.

Daraufhin läßt der König umgehend die Elefanten satteln, denn er will zu Jīvakas Mangohain reiten. Und so werden – gemäß der Überlieferung – 500 Elefanten gesattelt für die 500 Frauen des Königs. Würde er Männer auf die Elefanten setzen, sähe es so aus, als ob er in den Krieg zöge, und er wäre dann möglicherweise unterwegs Angriffen ausgesetzt. Ajātasattu besitzt den Ruf eines großen Kriegers: Er hatte so viel Land um seinen Staat Magadha herum erobert, daß damit der Kern eines großen indischen Reiches entstand.

Mit großem Pomp reiten sie also zum Mangohain, müssen aber schließlich zu Fuß gehen, weil der Pfad für eine so große Gruppe zu schmal wird. Jīvaka hatte berichtet, daß sich 1250 Mönche bei dem Buddha aufhielten. Als sie näher kommen, vernehmen sie keinen Laut. Es herrscht vollkommene Ruhe. Das erscheint dem König recht sonderbar, und besorgt fragt er Jīvaka: «Du lockst mich doch nicht in eine Falle? Wie kann eine so große Gemeinde, zwölfhundertfünfzig Mönche, versammelt sein, ohne daß irgendein Geräusch zu hören ist?» Als Krieger hatte er von sich auf andere geschlossen – so, wie wir es ja auch tun – und überlegt, wie er selbst wohl eine solche Situation inszenieren würde. Jīvaka aber beruhigt ihn mit den Worten: «Dort am Pavillon brennen Lampen.»

Also nähert sich der König mit seinem Gefolge und seinem Leibarzt dem Buddha und setzt sich nieder mit der Bitte, ihm eine Frage stellen zu dürfen. Der Buddha stimmt sofort zu; die meisten seiner Lehrreden entstanden durch die Beantwortung von Fragen.

Die Frage, die der König an den Buddha richtet, bezieht sich auf unsere grundlegende Suche, wenn wir spüren, daß das materielle Leben allein uns nicht befriedigt. Ajātasattu will wissen, wo denn der «sichtbare Gewinn» für jemanden liege, der sich dem spirituellen Leben widmet.

Der Buddha fragt, ob er diese Frage schon anderen Lehrern gestellt habe und was diese geantwortet hätten.

Es ist möglich, daß die Ausführungen der sechs Lehrer zu einem späteren Zeitpunkt in die Lehrrede eingeflochten wurden, da sie sehr viel Raum einnehmen. In jedem Fall sind sie interessant, denn sie stammen von damals berühmten Lehrern, die viele Anhänger hatten.

Der eine habe gesagt, berichtet der König dem Buddha, es sei völlig gleichgültig, was man tue, denn die eigenen Taten hätten keinerlei Resultate. Alles, was im Leben geschehe, sei einfach Schicksal. Wäre dies richtig, gäbe es kein spirituelles Wachstum. Ist ohnehin alles Schicksal, dann ist Meditation überflüssig, denn wir können nichts ändern an dem, was geschieht. Wenn unsere Taten, die gut, schlecht oder neutral sein können, keine Resultate haben, brauchen wir uns nicht um das Gute zu bemühen. Es wäre dann belanglos, was wir machen. Im Prinzip wissen wir aber genau, daß dem nicht so ist. Wir erleben Glück und Unglück und erkennen oft genug die Ursachen dessen, was wir ernten. Wir wissen also, ohne jemanden danach gefragt zu haben, daß das so nicht stimmen kann.

Dennoch vertreten zwei Lehrer diese Doktrin. Der dritte Lehrer behauptet, daß der Mensch nur der Körper sei und daß mit dem Tod des Körpers der Mensch verschwinde. Der vierte erklärt, daß der Mensch Körper und Seele besitze und daß die Seele unsterblich sei und ewig so bleibe, wie sie ist. Das würde bedeuten, daß wir bis in alle Ewigkeit ein separates Individuum wären, mit immer den gleichen Schwierigkeiten.

Der nächste Lehrer hält lediglich das moralische Verhalten für wichtig, das auch für den Buddha die Grundlage des spirituellen Lebens darstellt. Aber dieser Lehrer zeigt keine weiteren Schritte auf.

Der letzte Lehrer ist so von Skepsis durchdrungen, daß er sich zu nichts voll bekennen kann. Er sagt zu allem sinngemäß: «Wenn es so ist, dann ist es so, und wenn es anders ist, wird es eben anders sein.» Darüber hält er eine lange Rede.

Dies also sind die sechs Möglichkeiten, die dem König vorgelegt wurden. Bei keiner konnte er einen Weg für sich erkennen, um zur inneren Ruhe zu kommen.

Seine Gewissensbisse bereiten dem König außerordentliche Schwierigkeiten. Reue und Selbsttadel sind auch für uns nichts Ungewöhnliches. Wir kennen beide und haben oft genug erlebt, wie sie uns nicht zur Ruhe kommen lassen; auch wenn es sich nicht gleich um Vatermord handeln muß, wie es bei König Ajātasattu der Fall war.

Nachdem der König also des Buddhas Frage, was er denn von den sechs Lehrern gehört habe, eingehend beantwortet hat, beschreibt der Buddha die verschiedenen Möglichkeiten, aus einem Leben der Entsagung Gewinn zu ziehen.

Die beiden ersten dieser «Früchte», die der Buddha dem König aufzeigt, sind mit dem damaligen Leben in Indien verknüpft und ganz konkret und materialistisch. Der Buddha sagt, der König solle sich einen Palastsklaven vorstellen, der den ganzen Tag für ihn arbeite und ihm stets zu Gefallen sein müsse. Eines Tages gibt dieser Mann seine Wohnung auf, seine Arbeit, seine ganze materielle Sicherheit. Er geht als spiritueller Sucher auf die Landstraße und lebt von dem, was die Menschen ihm geben. Was der König ihm gegenüber empfinden würde? Ob er versuchen würde, ihn wieder zurückzubekommen? Der König erwidert: Nein, natürlich nicht. Er würde ihn unterstützen.

Auch heute noch ist es in Indien üblich, daß jene, die auf der spirituellen Suche sind, unterstützt werden. Der Buddha fragt weiter, ob dies denn nun eine sichtbare Frucht der Entsagung sei, und der König bejaht dies. Wer auf der Suche nach den spirituellen Wahrheiten ist, braucht nicht mehr anderen zu Gefallen zu sein und für sie zu arbeiten. Er wird sicherlich unterstützt werden von den Menschen, die ihm begegnen.

Als nächstes sagt der Buddha, der König solle sich einen Bauern vorstellen, der schwer arbeite und Steuern zahle. Eines Tages nun beschließt dieser Bauer, die spirituelle Wahrheit finden zu wollen. Er gibt seine Arbeit auf und zieht ins Ungewisse. Er geht von Haus zu Haus mit der Almosenschale, um Nahrung zu erbitten, und widmet sich nur dem spirituellen Wachstum. Ob der König ihn zurückholen würde?

Der König entgegnet, das würde er natürlich nicht tun; er würde ihn vielmehr unterstützen. Daraufhin erklärt der Buddha, dies sei «die zweite Frucht der Entsagung, sichtbar schon zu Lebzeiten».

Aber der König ist noch nicht zufrieden, denn der Buddha selbst war kein Palastsklave gewesen und hatte auch nicht auf dem Feld arbeiten müssen. Er war ein Prinz gewesen und hatte den Pfad der Entsagung eingeschlagen. Darum möchte der König noch mehr wissen und fragt, ob es nicht einen noch größeren Gewinn, ein sichtbareres Verdienst gebe. Damit will er sagen: Du hast es doch anders gemacht – es muß doch etwas noch Eindrucksvolleres geben. Der Buddha erklärt daraufhin, dies sei in der Tat der Fall.

Wenn man sein Leben dem spirituellen Pfad verschreibt, kommt als nächstes Verdienst ein inneres Vertrauen zu der Lehre, die der Buddha den Dhamma (Skrt. Dharma) genannt hat. Das Wort *dhamma* hat verschiedene Bedeutungen. Zum einen meint es die Lehre des Buddha. Dann bedeutet es das Gesetz, das Naturgesetz, die Wahrheit, das, was wirklich ist. Der Buddha wollte den Menschen helfen, zu erkennen, wie die Dinge wirklich sind. Also sagte er dem König: Wenn man den Pfad der Entsagung geht, das heißt sich ganz mit dem spirituellen Leben identifiziert und sich ihm verschreibt, dann gewinnt man Vertrauen zum höchsten Ideal.

Das, was der Mensch täglich erlebt, das, womit er sich abgibt, sind die materiellen Dinge. Der Mensch muß Geld verdienen, wie jener Bauer. Er muß sich um seinen Körper kümmern und um seine Familie. Er muß Haus und Besitz in Ordnung halten und all das, was ständig im Verfall begriffen ist, reparieren. So verfügt er über wenig Zeit und Kraft, auch noch anderes zu tun. Den Gewinn, den man erzielt, wenn man einem Beruf nachgeht, kann man mit den Augen sehen. Das schöne Haus, die gesunden Menschen – alles Materielle. Aber Vertrauen kann nicht entstehen, da wir alles selbst erarbeiten müssen und weil alles immer wieder vergeht. Außerdem haben wir Angst, daß alles, was wir uns geschaffen haben, verlorengehen könnte oder daß wir keine Anerkennung finden könnten. Auch das Wissen, daß wir uns auf niemanden hundertprozentig verlassen können, außer auf uns selbst, und auch das nur begrenzt, erzeugt Angst. Es fehlt das Vertrauen, und das Gegenteil von Vertrauen sind Angst und Unsicherheit, von denen unser Leben bestimmt ist, weil es so vergänglich ist. Wir alle sind von Unsicherheit erfüllt, obwohl wir uns bemühen, dies mit all den Dingen zu übertünchen, mit denen wir uns beschäftigen.

Der Buddha belehrt den König folgendermaßen: Man kann das alles nur dann hinter sich lassen und sich dem spirituellen Leben verschreiben, wenn man schon Vertrauen gefaßt hat. Vertrauen ist die Basis des Herzens, wodurch wir uns sicher und unantastbar fühlen, weil wir wissen, daß es etwas viel Erhabeneres gibt als das materielle Leben.

Der Buddha lehnte blinden Glauben ab und sprach von Vertrauen, das mit Weisheit gepaart sein sollte. Dafür hat er ein Gleichnis gegeben. Er verglich das Vertrauen mit einem blinden Riesen und die Weisheit mit einem scharfsichtigen Krüppel. Der blinde Riese bittet den scharfsichtigen Krüppel: «Komm, reite auf meinen Schultern. Ich bin stark, kann aber nicht gut sehen. Du bist schwach, verfügst aber über scharfe Augen. Zusammen können wir weit kommen.»

Das bedeutet: Wenn wir Vertrauen in die Lehre und in den Lehrer haben, sollte das nicht auf blindem Glauben beruhen. Blinder Glaube ist zwar sehr stark und kann Berge versetzen, aber bedingt durch die Blindheit, fehlt das Wissen, welcher Berg denn nun versetzt werden soll. Dazu ist Weisheit nötig, so daß wir kraft unserer Intelligenz wahrnehmen, wovon die Lehre handelt. Ohne Vertrauen können wir nicht praktizieren, denn nur das Vertrauen öffnet das Herz. Dagegen findet der rationale Geist allein immer und immer wieder Gegenargumente, wenn wir ihm die Oberherrschaft überlassen, und es wird unmöglich, die Welt zu transzendieren. An allem haben wir etwas auszusetzen. Vor allem der westliche Mensch mit seinem kritischen Intellekt entdeckt immer neue Kritikpunkte. Auf der weltlichen Ebene finden sich überall Mängel und Schwierigkeiten.

Darum ist Vertrauen unerläßlich für die Öffnung des Herzens, die allein zur Hingabe führt. Wir können das mit dem Schwimmenlernen vergleichen. Wer nicht schwimmen kann, hat Angst. Es fehlt das Vertrauen, daß einen das Wasser trägt. Es fehlt auch das Vertrauen, daß der Schwimmlehrer uns richtig berät. Geben wir uns nicht völlig den Anweisungen und dem Wasser hin, werden wir niemals schwimmen können.

Wenn Vertrauen und Hingabe auf der spirituellen Ebene ausbleiben, ist jede Praxis verfehlt. Es ist eine unumgängliche

Voraussetzung, daß wir uns mit vollem Herzen hingeben und den Anweisungen folgen. Der Geist, der versteht, worum es geht, warum wir üben und was von Bedeutung ist, muß das Seine dazu tun. Wir benötigen also Herz und Geist, um wirkungsvoll zu üben. Das Herz, das sich hingibt, und der Geist, der versteht! Wenn wir nicht Klarblick üben, handelt es sich um das, was in Indien *bhakti* genannt wird: totale Hingabe an den menschlichen oder göttlichen Guru. Das erweckt Liebe und schafft ein Gefühl des Beschütztseins, der Unantastbarkeit, weil man sich Höherem hingegeben hat, ist aber nicht auf Einsicht ausgerichtet.

Gerade auf dieser Ebene war der Buddha ein Pionier. Auch schon zu seiner Zeit wurde in Indien Bhakti geschätzt und ausgeübt. Der Buddha aber lehrte, daß wir beides brauchen, sowohl Hingabe als auch Einsicht, was gleichbedeutend mit Herz und Verstand ist. Unser erster Schritt ist die Herzensöffnung, denn ohne sie macht der Geist zu viele Schwierigkeiten. Schon in der Schule haben wir das Debattieren geübt, und schon als Kinder waren wir dazu fähig. Es ist ein beliebtes Gesellschaftsspiel in der heutigen Zeit und wird von allen Politikern meisterhaft betrieben. Wenn aber das Herz sich dem spirituellen Wachstum öffnet, dem Wissen, daß es eine absolute Wahrheit gibt, dann wird es sich dieser nähern wollen und so weit hingeben können, daß es auch bereit ist, den Weg zu erproben. Und genau darum geht es: Selbst ausprobieren!

Das ist mit dem Geschmack einer Mangofrucht zu vergleichen. Wer noch nie eine gegessen hat, wird vielleicht fragen: «Warum kaufst du eine Mangofrucht? Wie schmeckt die denn?» Und die Antwort wird lauten: «Sie schmeckt süß, sie ist saftig und weich.» Wenn wir noch nie eine Mango gekostet haben, stellen wir uns vielleicht den Geschmack eines Pfirsichs vor. Haben wir aber einmal eine Mangofrucht gekostet, müssen wir keinen mehr danach fragen. Wir brauchen also genügend Vertrauen, um die Dinge selbst auszuprobieren.

Auf dem spirituellen Pfad benötigen wir Zeit und Geduld

mit uns selbst. Geduld ist auch ein Teil der Liebe. Eine Mutter hat Geduld mit ihren Kindern. Wir müssen lernen, unsere eigene Mutter und unser eigenes Kind zu sein, damit wir Geduld mit unseren Schwierigkeiten entwickeln können. Es ändert sich sowieso alles ununterbrochen. Sind wir davon überzeugt, daß wir unser Leben dem spirituellen Wachstum widmen wollen, dann wird es sich in diese Richtung verändern. Wo wir den Geist hinwenden, dorthin geht er. Der Buddha empfahl oft, den Geist zur absoluten Wahrheit zu lenken und nicht zu warten, bis die Einsicht eines Tages ganz von selbst einkehrt. Wenden wir unseren Geist dem spirituellen Verständnis zu, dann hat er die Möglichkeit, sich diesem anzupassen. Richten wir ihn zum Beispiel auf Kriminalromane oder Gangsterfilme, paßt er sich diesen an. Lenken wir ihn zu spirituellen Idealen hin, zum Vertrauen, zur Selbsterfahrung, wird er sich diesen widmen. Je öfter wir das tun, desto leichter wird es uns fallen. Zu Anfang ist der Geist oft störrisch, denn er ist es gewohnt, stets das tun zu können, was er gerade möchte, aber allmählich wird er immer anpassungsfähiger.

Vertrauen hilft uns auch, Selbstvertrauen zu entwickeln. Dieses Gefühl brauchen wir im spirituellen Leben unbedingt, sonst verfallen wir leicht der Zweifelsucht. Selbstvertrauen ist nicht gleichbedeutend mit Überheblichkeit. Menschen, die über kein Selbstvertrauen verfügen, glauben oft, daß jemand, der Selbstvertrauen hat, überheblich sei, weil man ja immer nur das eigene Spiegelbild erkennen kann. Das Gegenstück der Überheblichkeit ist der Minderwertigkeitskomplex. Selbstvertrauen jedoch ist ein Gefühl der Sicherheit, der felsenfesten inneren Überzeugung, daß man allem, was kommen mag, gewachsen sein wird.

Selbstvertrauen wird durch Meditation gestärkt. Andererseits brauchen wir auch Selbstvertrauen, um die Meditation überhaupt zu praktizieren. Wir können uns als Kinder des Universums erkennen, die ein Recht darauf haben, hier zu sein, und dies nicht mit Schwierigkeiten belastet, sondern der

Natur zugehörig. Das verschafft uns ein Gefühl innerer Leichtigkeit, die das Meditieren vereinfacht. Innere Schwere macht die Meditation schwierig.

Es gibt ganz sicher keinen einzigen Menschen, dessen tägliches Leben immer so verläuft, wie er es sich wünscht. Da sind noch andere Menschen im Spiel, die genau entgegengesetzte Vorstellungen haben. Es ist ein ständiges Wechselspiel, und wir fühlen uns belastet, weil wir uns dauernd darum bemühen, unsere Umwelt in Ordnung zu bringen, obwohl es an sich gar nichts in Ordnung zu bringen gibt. Die anderen Menschen sind so, wie sie sind. Es gibt nur etwas in unserem Inneren in Ordnung zu bringen.

Wenn wir einmal mit der inneren Leichtigkeit vertraut geworden sind, erkennen wir auch ihre Ursache. Wir haben dann viel von unserem Wollen losgelassen und sind einfach da. Dann können wir auch der Ganzheit vertrauen, die uns umgibt und uns nicht bedroht. Wir fühlen uns nur dann gefährdet, wenn wir uns absondern. Selbstvertrauen ist eine spirituelle Qualität, die für die Praxis nötig ist und die wir immer wieder bewußt stärken können, bis sie eines Tages in uns verankert ist und bleibt.

Wir haben Grund, dankbar zu sein, denn bereits vor 1200 Jahren hat der indische Weise und Gelehrte Padmasambhava, der den Buddhismus nach Tibet brachte, folgende Prophezeiung gemacht: «Wenn der eiserne Vogel fliegt und die Pferde auf Rädern laufen, wird das tibetische Volk über die Welt zerstreut wie die Ameisen und der Dhamma geht zu dem roten Mann.»

Der «eiserne Vogel» ist natürlich das Flugzeug, und «die Pferde auf Rädern» füllen unsere Autobahnen. Die Tibeter sind über den ganzen Erdball verstreut, und der «rote Mann», das sind wir mit unserer rosaroten Hautfarbe. Das Juwel des Dhamma, dessen Wert wir vielleicht gar nicht schätzen können, bis wir es in unseren Herzen verankert haben, wird uns angeboten. Daher ist das Vertrauen so notwendig.

2

Die vierte Frucht des spirituellen Lebens: Moralisches Verhalten

Auch nachdem der Buddha König Ajātasattu über das Vertrauen belehrt hat, ist dieser noch nicht zufrieden und fragt nach einem noch sichtbareren Gewinn. Er betrachtet das Vertrauen als eine gute und hilfreiche Eigenschaft, vermag jedoch nicht zu erkennen, daß es vergleichbar wäre mit dem Gewinn, der aus dem materiellen Leben erwächst, und darum will er noch mehr erfahren.

Daraufhin antwortet der Buddha: Ja, es gebe einen noch konkreteren Gewinn, der als Frucht der Entsagung zu bezeichnen wäre – das tugendhafte Verhalten eines Menschen, der der Moral großen Wert beimißt. Dann erklärt der Buddha, daß es Gewinn sei, wenn man sich nicht den Gefahren, schlechtes Kamma zu erzeugen, aussetze, nicht von Reue belastet werde, sich nicht selbst tadele, keine Gewissensbisse habe und daher innerlich glücklich sei.

Das paßt nun genau auf den König, der ja massive Gewissensbisse hat, und daher will er noch mehr darüber hören. Der Buddha spricht also weiter: Vor allen Dingen seien die fünf Tugendregeln zu befolgen, die sozusagen die Basis für ein gutes menschliches Leben bilden. Obwohl sich diese Regeln selbstverständlich und einfach anhören, sind sie nur schwer einzuhalten. Darum erklärt der Buddha auch, sie seien ein Training. Er spricht nicht davon, daß wir bestraft werden, wenn wir sie nicht einhalten, sondern davon, daß wir diese Regeln üben sollen.

Die erste besagt, daß man keine Lebewesen töten soll. Dabei handelt es sich natürlich nicht nur um Menschen, auch wenn sich der König, der ja seinen Vater ermordet hatte, hiervon ganz besonders angesprochen fühlen muß. Zu dieser ersten der fünf Tugendregeln, die jeder Mensch einhalten muß, der einem spirituellen Pfad folgen will, gehört aber mehr als das Nicht-Töten; nämlich auch, das Gegenteil davon zu praktizieren: liebende Güte, Mitgefühl und Harmlosigkeit auf allen Ebenen. Das Töten ist grausam und haßerfüllt und betrifft zunächst den Körper. Aber es gibt da auch die emotionale und mentale Ebene. Harm-los (ohne Harm) zu sein bedeutet nicht nur Nicht-Töten, sondern auch, rücksichtsvoll und vorsichtig zu sein und mit anderen Lebewesen so umzugehen, wie wir uns wünschen, daß mit uns selbst umgegangen wird.

Wenn wir an Liebe denken, haben wir Vorstellungen, die rein persönlich und meist recht phantasievoll sind. Sie beruhen im allgemeinen darauf, daß wir geliebt werden möchten, wovon wir uns Erfüllung erwarten. In Wirklichkeit erfüllt die Liebe nur denjenigen, der liebt. Verstehen wir Liebe als eine Qualität des Herzens, so, wie die Intelligenz eine Qualität des Geistes ist, dann werden wir mit der Liebe nicht mehr so umgehen, wie es im allgemeinen üblich ist. Generell diskriminieren, urteilen und verurteilen wir und beschränken uns darauf, unsere Liebe dann zu verschenken, wenn wir eine Chance sehen, wiedergeliebt zu werden, und wenn wir jemanden als liebenswert betrachten. Kein Mensch, der nicht voll erleuchtet ist, ist total liebenswert, und das schließt uns alle mit ein. Jemanden zu suchen, der absolut liebenswert ist, bedeutet verlorene Liebesmüh. Wir teilen unser Herz in verschiedene Abteilungen ein, in denen liebenswerte, neutrale und nicht-liebenswerte Menschen Platz finden. Mit einem solcherart geteilten Herzen können wir uns unmöglich wohl fühlen. Wir vermögen nur «heil» zu sein mit einem in Liebe geeinten Herzen.

Geliebt zu werden ist im Prinzip nichts weiter als eine

Egobestätigung, denn es beweist uns, daß wir trotz allem liebenswert sind. Sollte allerdings derjenige, der uns früher einmal geliebt hat, eines Tages seine Meinung ändern, wie es ja wohl immer möglich und auch erlaubt ist, dann fühlen wir uns plötzlich nicht mehr liebenswert. Dabei hat sich überhaupt nichts geändert, außer der Meinung eines anderen.

Oft befinden wir uns in einem Zwiespalt. Das, was wir tun, schafft unser eigenes Kamma; es macht uns glücklich oder unglücklich. Das, was andere tun, ist deren Kamma, und wenn wir uns von ihnen abhängig machen, sind wir wie Sklaven, die Befehle entgegennehmen müssen. Verlassen wir uns aber auf unsere eigene Liebesfähigkeit – und es gibt keinen Menschen, der sie nicht besitzt – und versuchen, diese zu kultivieren, dann werden wir frei und unabhängig. Dann ist es nicht mehr so wichtig, ob uns jemand liebt. Es ist sehr erfreulich, wenn dies der Fall ist, für denjenigen, dessen Herz voller Liebe ist. Die Hauptsache aber bleibt, daß wir selbst Liebe empfinden.

Wenn wir Liebe entwickelt haben, werden wir nicht fähig sein, zu töten. Auch emotionalen Schmerz zuzufügen wird uns unmöglich. Stärker als unsere Todesangst empfinden wir alle die Gefahren und Unannehmlichkeiten, wenn unsere zwischenmenschlichen Beziehungen nicht von Harmonie und Frieden erfüllt sind. Die Liebe, von der der Buddha gesprochen hat, heißt in Pali *mettā*, was wir mit «liebende Güte» übersetzen, weil sie Güte ebenso wie Liebe einschließt. Es besteht ein erheblicher Unterschied zwischen dem, was wir Liebe nennen, und dem, was der Buddha als Mettā bezeichnet hat. Wir sprechen im allgemeinen von Liebe bei einer persönlichen Beziehung, die immer ein Abhängigkeitsverhältnis voraussetzt. Der andere muß zugegen sein, uns auch lieben und jederzeit so reagieren, wie wir es uns wünschen. Da wir genau wissen, daß so etwas nicht möglich ist, ist diese Art von Liebe stets mit Angst gepaart und daher nicht rein. Von «wahrer» Liebe kann dabei nicht die Rede sein.

Wahre Liebe existiert dann, wenn das Herz so weit geschult ist, daß es alle Menschen und alle Lebewesen mit einzuschließen vermag. Dies erfordert einen Lernprozeß, der manchmal schwierig ist, vor allem dann, wenn jemand sich als besonders unfreundlich oder unangenehm erweist. Erreichbar ist dieser Zustand für jeden, denn wir tragen alle die Liebesfähigkeit in uns.

Jeder Moment, den wir auf die Schulung unserer Herzen verwenden, ist wertvoll und bringt uns einen Schritt weiter auf dem Weg der Läuterung. Je öfter wir uns daran erinnern, daß unser Herz nichts weiter zu tun hat, als zu lieben, desto leichter wird es, von Beurteilungen und Verurteilungen Abstand zu nehmen. Das bedeutet jedoch nicht, daß wir nun nicht mehr zwischen Gut und Böse unterscheiden könnten. Wenn wir dazu nicht mehr imstande wären, würden unsere Moralbegriffe durcheinanderkommen und wir könnten die Tugendregeln nicht einhalten. Natürlich wissen wir, was gut und was schlecht ist, aber Haß auf das Schlechte braucht sich in unseren Herzen nicht mehr zu regen. Wir empfinden, im Gegenteil, Mitgefühl für denjenigen, der unheilsam handelt.

Der spirituelle Pfad ist ein Pfad der Läuterung von Herz und Geist. Wir können jede Möglichkeit dazu benutzen und brauchen diesen Lernprozeß nie zu unterbrechen. Jedesmal, wenn wir eine Gelegenheit, das Heilsame zu üben, genutzt haben, werden wir ein Gefühl der Erleichterung empfinden. Hassen, ablehnen, ärgern ist beschwerend und bedrückend. Es ist nicht möglich, glücklich zu sein, wenn wir uns ärgern. Glücklich zu sein, wenn wir lieben, ist ganz einfach. Leider haben wir eine falsche Auffassung vom Lieben. Wir glauben im Grunde, daß es bedeutet, geliebt zu werden. Diese Idee fallenzulassen ist schon ein Prozeß der Läuterung und eine Übung im Loslassen.

Für das spirituelle Wachstum ist «loslassen» das wichtigste Wort, das wir uns merken müssen. Je weiter wir diesen Pfad der Läuterung gehen, desto einfacher wird unser Leben. Je mehr wir festhalten, desto schwieriger wird es. Wir brauchen uns nur einmal vorzustellen, wie ein Mensch versucht, unendlich viele Dinge an sich zu raffen und sie dann mit Armen und Händen zu umschlingen und festzuhalten. Andauernd fällt ihm etwas herunter. Er muß sich bücken, um es aufzuheben. Dann fällt schon das nächste runter. Es wird ihm schwer und ungemütlich zumute mit all den Dingen, die er da festhält. Eines Tages sagt er dann: «Jetzt habe ich aber genug!» – und läßt alles fallen. Was passiert dann? Ganz einfach folgendes: Er braucht sich nicht mehr zu bücken und fühlt sich nicht mehr beschwert. Wir wissen leider nicht, daß es so einfach ist. Weil alle anderen um uns herum festhalten, glauben wir, wir müßten das auch tun. Sobald wir aber einmal ausprobiert haben, wie einfach es ist, loszulassen, werden wir den Segen darin erkennen. Es gibt keinen größeren.

Ein thailändischer Meditationslehrer zog, aufgrund seiner pragmatischen und schlichten Art der Erklärung, viele westliche Schüler an, obwohl er kein Englisch sprach. Eine Eigenart der westlichen Menschen ist es, ununterbrochen Fragen zu stellen. So wurde Achan Chah eines Tages folgende Frage vorgelegt: «Du redest immer davon, daß man an nichts festhalten soll, daß man alles loslassen soll, aber du hast doch auch viele Dinge hier in deiner Hütte. Du hast außerdem ein Kloster und viele Schüler. Wie kommt das?» Achan Chah antwortete mit einer Gegenfrage: «Siehst du dieses mit Wasser gefüllte Glas auf dem Tisch?» Der Frager bejahte das. «Nun», führte der Meister aus, «aus diesem Glas kann ich Wasser trinken, wenn ich durstig bin. Außerdem ist es ein sehr schönes Glas, das ich einmal geschenkt bekam. Trotzdem ist das Glas für mich schon zerbrochen.»

Es ist eigentlich ganz einfach. Solange das Glas noch nicht zerbrochen ist, bleibt es nützlich und man kann sich daran erfreuen. Ganz sicher ist jedoch, daß es irgendwann zerbrechen wird, weil alles vergänglich ist. Achan Chah würde aber dem Glas nicht nachtrauern, denn für ihn war es ja bereits zerbrochen. Dieser Tatsache sollten wir uns stets bewußt sein, dann fällt es uns nicht schwer, loszulassen, so daß die Angst vor dem sicheren Verlust schwindet. Haben wir gelernt, vor allen Dingen von unserer Meinung von uns selbst loszulassen, gibt es keine Probleme mehr. Wenn wir bei allem, was wir betrachten, daran denken, daß nichts Bestand hat, werden wir loslassen können und sind damit auf dem Wege der Läuterung. Bedauern, Haß und Gier haben keine Angriffspunkte mehr, wenn wir wissen, wie anstrengend Festhalten letzten Endes ist.

Mit der Liebe ist es genauso: Solange wir einen Besitzanspruch haben, wird es Probleme geben. Betrachten wir jedoch alles so, als ob es bereits zerbrochen wäre, werden wir erkennen, daß nichts anderes wichtig ist als die Läuterung unserer Emotionen. Denn eines steht felsenfest: Alles wird zerbrechen, sich verändern, zu Ende gehen. Jeder Mensch, der geboren wird, muß sterben, und jeder Geist, der an etwas Bestimmtes denkt, wird bald an etwas anderes denken.

Unsere Emotionen vernebeln unseren Geist, und erst die Läuterung der Emotionen bringt Klarheit. Solange uns unsere Emotionen übermannen, sind wir nur mit ihnen beschäftigt. Wir können das mit den Wellen im Ozean vergleichen. Solange wir uns inmitten der Wellen befinden, sehen wir nur das Wasser, das uns berührt. Erst wenn der Meeresspiegel sich geglättet hat, können wir in die Tiefe schauen und erkennen, was sich auf dem Meeresboden befindet. Erst wenn Ruhe in unser Herz eingekehrt ist, kann unser Geist eine Tiefenperspektive gewinnen.

Die zweite Tugendregel besagt, daß man nichts nehmen soll, was nicht gegeben wurde. Sie verlangt, nicht zu stehlen – und das in ganz umfassendem Sinne, nämlich, nichts zu nehmen, was nicht ausdrücklich für einen bestimmt ist. Das Gegenstück dazu ist die Freigebigkeit, die Großzügigkeit, die auf Liebe beruht. Lieben wir nicht, dann haben wir auch nicht das Bedürfnis, anderen Gutes zu tun, und können nichts geben. Lieben, rücksichtsvoll sein und Freigebigkeit vermindern unser Ego. Das Ziel allen Übens ist es, zu erkennen, daß das «Ich» nur eine Illusion ist. Bis dahin ist der Weg jedoch weit, und wir müssen viele kleine Schritte tun, um dahin zu gelangen. Das, was uns den inneren Frieden verwehrt, ist nämlich dieses «Ich», das Ego, das ununterbrochen Wünsche hat, das ständig bestätigt und bestärkt werden will. Es will sich immerzu behaupten, und wenn andere wohlwollend sind, freut es sich, wird aber von außen Ablehnung und Kritik signalisiert, entstehen in unserem Inneren Unmut und Ärger. Und alles nur wegen dieser Ego-Illusion. Lieben um des Liebens willen, Geben, um des Gebens willen, um andere zu beglücken, helfen dabei, unser Ego ein wenig zu vermindern. Es ist nur eine Sache der Übung, denn wenn wir unseren Geist immer wieder in Richtung Liebe und Großzügigkeit lenken, wird er bald eine Gewohnheit daraus machen. Der Buddha sagte: «Wenn es nicht möglich wäre, nur das Gute zu tun, würde ich es euch nicht empfehlen. Es ist möglich!»

Dabei sollten wir bedenken, daß wir die Arbeit der Läuterung nicht für andere tun, sondern in erster Linie für uns selbst. Natürlich werden andere auch davon profitieren, aber das ist ein sekundäres Ergebnis.

Liebende Güte und Großzügigkeit lassen uns erkennen, daß es in Wirklichkeit keine Abgrenzungen gibt. Alles ist mit allem verbunden. Niemand ist in der Lage, ein zufriedenes Leben zu führen, wenn er sich vollständig abgrenzt. Herrschen nur noch Streit und Unfrieden, hat sich die Harmonie ganz zurückgezogen, dann befinden wir uns im Kriegszustand und das Leben wird sehr schwierig und freudlos. Darum müssen wir lernen, jeden zu akzeptieren, denn er hat die gleichen Bedürfnisse, die gleichen Sorgen und Nöte wie wir selbst.

Haben wir erkannt, daß wir aufeinander angewiesen sind, wird es viel einfacher, großzügig zu sein, und wir können friedlich und in Harmonie zusammenleben. Freude, die wir einem anderen bereiten, wird dann zu unserem eigenen Erlebnis, das wir bewußt angestrebt haben.

Die dritte Tugendregel lautet, keinen sexuellen Mißbrauch zu betreiben. Dabei handelt es sich nicht ausschließlich um die sexuellen Beziehungen, obwohl diese oft besonders schwierig sind, sondern um die zwischenmenschlichen Beziehungen ganz allgemein. Zuerst Freund, dann Feind, Verleumdungen und Intrigen – das ist an der Tagesordnung. Erst wenn wir uns darüber klargeworden sind, daß wir für alles, was geschieht, selbst verantwortlich sind, werden wir uns bemühen, Treue, Aufrichtigkeit und Zuverlässigkeit voll zu entwickeln. So lernen wir, uns selbst zu vertrauen, uns auf uns selbst verlassen zu können, und das wird sich auch im Verhalten gegenüber anderen segensreich auswirken.

Die vierte Tugendregel ist besonders wichtig. Sie verlangt, keine falsche Rede zu benutzen. Der Buddha hat die Anweisung zur rechten Rede viele Male wiederholt: Sie ist einer der Schritte auf dem achtfachen Pfad; außerdem einer der glückbringenden Faktoren in der Lehrrede vom großen Segen. Die noble Rede ist deshalb so wichtig, weil wir normalerweise den ganzen Tag lang sprechen. Selbst wenn wir uns nicht laut äußern, schwatzt doch unser Geist ununterbrochen und stört uns. Die rechte Rede, die der Buddha meint, ist nicht davon abhängig, ob wir gewandte Redner sind oder nicht. Es handelt sich wieder um eine Fähigkeit, die wir entwickeln können. Der Buddha hat uns eine Vorlage gegeben, die uns hilft, zu erkennen, was rechte Rede ist und was nicht.

Weißt du etwas, das hilfreich sein kann, aber unwahr ist,
dann sage es nicht.
Weißt du etwas, das schmerzhaft ist und unwahr,
dann sage es auch nicht.
Selbst wenn du etwas weißt,
das schmerzhaft ist und wahr,
dann sprich nicht darüber.
Weißt du aber etwas, das hilfreich und wahr ist,
dann wähle den richtigen Zeitpunkt, um es zu sagen.

Wir müssen uns also davor hüten, impulsiv und unüberlegt mit etwas herauszuplatzen. Wir müssen den richtigen Moment abwarten. Was aber ist der richtige Moment? Der richtige Moment ist gekommen, wenn wir unserem Gesprächspartner gegenüber vollkommene liebende Güte empfinden.

Hegen wir Ärger, ist alles, was wir sagen, nutzlos, weil es einfach nicht beim anderen ankommt. Das heißt, daß die Wahl der Worte gar nicht so ausschlaggebend ist. Es kommt auf das begleitende Gefühl an. Ist es aufrichtige Zuneigung, dann wird ein erfolgreiches Gespräch zustande kommen. Die Wahl des richtigen Zeitpunkts hängt eng mit unseren Emotionen zusammen.

Das zu beachten sollen und können wir lernen. Es ist offensichtlich, daß nur wahre Rede auch rechte Rede sein kann. Der Buddha verlangte außerdem, Argumente, Manipulation, grobe Worte und Hintertragen zu vermeiden und sich stets um die Wahrheit zu bemühen, die aus dem Herzen kommt.

Das gesprochene Wort selbst hat einen verhältnismäßig geringen Anteil an unserer Kommunikation. Gefühl, Körpersprache, Gesichtsausdruck und Stimme prägen unsere Rede in viel höherem Maße, als wir uns das gemeinhin klarmachen.

Die rechte Rede ist ein großer Segen, weil sie nicht nur das Lügen und Verleumden vermeidet, sondern auch das Über- und Untertreiben. Sie verhindert Klatsch und unnützes Geschwätz. Dabei ist das unnütze Geschwätz ein beliebtes Gesellschaftsspiel. Sich nach jemandes Ergehen zu erkundigen ist nur dann kein leeres Gerede, wenn wir tatsächlich daran interessiert sind. Aber über das Wetter, die Politik oder über Fernsehsendungen zu reden ist größtenteils unnützes Geschwätz.

Was bleibt da noch übrig, über das es sich zu reden lohnt? Ein großes, weites, wichtiges Gebiet – nämlich der Dhamma. In einer Gesellschaft, die nichts vom Buddha und vom Dhamma weiß, wird das sicher nicht einfach sein. Dennoch können wir versuchen, Gespräche in Bahnen zu lenken, die von allgemeiner Wichtigkeit sind, zum Beispiel, wie der Geist zu schulen und das Herz zu öffnen ist. Wir dürfen nicht vergessen, daß die Unterhaltung, die wir pflegen, Nahrung für den Geist ist.

Wir bemühen uns sicher alle, unserem Körper saubere und gesunde Nahrung zuzufügen. Was hindert uns daran, mit dem Geist das gleiche zu tun? Nichts anderes als fehlende Achtsamkeit. Die Tugendregeln einzuhalten ist beileibe nicht so einfach, wie es sich anhört. Es ist ein spirituelles Unterfangen. Wir empfinden ein starkes Glücksgefühl, wenn wir wissen, daß wir unser Bestes versucht haben.

Die fünfte und letzte Tugendregel besagt, daß man keine berauschenden Getränke und keine Drogen zu sich nehmen soll, weil diese den Geist noch mehr verwirren, als er es ohnehin schon ist. Nur die Achtsamkeit wird uns helfen, gemäß den Tugendregeln zu leben.

Es gibt eine dazu passende Geschichte, die von einem Mönch handelt, der nach 24 Jahren feststellte, daß er in all der Zeit keine nennenswerten spirituellen Fortschritte gemacht hatte. Er war so deprimiert und verzweifelt, daß er beschloß, seinem Leben ein Ende zu setzen. Ausgerüstet mit einem dicken Strick, bestieg er einen Baum, band den Strick an einem starken Ast fest und legte ihn um seinen Hals. Gerade als er herunterspringen wollte, fiel ihm ein, daß er während der ganzen 24 Jahre niemals auch nur eine der vielen Tugendregeln, denen er sich unterworfen hatte, verletzt hatte. Dieses Wissen erfüllte ihn mit einem so starken Glücksgefühl, daß er sogleich vom Baum herunterkletterte und mit seinen Übungen fortfuhr. Das Glücksgefühl ermöglichte ihm eine so konzentrierte Meditation, daß er nach einigen Jahren die Erleuchtung erlangte.

Diese Geschichte zeigt, daß das Glücksgefühl, das aus der eigenen Disziplin hervorgeht, die Basis für den spirituellen Pfad ist. Wer stets sein Bestes tut, um die Disziplin aufrechtzuerhalten, wird dieses Gefühl des Glücks, sich selbst besiegt zu haben, schließlich kennenlernen. Selbstdisziplin verschafft eine gewisse Kontrolle über Geist und Körper, die es möglich macht, auch in der Meditation Kontrolle über den Geist auszuüben. Nur ein Geist, der das tut, was wir von ihm erwarten, ist unter Kontrolle und kann dorthin gelenkt werden, wo wir ihn haben wollen, zum von uns bestimmten Zeitpunkt und für die Dauer, die wir für richtig halten.

3

Die fünfte Frucht: Beschränkung und Schutz der Sinneskontakte

Die vier großen Anstrengungen

König Ajātasattu hat nun zwar vom Buddha gehört, welche Früchte der Pfad der Entsagung beschert, nämlich die Möglichkeit, das häusliche Leben und das Berufsleben aufzugeben, Vertrauen zu erwerben und moralisches Verhalten zu üben. Der König will jedoch noch mehr wissen, woraufhin ihm der Buddha die nächsten Schritte erklärt.

Diese Schritte verstärken sukzessive die Spiritualität und unterstützen den Läuterungsprozeß. Allerdings muß ausdauernd geübt werden, denn ein Leben zu leben, das so harmlos wie möglich ist, verlangt wirkliche Entschlossenheit und ein ständiges Sicherinnern an moralisches Verhalten. Das kann nicht nebenbei praktiziert werden. Als Hilfe auf diesem Weg hat der Buddha uns die Beschränkung der Sinneskontakte genannt. Das ist ein sehr interessanter Schritt, und auch er setzt einen festen Entschluß voraus.

Im Buddhismus wird auch das Denken zu den Sinnen gezählt. Somit verfügen wir über sechs Sinne: Hören, Sehen, Riechen, Schmecken, Berühren und Denken. Wir sind ununterbrochen mit diesen sechs Sinnen beschäftigt. Die Sinneskontakte sind unsere Welt. Wir verfügen über keine andere, bis wir durch die Meditation in der Lage sind, neue Bewußtseinsebenen zu erreichen. Der Buddha wurde einmal gefragt: «Was ist das All?» Seine Antwort lautete: «Das Sehen, Hören, Riechen, Schmecken, Berühren und Denken – das ist das All.»

Auf alle Sinneskontakte folgt unmittelbar ein Gefühl. Etwas anderes ist nicht möglich. Sehen wir etwas, dann tritt sofort ein Gefühl auf. Ist uns das Gesehene angenehm, wird auch das darauf folgende Gefühl angenehm sein, und umgekehrt. Sehen wir etwas Unangenehmes, wird auf das Gefühl sogleich eine Reaktion der Ablehnung erfolgen, wie zum Beispiel: «Scheußlich. Will ich nicht. Weg hier!» Ist das Gefühl jedoch «wunderbar», wird es sofort das «Habenwollen» nach sich ziehen. Jede Reaktion wird sich also entweder um Ablehnung oder um Habenwollen drehen. Beides fällt unter die Rubrik Begierde, deretwegen wir uns jeden Augenblick von neuem an das Rad von Geburt und Tod binden.

Um dieses fatale Geschehen zu begreifen, müssen wir es zuerst intellektuell erfassen und dann kontemplativ erleben. Dazu müssen die Schritte, die der Geist ganz impulsiv ausführt, erkannt und dann beobachtet werden. Erst dann können wir dem automatischen Geschehen Einhalt gebieten. Die Beschränkung der Sinneskontakte, wie sie uns der Buddha erklärt, setzt voraus, daß wir damit aufhören, ständig nach Neuem zu suchen. Das deutsche Wort «Neugierde» sagt deutlich, was gemeint ist: die Gier nach Neuem.

Diese Vervielfältigung kennen wir aus der Natur. Es gibt Tausende verschiedene Blumen-, Pflanzen- und Baumsorten, viele Tierarten, und wir unterstützen das noch, indem wir immer neue Kreuzungen hinzufügen. Da diese Vervielfältigung zur Natur gehört und wir als Menschen auch Teil der Natur sind, haben wir den gleichen Drang nach Vervielfältigung. Wir wollen möglichst viel durch unsere Sinne erleben, und natürlich wollen wir auch viel denken, möglichst immer Neues und Aufregenderes. In der Meditation haben wir nun die Möglichkeit, zu üben, nicht zu denken, und wenn uns das auch nur annähernd gelingt, werden wir ein wenig Ruhe finden.

Durch die Vervielfältigung in der Natur und der von Menschenhand gefertigten Dinge ist das Angebot für unsere Sinne riesengroß. Nehmen wir beispielsweise das verlockende Warenangebot in den Schaufenstern: Nichts zwingt uns, alles, was gezeigt wird, anzusehen. Es ist ganz klar, daß alle diese Dinge nur ausgestellt werden, um Wünsche zu wecken. Und das geschieht auch prompt. Wir betrachten etwas, das ein angenehmes Gefühl auslöst, weil es hübsch ist. Sogleich ist auch das «Habenwollen» zur Stelle und wenn wir das betreffende Ding nicht haben können, weil es zu teuer ist, sind Enttäuschung und Traurigkeit die Folge. Diese ganze Gefühlsskala können wir uns leicht ersparen, indem wir gar nicht erst hinschauen. Durch die Einschränkung unserer Sinneskontakte entgehen wir diesem andauernden «Habenwollen».

Wollen wir meditieren, dann sind wir gezwungen, unser Denken einzuschränken. Genau diese Einschränkung des Denkens müssen wir üben, bevor wir mit der Meditation beginnen. Wir tun das, indem wir achtsam werden und bewußt beobachten, wie wir uns bewegen und wie wir unsere Tätigkeiten ausführen. Diese Achtsamkeit dehnen wir dann auf unsere Gedanken aus.

In der westlichen Gesellschaft wird das viele Denken ja von jeher gerühmt. Philosophen waren und sind angesehene und berühmte Menschen. Dabei hat keiner jemals ein Ziel seines Denkens erreicht, und mit vielen hat es ein unerfreuliches Ende genommen, weil sie viel zuviel nachgedacht hatten. Das ist die Vervielfältigung im Geiste. Betrachten wir das Denken als sechsten Sinn, wird uns klar, daß es nichts weiter ist als ein weiteres Tor zur Welt. In der Meditation müssen wir dieses Tor verschließen, denn wir wollen während dieser Zeit die Welt nicht bei uns haben. Das wird uns nur gelingen, wenn wir Geduld und Ausdauer aufbringen, denn das Geschwätz in unseren Köpfen verfügt über eine unglaubliche Ausdauer.

Auch hier gibt es ein Hilfsmittel: Wir beobachten die Gedanken und kleben ihnen ein Etikett auf. In dem Moment werden wir objektive Zuschauer und sind nicht mehr Denker. Natürlich ist es im Alltag unbedingt erforderlich, zu denken. Wir können keinen Brief schreiben, nicht telefonieren, keine Unterhaltung führen, ohne zu denken. Darum ist das Denken zu einer so eingefleischten Gewohnheit geworden, daß wir es auch dann nicht lassen können, wenn es – wie in der Meditation – hinderlich ist.

Im Alltag finden wir reichlich Gelegenheit, das Nicht-Denken zu üben. Bei einem Spaziergang gibt es nichts nachzudenken. Da gibt es Gehen oder Sehen. Das genügt uns nicht: wir denken dabei. Wenn wir uns bemühen, zu sehen, ohne über das Gesehene nachzudenken, werden wir schnell merken, wie schwierig das ist. Gelingt es aber einmal, ist es ganz erstaunlich, wie sich das anfühlt. Es tritt ein Gefühl großer Erleichterung ein, ein Gefühl des Schwebens, ohne die Schwere des Denkens. Denken ist Leid – wie alles, was sich bewegt. Denken ist Bewegung, und Bewegung ist Reibung, und Reibung ist schmerzhaft.

Natürlich können wir ohne Denken nicht überleben. Das ist eine Tatsache. Aber da das Überleben ein von vornherein verlorener Kampf ist, müssen wir uns ein anderes Ziel setzen, das nicht so unerreichbar ist.

Haben wir erkannt, daß der sechste Sinn – das Denken – derjenige ist, der uns am meisten zu schaffen macht, können wir das Leid dadurch verringern, daß wir lernen, den Geist – das Denken – so oft wie möglich zur Ruhe zu bringen.

Mit dem Hören ist es das gleiche wie mit dem Sehen. Sobald wir etwas hören, entsteht entweder ein angenehmes oder ein unangenehmes Gefühl, darauf folgt die Benennung und danach die Reaktion – also Zuneigung oder Ablehnung. Gelingt es, dem Geräusch keinerlei Bewertung zukommen zu lassen, gibt es auch keine Denkarbeit.

Stellen wir uns vor, daß jemand anfängt, uns zu beschimpfen, daß er häßliche Ausdrücke benutzt, und das mit lauter Stimme. Was geschieht da? Nichts weiter, es ist nur ein lautes Geräusch. Es gibt keinen wirklichen Grund, darauf zu reagieren. Nicht den geringsten. Es wird erst dann mehr als ein Geräusch, wenn wir dem Gefühl nachgeben und reagieren. Die Reaktion auf Beschimpfungen wird wohl negativ ausfallen. Auf diese Art und Weise entstehen die meisten Unannehmlichkeiten im Leben. Sehen, Riechen, Schmecken und Berühren sind meistens nicht so aufregend wie etwas Gehörtes. Nur wenn diese Kontakte besonders unangenehm sind, werden sie große Aufregung hervorrufen.

Durch Gedanken werden Gefühle ausgelöst. Wir müssen nur lange genug an etwas denken, dann kommen auch die Gefühle hinzu. Das bedeutet, daß wir unseren Geist behüten und beschützen müssen. Wie die Gedanken Äußerungen des Geistes sind, so sind es auch die Gefühle. Bekommen wir das nicht in den Griff, dann können wir unser Leben nicht auf jene harmonische Basis stellen, die wir uns alle wünschen. Wir können nicht alle äußeren Anlässe umgehen – dazu gibt es zu viele. Es gibt viel zu viele Menschen, die uns nicht anerkennen oder lieben. Es existieren zahlreiche Situationen, mit denen wir uns nicht anfreunden können, und es gibt immer die Möglichkeit, daß sich die Dinge schlecht für uns entwickeln.

Es ist nur wichtig, in unser eigenes Inneres zu schauen. Wären wir selbst nur gut, dann wäre anzunehmen, daß die Welt um uns herum auch gut erscheint. Aber das ist wohl Phantasie. Ändern wir uns aber im Inneren und nehmen eine andere Sicht ein, sieht es auch außen anders aus. Blicken wir zum Beispiel durch ein Fernglas, dann haben wir eine andere Sicht, als wenn wir nur mit dem bloßen Auge schauen. Was wir sehen, ist zwar das gleiche, aber es sieht anders aus.

Wollen wir uns selbst behüten und beschützen, dann müssen wir mit unseren Gedanken beginnen. Diesen Schutz nennt der Buddha «die vier großen Anstrengungen». Diese sind sehr wichtig. Wir müssen sie kennen, uns an sie erinnern und sie dann praktizieren. Das heißt, daß zuerst die Information vorhanden sein muß, die wir uns dann merken müssen, und das ist schon recht schwierig, denn die meisten Menschen sind sehr vergeßlich. Schließlich müssen wir diese vier großen Anstrengungen auch anwenden. Haben wir dies getan, dann haben wir den spirituellen Pfad betreten. Es ist eigentlich ganz einfach und nicht einmal zeitraubend, weil wir ja sowieso andauernd mit Denken beschäftigt sind.

> *Die vier großen Anstrengungen*
>
> Einen unheilsamen Gedanken, der noch nicht aufgekommen ist, nicht aufkommen lassen.
>
> Einen unheilsamen Gedanken, der schon aufgekommen ist, nicht weiterführen.
>
> Einen heilsamen Gedanken, der noch nicht aufgekommen ist, aufkommen lassen.
>
> Einen heilsamen Gedanken, der schon aufgekommen ist, weiterführen.

Durch die Meditation lernen wir, daß wir unseren Gedanken nicht zu glauben brauchen, weil die meisten unnütz sind – ganz besonders während der Meditation, denn da stören sie nur, es sei denn, wir gewinnen durch sie eine Einsicht. Haben wir also erkannt, daß Gedanken nur Gedanken sind, dann können wir sie als heilsam oder unheilsam, positiv oder negativ einordnen. Dabei sind weder Tadel noch Gewissensbisse nötig – nur Erkennen. Wie wir in der Meditation die Gedanken durch den Atem ersetzen, so ersetzen wir im Alltagsleben unheilsame Gedanken durch heilsame. Das wird anfangs nicht immer gelingen, aber je mehr wir üben, desto einfacher wird es.

Dabei ist der erste Schritt der schwierigste: einen unheilsamen Gedanken gar nicht erst aufkommen zu lassen. Wir können einen unheilsamen Gedanken an dem vorausgehenden Gefühl erkennen. Wirkt es vernebelt, schwer, traurig, unglücklich oder unzufrieden, so wird ein unheilsamer Gedanke folgen, der eine ganze Kette von Negativitäten hinter sich herzieht. Diese Negativität spielt sich im Geist ab und bringt nicht nur Widerstand und Ablehnung, sondern auch Haß mit sich. Unheilsame Gedanken treten deshalb auf, weil Haß in uns existiert. Ich vergleiche das mit einem Teufelspüppchen. Das ist ein Spielzeug – ein kleines Kästchen mit einem Deckel, in dem eine Puppe auf einer Spiralfeder sitzt. Wird dieser Deckel berührt, springt ein Teufelspüppchen heraus. Wird dieses Teufelchen aus dem Kästchen entfernt, kann man den Deckel mit einem Hammer bearbeiten – es wird nichts herausspringen.

Unseren Haß versuchen wir zu rechtfertigen, indem wir die Schuld daran dem Auslöser – meistens irgendeinem anderen Menschen – zuschieben. «Der war ja so unverschämt. Bei einer solchen Herausforderung muß ich ja wütend werden. Das brauche ich mir wirklich nicht gefallen zu lassen!» So etwa lauten unsere Rationalisierungen. Dabei kommen alle schädlichen Gedanken einfach nur daher, daß der Haß nun einmal existiert. Natürlich machen alle Menschen Fehler, wir selbst eingeschlossen. Ist das aber eine Rechtfertigung für Haß?

In der Kosmologie des Buddha gibt es 31 Existenzebenen. Die menschliche Ebene ist die fünfte von unten. Was ist da zu erwarten? Wir müssen uns einfach klarmachen, daß es sinnlos ist, immer nach einem Schuldigen zu suchen. Es gibt Milliarden von Menschen auf dieser Erde. Da fällt es nicht schwer, ein paar Schuldige zu finden. Wir dürfen dabei aber nicht vergessen, daß der einzige Mensch, den wir läutern können, der einzige, mit dem wir etwas anfangen können, wir selbst sind. Und darum ist es so wichtig, unsere Achtsamkeit bewußt zu entwickeln. Es geht also darum, einen negativen Gedanken schon dann zu entdecken, wenn er in uns auftaucht. Erkennen, nicht tadeln, ändern! Haß ist leicht zu erkennen – er tut weh.

Wenn wir einen unheilsamen Gedanken im Ansatz wahrnehmen, durch das vorausgehende Gefühl und durch große Achtsamkeit, wird es eines Tages möglich sein, diesen unheilsamen durch einen heilsamen Gedanken zu ersetzen, bevor er formuliert wird. Das ist durchaus erlernbar. Voraussetzung ist allerdings, daß wir die uns innewohnende Achtsamkeit fördern und entwickeln. Würden wir nicht schon über Achtsamkeit verfügen, kämen wir bei der erstbesten Gelegenheit unter die Räder.

Haben wir einen unheilsamen Gedanken in uns entdeckt, dann brauchen wir ihm nicht zu glauben. Wir müssen ihn lediglich erkennen: Dies ist ein unheilsamer Gedanke, der mir schadet, weil er mich nicht glücklich macht, der mich stört und mir das Leben erschwert.

Gedanken, die auf Haß aufgebaut sind, werden leicht erkannt, weil sie sich schrecklich anfühlen. Jeder Mensch war schon einmal ärgerlich und weiß genau, wie sich das anfühlt. Desgleichen, wenn wir jemanden hassen. Es fühlt sich an, als stießen wir Pfeile ins eigene Herz. Wenn wir das beobachten, werden wir eines Tages feststellen, daß wir Narren sind, wenn wir uns selbst weh tun. Menschen, die viel Haß in sich spüren, sind viel eher bereit, zu üben, denn sie wollen ihn loswerden, weil er so unangenehm ist.

Gier ist viel schwieriger zu erkennen, weil sie nicht weh tut. Man erhält ja oft genug, was man haben will, besonders in einer so wohlhabenden Gesellschaft wie der unsrigen. Außerdem zeitigt die Gier das Resultat eines gewissen Vergnügens. So ist es zu verstehen, daß Menschen, die mit Gier behaftet sind, nicht so bereitwillig praktizieren. Es liegt ihnen nicht soviel daran, Einsicht in ihr Inneres zu erlangen. Weil der Haß so schmerzhaft und unangenehm ist, ist er eine bessere Basis für die Läuterungspraxis als die Gier.

Die Gier beschert aber genauso Leid, weil das, was ersehnt wird, ja nicht unmittelbar vorhanden ist. Es muß gesucht werden, und das Habenwollen ruft innere Unzufriedenheit hervor. Diese Unzufriedenheit muß erkannt werden. Sind wir einmal nur fünf Minuten lang vollkommen zufrieden, dann werden wir den Unterschied erkennen. Zufriedenheit ist ein Gefühl der Festigkeit, als würden wir sicher auf einem Fels ruhen, wo uns die Brandung nichts anhaben kann. Wie es sich anfühlt, unzufrieden zu sein, weiß jeder. Alle Begierden sind darauf zurückzuführen, daß wir nicht vollkommen zufrieden sind, weil wir mehr und Besseres begehren. Und da wir das nicht bekommen, beherrscht uns eine innere Unerfülltheit.

Die Unerfülltheit und Unzufriedenheit nannte der Buddha *dukkha* (Skrt. *duḥkha*). Dieses Wort ist recht schwer zu übersetzen, weil es so vieles einschließt: Unerfülltheit, Unzufriedenheit, innere Leere, Leid, Trauer, Tragödie und Schmerz sind darin enthalten.

Wenn wir die Gier oder Begierde erkennen wollen, müssen wir mit der Unzufriedenheit anfangen. Sind wir nicht vollkommen zufrieden – und kaum jemand ist das –, wird uns der Wunsch nach irgend etwas beherrschen. Das, was wir ersehnen, ist mit Gier behaftet. Bekommen wir es, sind wir für den Moment befriedigt. Dann kommt aber gleich die Angst: Kann ich das auch behalten? Gleich darauf Ärger und Haß, wenn wir es nicht behalten können, wenn es uns weggenommen wird oder kaputtgeht. Diese Gefühle beherrschen uns von der Geburt bis zum Tod, und wir wundern uns, warum wir nicht vollkommen zufrieden und glücklich sind. Wir glauben, daß es an etwas liegt, das von draußen auf uns zukommt. Aber die Unzufriedenheit kann nur im eigenen Herzen sitzen. Vielleicht erkennen wir dann, daß in der Welt gar nicht das zu finden ist, was wir eigentlich suchen, daß es womöglich im Spirituellen zu finden ist – und schon haben wir einen neuen Wunsch. Dieser Wunsch wird allerdings erst dann vollkommen erfüllt sein, wenn wir ihn mit Entschlossenheit und Ausdauer verfolgt haben. Zumindest hat sich aber der Wunsch nach Höherem manifestiert, und nicht mehr die Begierde nach dem Niederen.

Tragen wir bereits einen heilsamen Gedanken in uns, dann sollten wir ihn weiterführen. Haben wir ihn noch nicht, dann sollten wir ihn in uns erwecken. Wir brauchen unsere Gedanken nicht so zu akzeptieren, wie sie sind, sondern können sie stets auf ihren Inhalt hin prüfen. Das ist die vierte Grundlage der Achtsamkeit. Die erste ist der Körper, die zweite das Gefühl, die dritte die Gemütsstimmungen und die vierte der Inhalt unserer Gedanken. Es ist der Inhalt der Gedanken, der uns glücklich oder unglücklich macht. Es gibt also kaum etwas Wichtigeres, als achtsam zu sein und sich immer wieder vor Augen zu führen, daß man ein Narr ist, wenn man sich selbst unglücklich macht.

Der Buddha hat uns zwar nicht Narren genannt, wohl aber Kinder. Interessanterweise gilt in Pali für beides das gleiche Wort. Er hat uns Kinder genannt, die so närrisch sind, daß sie in einem brennenden Haus weiterspielen und nicht genug Vernunft besitzen, die Spielsachen liegenzulassen und hinauszurennen. Das brennende Haus steht für das Rad von Leben und Tod, und die Spielsachen bedeuten alles, an dem wir haften: unser Körper, unser Geist, Menschen, die wir lieben; unsere Häuser, Autos und Besitztümer, die wir nicht loslassen wollen. Wir glauben, das alles müssen wir behalten, weil es uns gehört.

Aber gehört uns unser Körper? Wieso schmerzt er uns dann von Zeit zu Zeit? Wieso stirbt er im falschen Moment? Würde er uns tatsächlich gehören, dann müßten wir doch irgendeine Art von Einfluß auf ihn ausüben können. Und wenn uns nicht einmal der eigene Körper gehört, wie kann uns dann irgend etwas gehören? Alles ist in Bewegung und vergeht, selbst die Erde und das Universum. Um von der Problematik des menschlichen Lebens loszukommen, müssen wir von der individualistischen Sichtweise zu einer universalen übergehen. Das läßt sich nicht von einem Tag auf den anderen bewältigen, aber die Richtlinien des Buddha führen dorthin. Er zeigt uns, wie unsere Gedanken arbeiten und wie wir mit ihnen umgehen können.

Wir glauben an das, was wir denken, ohne zu untersuchen, ob es heilsam oder unheilsam ist, ob es glücklich oder unglücklich macht. Wir müssen dieses Spiel nicht mitspielen. Wir können aussteigen, indem wir auf unsere Gedanken aufpassen. Wir können unserem Geist die Möglichkeit geben, sich ab und zu aus dem Alltag zu entfernen. Der Körper kann das nicht. Durch die Schwerkraft ist er an diese Erde gebunden, der Geist ist das nicht. Wir können unseren Geist ganz bewußt immer wieder dem Heilsamen zuwenden, dann kann er beweglich werden und sich erweitern. Er beginnt dann zu erleben, was um ihn herum ist, auch jene Dinge, die dem Auge nicht sichtbar sind. Es gibt ja viel mehr auf der Welt als das, was wir mit unseren körperlichen Augen sehen können. Die menschlichen Sinne sind beschränkt. Wir sind nicht imstande, ultraviolettes Licht zu sehen, Bienen aber sind es. Wir vermögen keine sehr hohen Töne zu hören, aber Hunde können das. Trotz dieses Wissens glauben wir den Eindrücken unserer Sinne voll und ganz.

Wird unser Geist vom Unheilsamen frei, erlangt er die Fähigkeit, leicht und beschwingt über die Schwere des Alltags hinauszugehen. Er kann sich dem zuwenden, was ihm Glück und Frieden beschert, weil er gelernt hat, eine universale Sicht einzunehmen. So müssen wir damit beginnen, den Geist von Unheilsamem frei zu machen. Das ist der einzige Schutz, den wir ihm geben können, und die Meditation ist der einzige Weg, auf dem das zu lernen ist. In der Meditation lernen wir, nicht auf alle Gefühle und Empfindungen zu reagieren. Damit haben wir eine Basis für den Alltag. Das bedeutet keineswegs, daß wir gleichgültig werden. Wir erlangen Gleichmut. Das ist etwas ganz anderes. Gleichmut ist auf Einsicht aufgebaut. Gleichgültigkeit dagegen ist ein falscher Schutz, der eine Mauer errichtet, damit wir nicht angegriffen werden können. Gleichgültigkeit birgt weder Liebe noch Mitgefühl in sich, während Gleichmut mit anderen verbindet und keine Stimmungsschwankungen hervorruft. Es wird alles als entstanden und wieder vergehend erkannt.

Beschränken wir also unsere Sinneskontakte und beschützen unsere Gedanken, so wird uns das zu einem inneren Frieden verhelfen, der eines Tages nicht mehr zu erschüttern sein wird. Dieser unerschütterliche Frieden führt schließlich zur absoluten Wahrheit.

4

Die sechste Frucht: Achtsamkeit und Wissensklarheit

Die vier Punkte der Wissensklarheit
Achtsamkeit in bezug auf den Körper

Als nächstes erläutert der Buddha König Ajātasattu Achtsamkeit und Wissensklarheit. Letztere erwähnt der Buddha immer wieder im Zusammenhang mit Achtsamkeit. Achtsamkeit bedeutet, wach und aufmerksam zu sein, Wissensklarheit hingegen, daß wir auch erkennen, worauf wir unser Augenmerk richten. Sie verfügt über einen größeren Rahmen als die Achtsamkeit. Man kann diese Klarheit des Wissens als «Erklärung des Erkennens» beschreiben. Dabei sind vier Punkte zu beachten, an die wir uns erinnern müssen. Wir schützen uns damit vor vielen Gefahren.

Am Anfang steht die Überlegung: Was ist der Zweck dessen, was ich denke, und die dahinterstehende Absicht? Gehen wir mit dieser Frage bewußt um, dann besteht die Möglichkeit, daß wir manches einfach fallenlassen und dadurch viel Zeit und Energie gewinnen, die wir für Fruchtbareres einsetzen können. Unser Leben kann sich erst dann ändern, wenn unser Denken sich geändert hat. Stellen wir uns immer wieder die Frage: «Wozu denke ich das eigentlich?», dann kommen wir den dahinterliegenden Ursachen auf den Grund. Wir denken größtenteils, weil wir es so gewohnt sind. Ganz unbewußt schaffen sich unser Haß, unsere Begierde, aber auch unsere Hilfsbereitschaft Ausdruck in unseren Gedanken. So dient dieser erste Schritt der Feststellung dessen, was im Moment in unseren Gedanken vor sich geht. Das Wissen, daß Denken eine Gewohnheit ist, gibt uns die Möglichkeit der Veränderung. Dazu gehört, den Zweck des jeweiligen Gedankens zu erkennen und zu entscheiden, ob dieser Zweck es wert ist, weiterverfolgt zu werden.

Der nächste Schritt soll uns zu der Frage führen, ob wir auch über die richtigen Hilfsmittel verfügen, um den als heilsam erkannten Gedanken in die Tat umzusetzen. Wir sollten also die Art und Weise untersuchen, in der wir unser Vorhaben ausführen wollen. Das bedeutet zunächst einmal eine Verlangsamung unserer Reaktionen. Das wäre ein rechter Segen, denn die meisten Fehler unterlaufen uns, weil wir uns nicht genug Zeit zur Überlegung lassen, sondern impulsiv sprechen und handeln. Die meisten Menschen machen in ihrem Leben angenehme und unangenehme Erfahrungen. Dabei hält sich das eine mit dem anderen mehr oder weniger die Waage. Aus diesen Erfahrungen sollten wir aber lernen, nicht immer und immer wieder die gleichen Fehler zu machen. Gönnen wir uns Zeit zum Abwägen, zum Vergleichen, dann können wir uns den Frust der wiederholten Fehlentscheidungen ersparen.

Der nun folgende Schritt hat mit dem Dhamma zu tun. Auf die Fragen, ob das, was wir vorhaben, und die Mittel, die wir dazu benutzen wollen, auch sinnvoll sind, folgt die nächste Frage: Sind unsere Vorhaben und die Mittel, die wir zu ihrer Verwirklichung benutzen wollen, dem spirituellen Pfad angepaßt? Egozentriertes Denken und Handeln sind meist von nur mäßigem oder keinem Erfolg begleitet, weil ja die anderen Menschen genauso selbstbezogen sind wie wir, woraus die zwischenmenschlichen Probleme entstehen. Handelt es sich dagegen um etwas, das hilfreich ist, wo wir geben, statt zu nehmen, wo wir Liebe zeigen statt Haß und Begierde, dann können wir uns dem voll hingeben. Um das zu tun, brauchen wir mehr Zeit und Überlegung, als wir zu impulsivem und instinktivem Denken und Handeln benötigen würden. Der Instinkt ist stets auf Ego-Bestätigung ausgerichtet. Nehmen wir aber die Möglichkeiten der Dhamma-Lehre wahr, die auf Entsagung zielt, benötigen wir Zeit zum Überprüfen und zur Bestätigung, daß das, was wir denken und tun, auch im Sinne des spirituellen Wachstums ist. Wir ersparen uns viele Enttäuschungen auf diese Weise.

Am Anfang steht also die Frage: Was ist der Zweck? Dann kommt: Sind die Mittel optimal? Und als drittes folgt: Ist das alles im Sinne des Dhamma? Sowohl der Zweck als auch die Mittel müssen also im Sinne des Dhamma sein, denn der Zweck heiligt nicht automatisch die Mittel. Im spirituellen Sinne zu handeln heißt, auch auf unser Gewissen zu horchen.

Unser Gewissen überhören wir oft und gerne, weil es häufig unbequem ist. Wir können aber der Stimme des eigenen Gewissens als Richtlinie folgen – dann handeln und denken wir wahrhaftig und vom Herzen.

Der vierte Schritt dient sozusagen der Nachlese. Haben wir den Zweck, den wir uns vorgenommen haben, auch erfüllt? Falls nicht – warum nicht? Was lief falsch? Waren die Hilfsmittel falsch gewählt? War vielleicht der Zweck von Anfang an nicht richtig? Und wenn wir Erfolg hatten, dann lauten die Fragen: Bin ich daran gewachsen? Habe ich etwas losgelassen? Waren Zweck und Mittel in Ordnung und die Erfüllung ein Segen? Diese Fragen sind nicht nur dann gewinnbringend, wenn wir große Entscheidungen zu treffen haben. Sie sind es genauso im alltäglichen Leben. Alles Wissen darum, was wir beachten sollten, führt dennoch leider allzuoft zu einer falschen Einschätzung unserer bereits erworbenen Fähigkeiten. Wir wissen darum, daß wir hilfreich sein, das Ego loslassen und keine Selbstbestätigung suchen sollten, nicht begierig sein und nicht hassen sollten. Wir wissen um die Liebe, die wir allem und jedem zukommen lassen sollten. Und was nützt uns dieses Wissen ohne das Tun? Herzlich wenig.

Dem Wissen muß also immer wieder das Üben folgen. Allein diese Bereitschaft, immer wieder zu üben, verschafft unserem Leben eine spirituelle Basis. Wir selbst können unser bester Lehrer sein, wenn wir die eigenen Fehlhaltungen erkennen. Nur dann, wenn der Blick täglich auch nach innen gelenkt wird, erhält man allmählich ein Bild dessen, was sich dort eigentlich abspielt. Das schenkt uns die Fähigkeit spirituellen Wachstums. Wir werden sehr oft Haß erkennen. Aber sich deswegen Vorwürfe zu machen wäre absolut sinnlos. Der Haß ist da – wie auch die Liebe da ist. Darum ist Selbsttadel oder Reue eine falsche Geisteshaltung. Es geht nur darum, zu erkennen und immer wieder zu üben. Wenn ein kleines Kind laufen lernt, fällt es ständig hin, steht auf und probiert es wieder, bis es eines Tages ohne Schwierigkeiten laufen kann. Auch wir werden immer wieder aufstehen und weiterüben. Das sind wir unserer Liebesfähigkeit uns selbst gegenüber schuldig, denn nur wenn wir uns selbst Geduld und Liebe entgegenbringen, können wir das auch für andere tun.

Wir müssen akzeptieren, daß wir glauben, der Mittelpunkt der Welt zu sein. Natürlich gibt es außer uns Milliarden von Menschen, von denen sich auch jeder als Mittelpunkt empfindet. Wenn dieser Mittelpunkt nicht in Ordnung ist, wie kann es dann der Rest der Welt sein? Die Wissensklarheit ist eine gute Richtlinie, weil sie deutlich zeigt, ob wir das, was wir wissen, schon verwirklicht haben. Als erstes den Zweck untersuchen, dann die damit verbundenen Mittel zur Erreichung des Zwecks, als nächstes, ob beides dem Dhamma gerecht wird, und schließlich das Resultat.

Beschäftigen wir uns lange genug mit diesen vier Punkten, werden diese Betrachtungen schließlich zur Gewohnheit, denn der Geist ist seinen Gewohnheiten unterworfen.

Der Buddha nennt diese Klarheit des Wissens oft den Mitarbeiter der Achtsamkeit. Achtsamkeit (*sati*) und Wissensklarheit (*sampajañña*) werden meist gemeinsam erwähnt. Bei der Achtsamkeit handelt es sich nicht nur um das Aufpassen auf uns selbst, sondern es geht dabei ebenso um das, was in unserer Umwelt geschieht. Achtsamkeit ist jedenfalls niemals mit Beurteilen oder gar Verurteilen verbunden – sie ist lediglich Erkennen.

Das erste Übungsfeld der Achtsamkeit ist der Körper, wobei der Atem eine wichtige Rolle für die meditative Ruhe spielt. Alle anderen Bereiche der Körperachtsamkeit sind auf Einsicht ausgerichtet. Was wir jedoch beim Atem auch beobachten können, ist sein Entstehen und sein Vergehen. Wenn unser Geist einmal ganz besonders widerspenstig ist und sich nicht konzentrieren will, dann sollten wir ihn auf das Entstehen und Vergehen des Atems lenken. Damit können wir auch das Entstehen und Vergehen von allem anderen, woraus wir bestehen, kennenlernen, wie das der Gedanken, Gefühle und aller Körperfunktionen. Wir können daraus die tiefe Einsicht gewinnen, daß es nichts gibt, was sich nicht bewegt. Je mehr wir unsere Achtsamkeit auf die Vergänglichkeit lenken, desto näher kommen wir der Wahrheit.

Noch etwas außerordentlich Wichtiges lehrt uns gerade der Atem. Obwohl wir ihn kurzfristig beeinflussen können, ist er doch vorhanden, ohne daß «ich» atme. Der Körper atmet, woraus wir Schlüsse in bezug darauf ziehen können, ob irgendwo im Körper ein «Ich» zu finden ist.

Betrachten wir die Bewegungen des Körpers, dann können wir auch dabei das Entstehen und Vergehen recht gut beobachten. Es ist einfach unmöglich, daß eine Körperbewegung bestehen bleibt. Sie ist geschehen und muß zum Ende kommen, um einer neuen Platz zu machen. Sonst würden wir zur Salzsäule erstarren.

Alles, was wir wissen, denken, sehen, ist relative Wahrheit. Natürlich existieren Einzelwesen mit Namen und Bezeichnungen. Jeder verfügt über Identitätsmerkmale wie Mann/Frau, jung/alt, häßlich/hübsch und so weiter. Aber das sind lediglich konventionelle Bezeichnungen. Alle diese Zuordnungen entstehen, ändern sich und vergehen. Und das ist die absolute Wahrheit. Darauf muß Achtsamkeit hinwirken: zu erkennen, daß alles entsteht, sich ändert und vergeht. Bei jeder unserer Bewegungen ist klar zu erkennen, daß der Geist sie befohlen hat. Der Geist sagt: Es hat geklingelt. Geh zur Tür. Oder: Jetzt paß mal auf, und sei vorsichtig. Wir gehorchen. Wo hält sich dabei das «Ich» auf? Ist das «Ich» der Geist, der sagt, was getan werden soll, oder ist es der Körper, der dieser Anweisung gehorcht? Diese Überlegung wird am Verständnis dessen rütteln, was wir bisher als gegeben hingenommen haben, was schon ein großer Gewinn ist. Nur so ist es möglich, eines Tages von der Relativität zur Universalität, zur absoluten Wahrheit, zu gelangen.

Wir haben nun den Atem und die Körperbewegungen in ihrer Vergänglichkeit beobachtet, und der Buddha erwähnt dazu noch die vier Körperhaltungen: Sitzen, Gehen, Stehen und Liegen. Auf alle Funktionen bezieht sich das Entstehen und Vergehen, aber an den Körperhaltungen können wir noch etwas anderes, Wichtiges feststellen: unsere Rastlosigkeit. Unser Körper ist nie ganz zufriedenstellend, und daher reagiert der Geist mit Unruhe. Wenn wir lange gelegen haben, wollen wir aufstehen, wenn wir gestanden haben, wollen wir uns hinlegen. Auch die Natur des Geistes ist rastlos und sucht nach Veränderung. Das ist ein Ausdruck unseres Unerfülltseins, dem nur der vollkommen Erleuchtete entrinnen kann. Für uns ist es jedoch wichtig zu erkennen, daß Rastlosigkeit unsere Natur ist. Haben wir das erkannt und akzeptiert, dann brauchen wir nicht jeder Eingebung des Geistes zu folgen. Sind wir nicht länger Sklaven dieser Rastlosigkeit, können wir entscheiden, ob wir ihr nachgeben oder ob wir es im Moment für angebracht halten, zu widerstehen. Wir haben also eine wichtige Einsicht gewonnen. Jeder, der sich aufrichtig bemüht, kann aus den Erklärungen des Buddha großen Gewinn ziehen. Auch die Geh-Meditation verschafft die Möglichkeit, zur Ruhe zu kommen, weil man sich dabei auf die Bewegung des Gehens konzentriert. Auch hierbei kann man das Entstehen und Vergehen beobachten. Wer sich beim Gehen fragt: «Wo sitzt denn nun das ‹Ich›? Wo ist das ‹Ich› bei diesem Gehen?», hat einen Versuch, die Wahrheit herauszufinden, unternommen. Dieser muß nicht unbedingt erfolgreich sein. Erst einmal genügt der Versuch.

Manche Menschen müssen erst zur Einsicht gelangen, ehe sie Ruhe in der Meditation finden. Auch hier gibt es verschiedene Methoden, die uns helfen können. Eine davon besteht darin, die einzelnen Teile des Körpers zu untersuchen. Der Buddha spricht von 32 Körperteilen. Wir könnten diese auswendig lernen, aber das ist meist gar nicht nötig, weil jeder seine Anatomie gut genug kennt, so daß er eine ausreichende Vorstellung von den Körperteilen hat. Wir stellen uns vor, wir könnten unseren Körper mit einem Reißverschluß öffnen und dann die einzelnen Teile, so wie Galle, Leber, Niere, Blut, Sehnen, Därme, Lunge, Herz, herausnehmen und vor uns hinlegen. Aufmerksam beobachten wir, welcher Teil denn nun das «Ich» enthalten könnte. Wir werden kein «Ich» finden. Wir werden gar nichts Hübsches finden, denn die Organe sind nur zweckmäßig – aber nicht hübsch. Haben wir nun alles herausgenommen und es liegt vor uns, dann gehen wir daran, auch noch die Knochen herauszunehmen und dazuzulegen. Und noch immer ist kein «Ich» zu finden. Jetzt ist nur noch verschrumpelte Haut übrig. Darin wird das «Ich» wohl auch nicht versteckt sein. Nachdem wir sorgfältig gesucht haben, setzen wir den Körper wieder zusammen und machen den Reißverschluß zu, und plötzlich bin das wieder «ich». Wenn wir jetzt erleichtert aufatmen, wissen wir, daß wir noch sehr an der Körperidentifikation anhaften.

Mit dieser Einsicht in den eigenen Körper können wir etwas Abstand von unserer starken Körperbezogenheit gewinnen. Obwohl viele Menschen behaupten, sie würden nicht glauben, daß das «Ich» in ihrem Körper sei, sind sie doch voller körperbezogener Begehren und Begierden. Auch dabei handelt es sich um einen spirituellen Irrtum. Hat man diese Übung des Auseinandernehmens einige Male gemacht, wird man ein wenig anders über sich selbst denken.

Eine weitere Einsichts-Methode ist die Kontemplation über die vier Grundelemente, aus denen alles Materielle besteht. Da ist zuerst einmal das Erdelement – das Solide –, unser Fleisch und unsere Knochen, Haare, Nägel, Zähne. Das Feuerelement ist die Temperatur, die der Körper hat. Wir bestehen zu über 70 Prozent aus dem Wasserelement, und das hält uns zusammen. Nehmen wir Mehl und geben Wasser dazu, dann erhalten wir Teig, weil Wasser bindet. Was wir in uns als Wasserelement erkennen, sind Blut, Speichel, Urin, Tränen, Schweiß. Wäre da nicht die intrazellulare Flüssigkeit, dann würden unsere Zellen nicht zusammenhalten. Man stelle sich einmal vor, diese würden einzeln in der Gegend herumspazieren! Das könnte uns sogar helfen, unsere Ich-Bezogenheit in Frage zu stellen, aber im Endeffekt würden wir wahrscheinlich die größte Zelle als «Ich» bezeichnen. Das vierte Element ist das Wind- oder Luftelement. Dazu gehören natürlich der Atem und die Winde des Körpers, außerdem zählt die Bewegung dazu, weil Wind sich stets bewegt und durch Bewegung die Luft verdrängt wird.

Das sind die vier primären Elemente des Universums, aus denen alles Materielle zusammengesetzt ist. Wenn wir uns meditativ mit den Elementen beschäftigen, können wir feststellen, daß unsere gesamte Umwelt aus den gleichen Grundelementen besteht. Nehmen wir einmal den Fußboden: Er ist solide, hat eine Temperatur, hält zusammen, muß also auch über das Wasserelement verfügen. Wäre es nicht so, würde dieser Fußboden aus lauter separaten kleinen Teilchen bestehen, die keine Verbindung zueinander hätten. Ferner gibt es fortwährende Bewegung, die Ursache für den Verfall. Es existiert nichts, was nicht verfällt, also bewegt sich alles. Leider können wir das mit unseren körperlichen Augen nicht sehen, sonst wäre alles viel einfacher. In der Meditation läßt sich dieser Vorgang aber mit dem geistigen Auge betrachten, und es ist festzustellen, daß es anders gar nicht sein kann. Es ist ein wichtiger Prozeß, zu erkennen, daß alles – auch wir selbst – aus diesen Elementen bestehen.

Interessant ist auch, daß jedes einzelne Element alle anderen enthält. So hat zum Beispiel Wasser auch ein solides Erdelement, sonst könnte kein Boot darüber fahren und kein Fisch darin schwimmen. Auch über Temperatur verfügt es und, wie wir wissen, über Bewegung. Genauso ist es mit dem

Luftelement. Hätte es nichts Solides, könnten sich kein Vogel und kein Flugzeug darin halten. So sind die vier Elemente auch in verschiedenen Quantitäten im Menschen enthalten. Obwohl wir gefühlsmäßig dazu neigen, den größten Anteil an uns dem Erdelement zuzuschreiben, stimmt das nicht, denn wir wissen ja bereits, daß wir zum größten Teil aus Wasser bestehen. Wir können das nicht sehen und nicht fühlen, aber in der Meditation, wenn wir mit verstärkter Achtsamkeit in uns hineinspüren, beginnen wir zu erkennen, daß es mit der Kompaktheit, der wir so viel Glauben schenken, gar nicht weit her ist. Wir können die ständige Bewegung, die in uns herrscht, sehr wohl wahrnehmen. Bewegung ist die Natur unseres Körpers. Wir beginnen zu ahnen, daß Solidität nichts als eine Illusion ist, die einen Schleier über das Entstehen und Vergehen breitet. Die Untersuchung der vier Elemente in der Kontemplation hat nichts mit diskursivem Denken oder intellektuellem Verstehen zu tun. Sie ist ein In-sich-Hineinspüren und ein Sich-vor-Augen-Halten, daß alles, was existiert, aus den gleichen vier Elementen besteht und wir daher mit allem verbunden sind. Besonders hilfreich ist es, sich immer wieder daran zu erinnern, daß alle Menschen aus der gleichen Materie bestehen. Daß diese Materie nun von Fall zu Fall etwas unterschiedlich zusammengesetzt ist und das Aussehen deshalb variiert, ist ein eher unwichtiges Detail.

Das Wissen um unsere Verbundenheit mit allem, was lebt, hilft dabei, unsere Existenzangst etwas zu vermindern. Auch Haßgefühle werden dadurch verkleinert, und so ist auch diese Methode ein weiterer Schritt zu Einsicht und Wahrheit und verhilft zu einem gelasseneren, ruhigeren Leben. Solange der Geist in der Meditation noch nicht ruhig geworden ist, ist es nötig, erst einmal Einsicht zu gewinnen. Ist er dann zur Ruhe gekommen, kann Einsicht in der Meditation noch wesentlich verstärkt werden. Erst tiefe Ruhe ermöglicht tiefgründige Einsichten, die ganz neue Perspektiven eröffnen. Doch jeder Schritt bringt uns diesem Ideal etwas näher.

5

Die sechste Frucht: Achtsamkeit in bezug auf Gefühl, Geist und Geistobjekte

Drei Faktoren der Erleuchtung

Zur Achtsamkeit wäre noch einiges zu sagen. Da ist einmal die Körperbetrachtung durch Kontemplation. Der Buddha nannte dies «Leichenfeldbetrachtung», weil sie uns lehrt, daß wir Krankheit, Verfall und Tod ausgesetzt sind. Der Ausdruck kommt daher, daß zu des Buddhas Zeit und auch heute noch die Leichen auf den Verbrennungsstätten liegen und für jeden zu sehen sind.

Wir sollten also in dieser Kontemplation uns selbst als Leiche betrachten, und zwar nicht nur den toten Körper, sondern auch alles, was noch dazugehört. Wir sollen unseren Tod zu erleben versuchen. Diesbezüglich hat der Buddha verschiedene Arten dieser Betrachtung angegeben. Wir sollen uns als Gerippe, sogar als ein bereits verstreutes, sehen oder als unlängst verstorbenen Körper, der bald schon aufgedunsen ist, sich verfärbt und von Würmern zerfressen wird.

In diesem Zusammenhang hat man dem Buddha vorgeworfen, er beschreibe nur Negatives. Dabei geht es um etwas völlig anderes. Bei des Buddhas Lehren handelt es sich um den mittleren Weg. Da wir uns alle stark mit unserem Körper identifizieren und ihn nicht verlieren wollen, weil wir glauben, daß wir dann verschwinden, müssen wir einmal erleben, wie es wirklich ist. Der Buddha möchte dazu mit seinen Methoden verhelfen, denn wir werden eines Tages tot daliegen. Das ist eine Tatsache, um die wir nicht herumkommen, so gerne wir dies auch möchten.

Schaffen wir es, uns das tagtäglich vor Augen zu führen, wenn wir diesen inneren Widerstand überwunden haben, dann wird sich unsere Einstellung zum Leben ändern. Erst wer sein Leben gegeben hat, kann es wirklich erfahren, so, wie es ist. Das ist eine Hinwendung zur Wahrheit und zu der Erkenntnis, daß all unser Wollen und Streben, der ganze Streß mit dem Haß und der Ablehnung, alle unseren zahlreichen Begierden – ganz unnötig sind. Wohin führt der Weg? Immer und ohne Ausnahme zurück zur Erde, zu Staub und Asche. Jeder weiß das, und keiner glaubt daran, niemand lebt der Wahrheit entsprechend. Das ganze Streben der Menschen ist auf Sicherheit und Dauer ausgerichtet. Das ist absurd, weil es das nicht gibt und nie geben wird. Wir müssen erkennen, wie vergänglich der Körper ist. Morgen schon kann es vorbei sein, heute abend bereits – wenn es so sein soll. Und wer erledigt dann alles, was ich angefangen habe? Es wäre auf jeden Fall besser, nichts unerledigt zu lassen.

Sind wir mit der Vorstellung unseres Körpers in verschiedenen Stadien des Verfalls zu Rande gekommen, dann können wir uns den Moment des Sterbens vorstellen. Sicher hat jeder genug Phantasie hierfür. Möglicherweise wird in der Kontemplation von selbst etwas auftauchen, wenn wir uns schon einige Male mit diesen Vorstellungen befaßt haben. Wahrscheinlich ist der Geist nicht besonders willig und wendet sich ab. Dann heißt es, das Ganze so lange geduldig zu wiederholen, bis er akzeptiert: Das ist die Wahrheit – so sieht es aus!

Wir müssen aber nicht nur nach innen wachsam sein, sondern auch nach außen. Dabei sind zwei Dinge besonders wichtig. Erstens: Was ist der Anlaß, was kam von außen auf mich zu, daß ich jetzt so reagiere, wie ich es tue? Warum zucke ich zusammen? Warum beiße ich die Zähne aufeinander? Warum ziehe ich die Schultern hoch? Es ist wichtig, daß wir nicht andauernd impulsiv reagieren, sondern uns bewußtmachen, daß wir reagieren und warum wir reagieren. Nicht immer sind alle Faktoren erkennbar, aber indem wir achtsam sind, wird es uns leichter fallen, etwas zu ändern oder loszulassen.

Die zweite Art der Achtsamkeit ist ein «Nach-außen-Sehen», auf das, was körperlich geschieht. Da wären einmal die in uns befindlichen Elemente, die genauso um uns herum existieren. Diese Betrachtung verhilft uns dazu, uns verbunden zu fühlen mit allem, was lebt. Haben wir erst einmal diese Gleichheit erkannt, wird ein Gefühl der Zusammengehörigkeit entstehen, das uns Sicherheit vermittelt.

Genauso können wir achtsam andere Menschen beobachten. Wir werden dann erkennen, wie diese sich zum Beispiel bewegen, und wir können beschließen, ob wir uns so oder anders körperlich ausdrücken wollen. Dabei ist es sehr wichtig, nicht zu urteilen – und schon gar nicht zu verurteilen. Der andere soll einfach als Spiegelbild dienen, weil wir recht blind sind, wenn wir uns selbst betrachten. Wir erkennen vielleicht, daß wir selbst noch viel achtsamer sein können. Unsere Umwelt ist nichts anderes als ein Spiegelbild unserer selbst.

Daher kommt der Ausspruch: Nur ein Buddha erkennt einen Buddha. Wir können uns nämlich nichts vorstellen, was wir nicht selbst schon erfahren haben. Wie sollten wir einen Erleuchteten erkennen, wenn wir doch keine Ahnung davon haben, wie ein Erleuchteter ist. Einen zornigen Menschen dagegen erkennen wir sofort, weil wir selbst schon oft genug zornig waren. Alles, was wir über andere wissen, ist das, was wir in uns tragen. Was wir an anderen am meisten ablehnen, das verdrängen wir bei uns selbst und geben einfach nicht zu, daß wir genau diese unangenehmen Seiten auch haben. Wir sollten uns daher sehr hüten, andere zu verurteilen, denn damit verurteilen wir uns eigentlich selbst. So sollten wir also diese Spiegelbildfunktion dazu benutzen, mehr Achtsamkeit auf unser eigenes Denken und Tun zu lenken. Ohne Beurteilung. Nur um zu erkennen.

Wenden wir unsere Achtsamkeit immer wieder nach innen, werden wir Klarheit erreichen, was unsere Reaktionen betrifft. Je schwieriger eine Lage ist, desto mehr kann aus ihr gelernt werden. Es gibt keine bessere Lehre als eine Notlage. Wir sollten für Schicksalsschläge dankbar sein, denn nichts anderes bringt uns so gut voran. Ist unsere Achtsamkeit so groß geworden, daß wir fragen: «Was soll ich aus diesem Geschehen lernen? Worum handelt es sich hier? Wieso habe ich so große Schwierigkeiten, mit genau dieser Situation fertig zu werden?», dann haben wir viel gelernt, und wir werden leichter mit allem umgehen können.

Die zweite Grundlage der Achtsamkeit ist das Gefühl. Wir glauben zwar, daß wir aus dem Geist heraus leben – das stimmt aber nicht. Unser Denken ist nur die Reaktion auf Gefühle. Unsere Emotionen drücken alle Knöpfe für unser Verhalten. Wir denken so, wie das Gefühl es angesagt hat: Angenehm – will ich. Unangenehm – lehne ich ab. So reagieren wir ständig auf unsere Gefühle. Wenn wir das nicht durchschauen, wird es immer so weitergehen. Der Weg hinaus aus diesem Kreislauf ist die Achtsamkeit, die uns Einsicht in unser Innenleben vermittelt.

Unsere Reaktionen sind stets die gleichen: Begierden, die auch Ablehnung mit einschließen. Dabei handelt es sich um die erste und zweite der vier edlen Wahrheiten, die die Essenz von des Buddhas Lehre bilden. Im Augenblick seiner Erleuchtung hat der Buddha diese vier edlen Wahrheiten formuliert. Die erste besagt, daß Dukkha, das Leiden, das Unerfüllende und Unzufriedenstellende existiert. Die zweite edle Wahrheit lautet, daß es dafür nur einen einzigen Grund gibt: die Begierde – das Wollen und das Nichtwollen. Das können wir leicht an uns selbst feststellen. Haben wir das getan, dann geschieht zweierlei: Erstens bringt es uns die Lehre des Buddha näher, und zweitens fassen wir Vertrauen. Ohne dieses besitzen wir keine Basis für die Praxis, sondern bleiben ständig mit uns selbst und unseren Meinungen beschäftigt.

Lassen wir die Lehren des Buddha auf uns wirken, werden wir erkennen, wie wir Dukkha loswerden können – nämlich ganz einfach, indem wir das Wollen, die Begierde loslassen.

«Einfach» ist zwar nicht ganz zutreffend, aber das Loslassen müssen wir immer wieder im kleinen üben. Wünschen wir uns etwas ganz dringend und sind davon überzeugt, daß uns das auch zusteht, haben aber dennoch Schwierigkeiten, es zu bekommen, weil es uns jemand anders streitig macht, dann haben wir ein Problem. Damit werden wir nur dann fertig, wenn wir das Wollen loslassen. Haben wir die Erleichterung, die dieses Verhalten uns verschafft, einmal verspürt, werden wir es immer wieder üben. So wird uns das Loslassen erleichtert. Bedenken wir, was uns nach dem Betrachten des Leichenfeldes klargeworden ist, dann wissen wir, daß wir ohnehin nichts ins Grab mitnehmen. Seien es Emotionen oder etwas Materielles: Wir werden nichts mitnehmen können. Das Loslassen der Begierde ist der Hebel, der das innere Gefühl des Unbeschwertseins in Kraft setzt.

Es gibt also zwei Dinge zu tun, die uns zu innerer Harmonie verhelfen: Wir müssen erst einmal unsere Gefühle untersuchen, bevor wir auf sie reagieren. Empfinden wir Ärger, Ablehnung, Begierde oder Schmerz: nicht gleich reagieren, sondern prüfen, worum es sich hier eigentlich handelt. Haß zum Beispiel kann durch Körperempfindungen ausgelöst werden. Wenn wir in der Meditation sitzen und ein Bein zu schmerzen beginnt, ist sofort das Gefühl der Ablehnung da und die Reaktion: «Das will ich nicht.» Dem können wir aber begegnen, indem wir uns klarmachen, daß wir zwar reagieren können, aber nicht müssen.

Solange wir auf unsere Gefühle blind reagieren, haben wir keine Wahl. Ein Gefühl der Freiheit erlangen wir erst, wenn wir gelernt haben, zu prüfen und loszulassen. Lernen wir in der Meditation, unser Bein erst dann zu bewegen, wenn wir wollen, dann treffen wir eine Wahl. Und dies können wir auf unseren Alltag übertragen. Haben wir erkannt, daß der Mensch angenehme und unangenehme Gefühle hat und daß der Ausweg keinesfalls in der Reaktion liegt, dann wird es uns leichter fallen, dieses Wissen auch anzuwenden und uns im Loslassen zu üben.

Wir dürfen nicht glauben, daß wir nur an den angenehmen Gefühlen ein Geburtsrecht besitzen. Das ist gerade in wohlhabenden Gesellschaften ein weitverbreiteter Irrtum. Auch die unangenehmen Empfindungen gehören zu uns. So heißt es also, die Achtsamkeit immer wieder nach innen, auf unsere Gefühle, zu lenken, mit der Frage: Was hat dieses Gefühl verursacht? Erkennen wir Gefühle an anderen, können wir das als Spiegelbildfunktion annehmen, indem wir daran denken, daß wir diese Gefühle erkennen, weil wir sie selbst oft genug empfunden haben, und können uns vornehmen, nicht mehr in der Weise zu reagieren. Einem anderen aber zu der Zeit gute Ratschläge erteilen zu wollen ist nutzlos. Wir müssen wissen, daß ein Mensch, dem die Gefühle den Geist vernebeln, nicht in der Lage ist, zuzuhören. Gefühle sind auch Teil des Geistes.

Wir können weiterhin unsere eigene Geisteshaltung ergründen, die anfangs einfach nur als Stimmung empfunden wird. Es gilt nun festzustellen, ob diese eher zustimmend oder mehr ablehnend ist – positiv oder negativ. Unsere Achtsamkeit ist vergleichbar mit einem Vergrößerungsglas, mit dessen Hilfe wir das, was in unserem inneren Laboratorium vorgeht, viel deutlicher erkennen können. Dadurch gewinnen wir eine objektivere Haltung uns selbst gegenüber und entfernen uns ein wenig von dem subjektiven «mir» ist das geschehen, «ich» muß das tun, die Welt ist «mir» feindlich gesinnt. Dieses «mir», «mein» und «mich» wird in Frage gestellt, wenn wir uns selbst unter die Lupe nehmen. Natürlich werden wir so auch schnell merken, was in anderen Menschen vorgeht, doch sollte diese Erkenntnis nie in Tadel resultieren – sie soll nur Spiegelbild sein. Je mehr wir dieses benutzen, desto umfassender wird unser Überblick. In einem großen Spiegel erkennen wir ganz genau, wie wir selbst und wie andere aussehen.

Der Inhalt der Gedanken ist die vierte Grundlage der Achtsamkeit. Wenn wir dies als Läuterungsprozeß benutzen, erleichtern wir uns nicht nur die Meditation, sondern das ganze Leben. Natürlich bleiben «gut» und «schlecht» bestehen, aber wenn wir die Fähigkeit erworben haben, das Gute in uns vorrangig zum Ausdruck zu bringen, dann tun wir damit auch etwas für unsere Umwelt.

Den Inhalt des Geistes können die verschiedenen Teile der Lehre des Buddha bilden: die fünf Hindernisse, die vier edlen Wahrheiten, deren vierte, der achtfache Pfad, uns zur Freiheit führen kann. Interessant zu wissen ist es, daß der erste der sieben Erleuchtungsfaktoren die Achtsamkeit ist. Offensichtlich ist sie der Zugang zur spirituellen Basis. Sie ist die Würze des Lebens und verhindert jegliche Langeweile. Richtet man Achtsamkeit auf sich selbst, auf die eigenen Gedanken und Gefühle, dann bleibt das Interesse am spirituellen Wachstum immer bestehen.

Der zweite der sieben Erleuchtungsfaktoren ist die Erforschung der Phänomene. In diesem Zusammenhang taucht auch der Ausdruck «Dhamma» auf. Wie schon erwähnt, bedeutet Dhamma die Lehre des Buddha, aber auch Wahrheit und Naturgesetz. Außerdem ist Dhamma das Wort für «Phänomen». Alles, was existiert, ist Dhamma. Das heißt, erforderlich ist ein objektives Aufmerken, auf alles gerichtet, was existiert. Hier ist gemeint, daß alle auftauchenden Phänomene geprüft werden sollen auf Vergänglichkeit, Nicht-Zufriedenstellen und Substanzlosigkeit hin. Zum Erleuchtungsfaktor wird dieses ständige Untersuchen allerdings erst, wenn wir es perfektioniert haben, und dem geht andauerndes Üben voraus. Wir haben inzwischen das Entstehen und Vergehen unserer Bewegungen, Gefühle und Gedanken erkannt. Behalten wir diese Erkenntnis klar im Gedächtnis, dann praktizieren wir den zweiten Erleuchtungsfaktor – die Untersuchung der Phänomene, indem wir achtsam das Entstehen und Vergehen beobachten.

Anicca (Unbeständigkeit, Vergänglichkeit), *dukkha* (Leiden) und *anattā* (Nicht-Selbst) werden die drei Charaktereigenschaften des Universums genannt. Wir sollten eine dieser drei Eigenschaften wählen und so lange mit ihr arbeiten, bis uns eine andere mehr beschäftigt, und dann diese untersuchen.

Nehmen wir den Begriff Dukkha, dann ergeben sich folgende Fragen: Existiert Dukkha wirklich überall und in allem? Stimmt das so, wie der Buddha es gesagt hat? Wieso kann Dukkha in allem sein? Ganz einfach: Weil nichts so bleibt, wie es ist. Weil alles entsteht und vergeht. Weil nichts absolut zufriedenstellend ist, selbst das Angenehmste nicht, weil wir ja nichts behalten können. Wir sind noch nicht in den Fluß des Entstehens und Vergehens eingetreten, sondern wollen uns noch immer am Ufer festhalten. Hat jemand zur Zeit viel Dukkha, so kann es hilfreich sein, einmal zu untersuchen, ob es wirklich ein universelles Dukkha gibt oder vielleicht doch nur ein persönliches. Derjenige, der gerade kein Dukkha hat, wird daran nicht so interessiert sein, weil er dankbar ist, gerade nicht zu leiden. Er wird vielleicht eher am Entstehen und Vergehen interessiert sein, weil das neutraler zu sein scheint. Aber das ist es nur an der Oberfläche. Geht man in die Tiefe, merkt man schnell, daß hier ebenfalls Dukkha herrscht. Immer wieder kommt man auf Dukkha zurück, weil Dukkha und Vergänglichkeit ineinander übergehen und zum letzten, zur Substanzlosigkeit, führen.

Nirgends ist etwas zu entdecken, das erhalten bleibt, nirgends eine Festigkeit, ein Kern, an den wir uns klammern können. Das versuchen wir zwar alle, aber keiner hat Erfolg damit. Und darum ist niemand richtig fröhlich. Der Buddha hat immer davor gewarnt, einfach das, was er sagt, zu glauben oder abzulehnen. Beides sei närrisch, meinte er. Wir sollen selbst herausfinden, ob es stimmt.

Jemand mit viel Vertrauen in die Lehre des Buddha sucht sich oft Dukkha als Untersuchungsobjekt aus. Jemand, der analytisch veranlagt ist, wird sich eher die Substanzlosigkeit vornehmen. Ein Mensch, der sich gut konzentrieren kann, wird sich oft der Vergänglichkeit als Thema zuwenden. Irgendwann wird es uns dabei ergehen wie beim Schälen einer Zwiebel: Eine Schicht nach der anderen wird abgelöst, bis zum Schluß gar nichts mehr übrigbleibt. Und dennoch sah die ganze Zwiebel so solide aus. Dabei ist in der Mitte kein Kern. Das stetige Nachprüfen führt eines Tages so weit, daß wir die Welt und uns selbst viel realistischer sehen. Die Erleuchtung, die Freiheit und die Problemlosigkeit werden ein Gefühl, das uns begleitet. Obwohl diese Untersuchungen mit dem Geist angestellt werden, verhelfen sie uns zu einer inneren Veränderung.

Auch in der Meditation können wir Entstehen und Vergehen oder Dukkha betrachten. Dukkha sind nicht nur körperliche oder emotionelle Schmerzen, sondern vor allen Dingen diese innere Stimme, die uns sagt: «Ich bin nicht vollkommen erfüllt; es müßte doch noch etwas mehr geben. Wo ist denn das?» Dann kommt der Moment, in dem wir die Erfüllung nicht mehr außerhalb von uns selbst suchen, weil wir erkannt haben, daß die innere Leere das wirkliche Dukkha ist und wir die Fülle nur erleben können, wenn wir die Welt transzendieren. Solange wir glauben, daß unser Dukkha von außen kommt, so lange gibt es noch keinen spirituellen Pfad. Bis zur Erleuchtung ist Dukkha ein Teil unserer Existenz.

In der Meditation können wir auch die Substanzlosigkeit untersuchen, indem wir in uns hineinschauen und prüfen, ob eine Kernsubstanz zu finden ist, die unveränderlich bleibt. Es ist wichtig, diese Untersuchung anzustellen, denn nur so erlangen wir Weisheit.

Der dritte Faktor der Erleuchtung, der uns hier behilflich sein kann, ist die geistige Energie, die mit Willenskraft und Selbstdisziplin verbunden ist. Wenn der Geist scharf aufpaßt und deutlich erlebt, ist Energie vorhanden. Wenn der Geist vernebelt ist oder in die Weite schweift, ist keine Willenskraft dahinter, und dieser Faktor fehlt uns. In der Ruhe-Meditation schöpfen wir automatisch Geistes-Energie. Wir können das mit dem Körper vergleichen. Wenn wir dem Körper keine Ruhe gönnen, hat er schon nach kurzer Zeit nicht mehr genug Energie, um Tatkraft an den Tag zu legen. Der

Geist braucht das gleiche. Wir müssen es ihm ermöglichen, sich zu verinnerlichen, zu ruhen, sich in eine Bewußtseinsebene zu begeben, die nicht mit dem Alltäglichen zu tun hat, und dort auch auszuharren. Dadurch kommt es zu einer starken, neuen Energiezufuhr, die absolut nötig ist, um den spirituellen Weg erfolgreich zu gehen.

Die ersten drei Faktoren der Erleuchtung – Achtsamkeit, Untersuchung der Phänomene und Energie – werden Geistobjekte genannt, und mit Achtsamkeit können wir erkennen, ob einer von ihnen vorhanden ist. Mit Achtsamkeit wissen wir auch, ob eine der vier edlen Wahrheiten im Geist vorhanden ist, was sich vor allen Dingen auf die ersten beiden bezieht. Nämlich, daß wir Dukkha haben, und dies deshalb, weil wir etwas haben oder loswerden wollen. Das ist eine sehr bedeutsame Erkenntnis. Wenn wir Begierde auch nur einmal loslassen, haben wir schon einen großen Schritt getan und können ihn wiederholen.

Wir denken immer, daß Erleuchtung etwas für spirituelle Genies ist, das in nebelhafter Ferne existiert und womit wir selbst keine Verbindung haben. Der Buddha hat aber am Ende der Lehrrede über die Achtsamkeit sinngemäß folgendes gesagt: Wenn jemand wirklich sieben Jahre lang Achtsamkeit übt, so muß er ohne Zweifel zu der Frucht des Nichtwiederkehrers (des fast Erleuchteten) oder des Erleuchteten kommen. Und er fährt fort: «Aber nein, nicht sieben Jahre, sechs Jahre, fünf Jahre, vier Jahre, drei Jahre, zwei Jahre, ein Jahr. Nein, nicht einmal ein Jahr, elf Monate, zehn Monate …, ein Monat. Nein, nicht einmal das: Wenn jemand sieben Tage vollkommene Achtsamkeit übt, dann muß er ohne Zweifel zu der Frucht des beinahe oder voll Erleuchteten kommen.»

Fragen und Antworten zu Kapitel 5

F.: Was meinen denn die Christen mit dem «freien Willen»? Sie können doch unmöglich die Begierde damit meinen?

A.: Der Buddha meint damit, daß wir über freien Willen verfügen in unserer Sphäre. Man muß sich dabei einen Hund, der an eine Leine gebunden ist, vorstellen. Diese Leine ist unser altes Kamma. Der Hund kann sich so weit bewegen, wie diese Leine reicht. Wenn er jetzt in seinem Bereich nur Gutes tut, dann wird die Leine immer länger, immer mehr Möglichkeiten, Gutes oder Schlechtes zu tun, entstehen. Wir haben also immer den freien Willen, das Gute oder das Schlechte zu wählen. Es ist ähnlich wie bei der Kindererziehung. Am Anfang müssen wir den Kleinen alles sagen, sogar, wie man auf die Toilette geht. Wenn sie größer werden, läßt man ihnen immer mehr freien Willen, weil sie in der Lage sind, Selbstverantwortung zu übernehmen. Genauso verhält es sich mit uns.

F.: Du sagst, bei Achtsamkeit gebe es keine Langeweile. Mir geht es so, daß ich Achtsamkeit eine Weile ganz schön finde und darin auch immer besser werde. Aber wenn ich dann eine Zeitlang schön achtsam war, langweile ich mich entsetzlich, und dann habe ich dazu absolut keine Lust mehr. Ich nehme an, dieser Zustand wird sich in nächster Zeit nicht ändern. Die Frage ist, ob es in Ordnung ist, vorerst nur einmal für eine gewisse Zeit achtsam zu sein; 24 Stunden sind mir zuviel.

A.: 24 Stunden würden ja das Schlafen mit einschließen, aber beim Schlafen wird es dann sehr schwierig. Während des Schlafens achtsam zu sein ist eine ganz besondere Gabe und Entwicklungsstufe. Der Buddha hat das zwar gemacht, aber die meisten Menschen haben keinen Zugang dazu. 16 Stunden am Tag achtsam zu sein ist schwierig. Daß die Achtsamkeit absichtlich fallengelassen wird, glaube ich weniger, sie wird aufgrund der Unfähigkeit, weiterzumachen, fallengelassen. Dann holt man die Achtsamkeit wieder hervor und macht weiter. So ist es für jeden.

F.: Dann bleibt aber der Streß länger bestehen, als wenn man sich irgendwann einmal sagt: So, jetzt brauchst du nicht mehr achtsam zu sein. Wenn man die Achtsamkeit immer wieder fallenläßt und sie dann wieder aufnehmen muß, bleibt eine Portion Streß, die gegen Abend immer größer und größer wird.

A.: Gegen Abend wird der Geist vielleicht müde und will sich seiner Müdigkeit hingeben. Das ist auch ganz natürlich, dann muß man ihm in der Beziehung nachgeben. Achtsamkeit ist eine wache, aufmerksame Geisteshaltung, die mit unserem Innenleben und mit Handlungen beschäftigt ist. Vielleicht wird Achtsamkeit als eine unerwünschte Pflicht empfunden, so daß ein innerer Protest dagegen entsteht. Das wäre wichtig herauszufinden.

F.: Was ist der Antrieb unseres Handelns?

A.: Willenskraft ist unser Ankurbler. Solange wir nicht voll erfüllt sind, so lange werden wir auch Wünsche haben. Es gibt eine Parabel zum Thema «Willenskraft». – Zwei Frösche sind in einen Eimer mit Milch gefallen und können nicht heraus. Sie schlagen um sich, um nicht zu ertrinken. Der eine Frosch sagt schließlich: «Ich kann nicht mehr, ich will nicht mehr!» Der andere Frosch dagegen ist entschlossen: «Ich werde schwimmen, bis mich meine Kräfte verlassen.» Am Ende hat er durch sein Schwimmen und Schlagen aus der Milch Butter gemacht, befindet sich auf einem Butterberg und hüpft aus dem Eimer.

6

Die siebente und die achte Frucht: Zufriedenheit und Geduld

Die erste meditative Vertiefung

Nachdem der Buddha Ajātasattu die Achtsamkeit ausführlich erklärt und sie ihm als eine Frucht der Entsagung vor Augen geführt hat, ist der König schon recht zufrieden. Dennoch will er noch mehr wissen. Er meint, die Entsagung müsse noch weitere Früchte tragen.

Achtsamkeit bedeutet Entsagung von den üblichen Gedankenspielchen und unseren Begierden. Wenn wir achtsam sind, können wir nicht gleichzeitig etwas begehren. Genauso ist Meditation erst einmal ein Entsagen, ein Loslassen dessen, was wir üblicherweise mit unserem Geist tun. Daß diese Entsagung später reiche Frucht tragen wird, wissen wir ja anfangs nicht. Aus diesem Grunde befürwortet der Buddha die Frage nach weiteren Früchten der Entsagung und erklärt, daß Zufriedenheit eine Folge von Wunschlosigkeit ist. Setzen wir uns zum Beispiel zur Meditation und sind vollkommen ohne Erwartung, ganz egal, wie diese verlaufen mag, dann empfinden wir ein Gefühl des Glücks. Sind wir aber mit uns selbst uneins, weil unsere Erwartungen nicht erfüllt wurden, weil wir nicht soviel Glück fanden, wie wir erhofft hatten, dann wird der Geist unzufrieden ob der unerfüllten Wünsche. Zufriedenheit müssen wir uns erwerben, indem wir die Dinge so nehmen, wie sie sind. Das können wir nur dann bewerkstelligen, wenn wir unsere Wünsche loslassen. Wir können das an uns selbst beobachten: Sobald ein Gefühl der Unzufriedenheit auftritt, muß es einen unerfüllten Wunsch geben.

Der Buddha hat uns zur Geduld geraten. Gerade in der Meditation ist sie unerläßlich – die Geduld mit uns selbst. Wir müssen geduldig unsere Meditationsversuche aufrechterhalten, dürfen nichts erwarten, denn Erwartungen haben Enttäuschungen zur Folge. Deshalb sollten wir auch im täglichen Leben die Erwartungen an uns selbst und andere aufgeben. Das ist gar nicht so leicht. Meist sind Erwartungshaltungen mit zu großen Ansprüchen an uns selbst gekoppelt und basieren auf persönlichem Stolz: «Ich müßte das doch können. – Ich weiß das doch besser. – Ich erwarte von mir, perfekt zu sein!» Dieser persönliche Stolz produziert ständige Unruhe, die Schwierigkeiten nach sich ziehen muß. Wir und andere sind ja nicht in der Lage, übermäßige Erwartungen tatsächlich zu erfüllen. Wir sollten statt dessen Achtsamkeit üben und einfach erkennen, was ist. Paart sich die Achtsamkeit mit Wissensklarheit, dann können wir etwas verändern.

Wir sollten also Geduld im Umgang mit uns selbst entwickeln, die Erwartungshaltung aufgeben, da sie doch stets zu Enttäuschung führt, und Achtsamkeit üben, denn nur über sie gelangen wir zur Klarheit des Wissens. In der Geduld zeigt sich ein Loslassen der Ich-Behauptung. Sind wir ungeduldig, dann wollen wir die Dinge so gestalten, wie wir sie uns vorgenommen haben. Wer Geduld besitzt, kann warten, und da sich ja alles ständig ändert, wird sich auch das, was gerade geschieht, wieder ändern. Mit Geduld läßt sich alles leicht ertragen, mit Ungeduld, die auch Ablehnung bedeutet, nur schwer. Das ist besonders in der Meditation äußerst wichtig. Wir dürfen unsere eigene Meditation nie ablehnen, ganz egal, wie unkonzentriert wir dabei gewesen sein mögen. Wir müssen Geduld und Zufriedenheit entwickeln, damit wir üben können. Es ist nicht das Ende der Reise, das wichtig ist – die Reise selbst ist es. Sind wir nur darauf aus, bald das Ziel zu erreichen, verpassen wir die ganzen Schönheiten unterwegs und sind außerdem noch ungeduldig und unzufrieden wegen des Zeitaufwandes, der nötig ist, um das Ziel zu erreichen. Solcherart werden wir keine sehr schöne Reise haben.

Wie gesagt, auf die Reise selbst kommt es an: Jeder Schritt auf dieser Reise nach innen, ob er uns nun erfolgreich erscheint oder nicht, ist bedeutsam. Der Erfolg, den wir erwarten, ist nur die Meinung, die wir uns gebildet haben. Ob sie stimmt, ist noch fraglich. Jeder noch so kleine Schritt bringt uns weiter. Also: Wenig zu wünschen schenkt Zufriedenheit, und mit Geduld können wir uns die Reise erleichtern. Es ist unnütz, sich viele Gedanken darüber zu machen, wie die Dinge sein sollten. Es geht darum, zu erkennen, wie sie wirklich sind. Erfolgswünsche und Erwartungen verbergen die momentanen Resultate, weil uns gar nicht bewußt ist, daß sie schon vorhanden sind.

Wir wollen zur Ruhe finden, schaffen es aber nicht, weil wir vergessen, daß wir bereits vorher Schritte unternehmen müssen, die uns auf dem spirituellen Pfad weiterhelfen. Der erste Schritt ist die Absicht, zu meditieren. Der Buddha sagte: «Absicht ist Kamma.» Einzig und allein unsere Absichten schaffen unser Kamma. Setzen wir uns also hin in der Absicht, uns zu konzentrieren, die Gedanken einmal loszulassen, um einen spirituellen Pfad zu beschreiten, so handelt es sich um die beste Absicht, die wir haben können und um sehr gutes Kamma, das wir uns damit schaffen. Allein die Absicht ist bereits ein Erfolg. Je öfter wir uns bemühen, desto mehr Hilfe bei der Meditation schenkt uns dieses gute Kamma.

Auch ein zweites Resultat erzielen wir umgehend: das Erkennen dessen, was in uns vorgeht. Sobald die störenden Gedanken auftreten, können wir feststellen, daß unser Geist ziemlich wild und ungezähmt ist. Das ist eine wichtige Erkenntnis, denn vorher hatten wir ja keine Ahnung, über welche Art von Geist wir verfügen. Beim Etikettieren bemerken wir dann die Negativität der Gedanken und eventuell auch ihre Ego-Bezogenheit. Das alles sind Erfolge, die einem Nichtmeditierenden versagt bleiben.

Der nächste Schritt zeitigt ein weiteres Resultat: Sogleich, wenn wir mit der Meditation beginnen, wenden wir uns dem Meditationsobjekt zu. Diese Hinwendung ist der erste Faktor einer jeden Meditation. Gleichzeitig ist sie der Gegenpol zu der Lässigkeit des Geistes und der Müdigkeit des Körpers. Wir können uns erst dann dem Meditationsobjekt zuwenden, wenn wir diese beiden überwunden haben. Dies ist das dritte von fünf Hindernissen, die für uns alle bestehen. (Die fünf Hindernisse sind: 1. Begierde nach Sinnesbefriedigung; 2. Übelwollen; 3. Lässigkeit und Trägheit; 4. Unruhe und Rastlosigkeit; 5. Zweifelsucht.) Es wurde vom Buddha als ein Gefängnis bezeichnet. Die Trägheit und Lässigkeit des Geistes will uns daran hindern, heute zu meditieren – schließlich ist morgen auch noch ein Tag. Sie will vermeiden, daß wir früh aufstehen, und sie will die Wahrheit nicht erkennen, weil das zu unbequem ist. Diese Faktoren der Trägheit des Geistes müssen zeitweilig verschwinden, um das Meditationsobjekt erkennen zu können und dabei zu bleiben. Sie ist ein Hindernis, weil sie wie ein Gefängnis wirkt, bis wir in der Lage sind, uns zu konzentrieren. Damit setzen wir Energie frei, so daß der Geist sich regenerieren kann. Es ist diese Trägheit des Geistes, die auch im Alltag ein Hindernis darstellt, wenn uns alles zuviel ist, wenn wir schnell ermüden und uns ablenken lassen von dem, was wirklich wichtig ist. Die Trägheit des Geistes hat dann die Müdigkeit des Körpers zur Folge.

Je öfter wir während der Meditation gegen diese Trägheit angehen, desto leichter fällt uns dies dann auch im täglichen Leben. Es ist diese geistige Trägheit, die durch Selbstdisziplin bekämpft werden muß. Da dieses dritte Hindernis für jeden besteht, gibt es keinen Grund, sich deswegen zu tadeln, wohl aber sollte man erkennen, was im Leben wirklich richtig und wichtig ist. Wir haben also jedesmal, wenn wir uns zur Meditation niedersetzen oder eine Geh-Meditation üben, ein Resultat zu verzeichnen: Wir haben nämlich der Trägheit des Geistes entgegengewirkt.

Das vierte sofortige Resultat ist dann gegeben, wenn wir bei unserem Meditationsobjekt verharren können. Dieses Dabeibleiben bedeutet, daß wir lange genug sitzen bleiben, um etwas Frieden in unser Herz zu lassen, und daß die

Konzentration wenigstens eine Zeitlang erhalten bleibt. Dieses Resultat arbeitet gegen das fünfte Hindernis, den skeptischen Zweifel. Auch dieser ist bei jedem vorhanden. Jeder hat diese Unsicherheit, ob dies auch wirklich der richtige Weg ist, ob Meditation sein muß, ob man es überhaupt je schaffen wird und ob man den Worten des Buddha folgen soll. War er tatsächlich erleuchtet, und kann man das heutzutage überhaupt noch werden? Sind nicht vielleicht jene im Recht, die sich amüsieren wollen? Dieser immer wieder auftauchende skeptische Zweifel ist sehr schädlich, weil er uns an der Hingabe hindert. Wir behalten uns unsere eigene Meinung vor und akzeptieren nur dies und jenes von dem, was wir hören oder lesen, das unsere Meinung bestätigt. Leider kann aus dieser Mischung nicht viel werden, weil sie nicht stimmt. Jede eigene Meinung basiert auf der Ich-Illusion: «Ich denke – ich glaube – ich bin – ich werde …» Das kann niemals die absolute Wahrheit sein, nicht einmal die relative – weil wir unsere Meinung ständig ändern.

Der skeptische Zweifel hält uns von der Hingabe ab und veranlaßt uns, aus einer spirituellen Lehre diejenigen Teile herauszusuchen, die uns annehmbar erscheinen. Eine Lehre ist aber ein ganzheitliches Gebilde, und die Lehre des Buddha ist ein vollkommenes Gewächs, das aus Einzelteilen besteht, jedoch nur dann erblühen kann, wenn alle Teile mit einbezogen werden. Es ist wie mit einem Puzzlespiel: Sehen wir nur hier und dort ein Teilchen davon, dann wird das ganze Bild nie sichtbar. Erst wenn alle Teile zusammengefügt worden sind, ist das Bild zu erkennen. Unsere Zweifel und unsere Unsicherheit machen es uns unmöglich, das Ganze zu sehen, weil wir durch die Unsicherheit unsere eigenen Ansichten mit hineinziehen. So können wir dem Pfad nicht mit ganzem Herzen folgen, denn dazu gehört Vertrauen. Skeptischer Zweifel ist genau das Gegenteil von Vertrauen. Aber in dem Augenblick, in dem wir während der Meditation einmal Ruhe erlebt haben, wissen wir: Das ist das Richtige. Das ist es, was ich gesucht habe. Damit fällt der gröbste Zweifel weg.

In diesem Augenblick entsteht Vertrauen zu den eigenen spirituellen Fähigkeiten. Dieser Moment ist auch insofern wichtig, als er uns hilft, den Pfad weiterzubeschreiten, ohne uns von der Trägheit des Geistes aufhalten zu lassen. Durch die beiden ersten Schritte der Meditation gewinnen wir so große Vorteile, daß wir dankbar sein müssen, überhaupt üben zu dürfen. Der Buddha hat den skeptischen Zweifel mit einem ohne Proviant in der Wüste Umherirrenden verglichen, der immer im Kreis herumläuft und schließlich von Wegelagerern erschlagen wird. Wir rennen im Kreis herum auf unserer ständigen Suche nach Glück, zweifeln an diesem und jenem, bis sich der spirituelle Pfad am Ende in Wohlgefallen aufgelöst hat.

Auch im täglichen Leben werden uns unsere Unsicherheiten und Zweifel stören. Wir wissen nicht genau, was das Wichtigste ist, und fühlen uns überfordert. Befinden wir uns in einer Situation, die uns nicht gefällt, sehen wir oft keinen Ausweg. Diese Zweifel lassen sich darauf zurückführen, daß wir noch keine klare Richtung in uns selbst gefunden haben. Haben wir sie aber endlich gefunden und sind bereit, spirituell zu wachsen, unsere Emotionen zu läutern und den Weg der Meditation weiterzugehen, dann wissen wir auch in einer zweifelhaften Situation, was zu tun ist und was am wichtigsten ist.

Der skeptische Zweifel, den wir nicht nur in bezug auf die Richtung unseres Lebens, sondern auch uns selbst gegenüber hegen, ist in fehlender Liebe begründet. Können wir uns in Liebe hingeben, dann ist der Zweifel ausgemerzt, denn Zweifel ist mit Haß besetzt. Setzen wir uns zur Meditation nieder, dann sollten wir, um uns selbst hilfreich zu sein, diese Situation lieben. Wir können uns freuen, daß wir uns zur Meditation hinsetzen dürfen und damit eine Möglichkeit des Wachstums haben. Wir sollten auch unseren Atem lieben, denn ohne ihn könnten wir nicht leben. Mit dieser Einstellung gegenüber dem Atem und dem Sitzen sollte unsere Meditation einfacher verlaufen. Zweifel und Liebe können nicht nebeneinander existieren. Wir zweifeln immer an dem, was wir nicht verstehen, oder an dem, was wir nicht lieben. Wenn wir lieben, gibt es keine Zweifel. Wenn wir uns klarmachen, daß der Atem und die Meditation Liebe verdienen, weil beide so überaus hilfreich sind, dann erleichtern wir uns das Leben.

Die Hindernisse bestehen aus menschlichen Eigenschaften, die jeder in sich trägt. Es ist wichtig, zu erkennen, wie sie uns das Leben erschweren, weil sie unseren inneren Haushalt durcheinanderbringen, und wir leben so, wie es dieser anzeigt. Wir sind sicher daran interessiert, unseren äußeren Haushalt in Ordnung zu halten. Bestimmt machen wir unser Bett und waschen unser Geschirr, so daß eine gewisse Ruhe und Ordnung in unserem Haushalt herrschen. Viel wichtiger ist es aber, den inneren Haushalt in Ordnung zu halten. Nur dann ist es möglich, daß wir das Wachstum, an dem uns ja liegt, wirklich fördern.

Unser innerer Haushalt ist ständig in Schwierigkeiten, weil die fünf Hindernisse ihn in Unordnung bringen. Wenn wir sie erkennen und wissen, daß sie uns feindlich gesinnt sind und uns nie etwas Gutes bringen werden, werden wir ihnen die Tür verbieten. Schließlich bitten wir in das Haus, in dem wir leben, auch nicht unsere Feinde, sondern nur unsere Freunde. Beginnen können wir mit denen, die wir durch die Meditation sofort automatisch bekämpfen, mit Lässigkeit und Trägheit und mit dem skeptischen Zweifel.

Jetzt sind uns schon vier Schritte gelungen: anfängliche Hinwendung zum Meditationsobjekt, fortwährendes Sichhinwenden, Geduld und Zufriedenheit. Damit beseitigen wir die Trägheit und den Zweifel, so daß jene Eigenschaften entstehen können, die es uns ermöglichen, zur Ruhe zu kommen.

Nun ist der erste Schritt der Meditation selbst an der Reihe; die Methode ist nur der Schlüssel, ohne den wir das innere Tor nicht öffnen können. Das Meditationsobjekt muß fest im Geist verankert werden, um das Schlüsselloch zu finden, in das der Schlüssel paßt. Schließen wir auf, betreten wir ein Haus mit acht Gemächern. Das erste ist *pīti*, was soviel wie Entzücken bedeutet. Man könnte demnach annehmen, daß dieses erste Gemach entzückend ist. Darum geht es aber nicht, sondern um die Fähigkeit, das Meditationsobjekt so lange konzentriert im Geist festzuhalten, daß wir mit der inneren Reinheit in Berührung kommen, weil es uns gelungen ist, eine Zeitlang nicht zu denken. Es ist das Denken, das die in uns allen existierende Reinheit verschleiert. Anfangs wird es einige Zeit dauern, bis wir mit dieser inneren Reinheit in Berührung kommen, aber später, wenn wir geübter sind im Meditieren, kann es sofort geschehen. Das wird Entzücken, manchmal auch Verzückung genannt, weil es sich dabei um ein ganz wunderbares Körpergefühl handelt.

Wir haben aber während der Meditation keinerlei Interesse am Körper, sondern nur am Gefühl, an der Empfindung. Diese ist so wunderbar, daß sie ein ganz intensives Interesse an der Meditation zur Folge hat. Dieses Interesse ist so stark, daß man in der Meditation verbleiben möchte und keine Lust hat, wieder aufzustehen. Darum wird Pīti manchmal auch mit «Interesse» übersetzt. Diese Empfindung ist stark genug, um das zuvor vielleicht vorhandene körperliche Unbehagen vollkommen zu überlagern. Das ist der Beginn der meditativen Vertiefung, die uns Bewußtseinsebenen erschließt, die vollkommen verschieden sind von jenen, die wir bisher kannten. Die ersten vier Ebenen, deren erste wiederum Pīti ist, werden die feinkörperlichen Vertiefungen genannt, weil sie eine gewisse Ähnlichkeit mit Zuständen aufweisen, die wir aus unserem Alltagsleben kennen. Sie sind jedoch viel stärker, und außerdem sind sie unabhängig von der Welt. Sie hängen nur von unserer Konzentration ab.

Wir haben alle schon angenehme Körperempfindungen kennengelernt. Diese waren aber sämtlich von äußeren Umständen verursacht. Hier sind wir unabhängig geworden. Der erste Moment dieser Unabhängigkeit ist der erste Moment der Freiheit. Wir sind noch nicht vollkommen frei, aber der erste Schritt ist getan. Solange wir von weltlichen Dingen und anderen Menschen abhängig sind, so lange sind wir deren Sklaven und lassen uns von ihnen bestimmen. Wir müssen «da draußen» immer etwas erledigen. Wir müssen reicher, schöner, jünger oder klüger sein als die anderen. Dabei ist das überhaupt nicht wichtig. Was wir wirklich brauchen, ist die Konzentration, um unseren Geist über die Welt erheben zu können. Je länger wir praktizieren, desto leichter wird es, Geduld ohne Erwartungen zu haben, sich vertrauensvoll hinzugeben, ohne darüber nachzudenken. Das ist ein von mir gerne benutztes Schlagwort: Nicht denken – machen!

Pīti richtet sich gegen besonders unangenehme Hindernisse: gegen Böswilligkeit, Ärger, Haß, Ablehnung. Das sind Empfindungen, die keine Resultate zur Folge haben, außer dem, daß sie uns das Leben schwermachen. Je mehr wir während der Meditation dieses angenehme Empfinden von Pīti genossen haben, desto geringer wird unsere Böswilligkeit, die der Buddha mit einer Gallenkrankheit verglichen hat. Nicht umsonst sagen wir: «Mir kommt die Galle hoch!» Das ist nur mit einer einzigen Medizin zu kurieren – mit Liebe.

Gelingt es uns, in der Meditation den Eingang in unsere innere Burg zu finden, dann bewirkt das eine automatische Läuterung, die uns die Arbeit an unserer Böswilligkeit sehr erleichtert. Diese automatische Läuterung ist so stark, daß sie ein ganz neues Innenleben auslöst. Das Gleichnis, das uns der Buddha gegeben hat, besagt, daß der böswillig Hassende mit bloßen Händen glühende Kohlen aufnimmt, um einem anderen damit weh zu tun. Die Absurdität eines solchen Tuns ist offenkundig.

Der Eintritt in die meditativen Vertiefungen ist der erste Schritt, der uns von diesem störenden, leidhaften Denken befreit und uns eine Innenwelt aufzeigt, die wir uns immer erhofft hatten. Wir haben vielleicht geahnt, daß es sie gibt, und haben geglaubt, wenn wir jemanden finden, den wir lieben können und der uns wiederliebt, wäre es geschafft. Zu unserem Erschrecken mußten wir jedoch feststellen, daß wir auch dadurch nicht zu innerem Frieden und zur Harmonie gelangten. Dies erreichen wir nur dadurch, daß sich in unserem eigenen Inneren etwas ganz markant ändert.

Ohne spirituelle Hilfe ist es äußerst schwierig, die Erscheinungsformen der Böswilligkeit im täglichen Leben in Liebe und Mitgefühl umzuwandeln. Wenn wir aber wissen, daß wir jederzeit durch die Meditation zu diesem Entzücken gelangen können, dann setzt nicht nur die automatische Läuterung während der Meditation ein, sondern wir verspüren auch einen Niederschlag davon im täglichen Leben. Haben wir dieses Gefühl noch nie geweckt, wissen wir nicht, daß es in uns vorhanden ist. Aber allein das Wissen darum schenkt uns etwas mehr Sicherheit. Wir tragen alles, nach dem wir uns sehnen, in uns selbst. Das einzige, was wir draußen finden, sind die Mittel, unseren Körper am Leben zu erhalten, wie Essen, Trinken und das dafür nötige Geld. Das, was wir wirklich wollen, wonach wir uns wirklich sehnen, ist in unserem eigenen Inneren verborgen.

Unsere Gedanken, Reaktionen, Hoffnungen, unsere Pläne und Meinungen machen es uns schwer, zur Konzentration zu finden. Solange wir denken und planen und mit unseren Ideen beschäftigt sind, so lange sieht sich das Ego bestätigt. Selbst wenn diese Bestätigung aus Dukkha besteht, ist es dennoch eine Bestätigung, und darum haften so viele Menschen an ihren Problemen. In der Meditation müssen wir unser Denken und unsere Probleme loslassen, um zu dem inneren Entzücken zu gelangen. Wir müssen also zeitweise unsere Ego-Bezogenheit aufgeben, und darum ist die Konzentration schwierig. Machen wir uns aber einmal klar, daß das Ego gar nicht so wichtig ist und daß wir es gleich nach der Meditation wieder an uns nehmen können, dann fällt es uns vielleicht leichter, es zeitweilig fallenzulassen. Ein dazu hilfreicher Entschluß wäre: «Ich will mich jetzt wirklich konzentrieren – die Denkerei ist ja nicht so wichtig.» Mit diesem

Entschluß, den Geist nur auf das Meditationsobjekt zu richten, können wir den Weg nach innen antreten.

Das innere Entzücken ist von immensem Wert, weil es so viele positive Resultate birgt. Wir erhalten die Einsicht, daß das, was die Welt uns zu bieten hat, bei weitem nicht mit dem zu vergleichen ist, was wir ohnehin schon in uns tragen. Dadurch wird die Entsagung wesentlich erleichtert. Wir müssen nicht mehr jedem Vergnügen nachlaufen, ständig neue Leute kennenlernen und Bemerkenswertes sehen und hören. Wir besitzen etwas viel Wertvolleres und Zufriedenstellenderes. Das heißt nicht, daß wir uns nicht mehr an einem schönen Sonnenuntergang erfreuen können – im Gegenteil. Wir können das viel leichter und reiner, weil wir dankbar dafür sind, daß uns das auch noch gegeben wird, neben dem Glück, das wir schon in uns erfahren haben.

Die Freude, die wir an den weltlichen Dingen haben, wird einer Läuterung unterzogen und besitzt nun eine andere Qualität. Jeder menschliche Geist, der sich der Meditation hingibt, Geduld ohne Erwartungshaltung hat und weiterübt, kann zu dem inneren Entzücken gelangen, denn es ist der natürliche Weg, den der menschliche Geist einschlägt.

Von einem praktischen Standpunkt aus gesehen, ist jener Moment, in dem der Atem so fein geworden ist, daß man ihn nur noch schwer findet, der, in dem man zur inneren Empfindung übergeht. Die Frage, ob das die richtigen Empfindungen sind, wird sich gar nicht erheben, denn sie werden so entzückend sein, daß sie alles andere überschatten. Der Buddha hat außerdem empfohlen, daß wir Ablehnung, Ärger und Böswilligkeit auch im Alltag bekämpfen, indem wir immer wieder die liebende Güte in uns entfalten und das Unheilsame durch das Heilsame ersetzen. Die Liebende-Güte-Meditation ist einem Training des Geistes vergleichbar, das dazu dient, richtig zu denken und zu empfinden. Das meditative Entzücken hilft uns enorm, die tägliche Praxis einfacher zu gestalten. Es mag sich für manchen so anhören, als sei es schwierig, dorthin zu gelangen, doch ist es nur eine

Frage der Zeit und der Geduld. Jeder Mensch will diesen Weg gehen, ob er es nun weiß oder nicht. Jeder möchte den Geist zur Ruhe bringen und sein Innenleben als etwas Schönes erleben.

7

Die neunte Frucht: Die erste und die zweite meditative Vertiefung

Die Grundlagen der Meditation sind: moralisches Benehmen, Beschützen der Sinnestore, Achtsamkeit und Zufriedenheit. Diese vier bezeichnete der Buddha manchmal als die Wurzeln und den Stamm eines Baumes. Sind die Wurzeln und der Stamm nicht gesund und kräftig, dann sind die Äste, Blätter und Früchte auch nicht zufriedenstellend. So bilden diese vier das Fundament, auf das wir bauen können.

Die sofortigen Resultate der Meditation, selbst wenn die Konzentration noch schwach ist, sind: das Schaffen guten Kammas durch die Absicht, Einsicht in die eigenen Gedanken, der Trägheit des Geistes entgegenzutreten und das Ablegen der Zweifel und Unsicherheiten. Dies sind die eher allgemeinen Vorteile. Das erste höhere Resultat, das der Buddha einen sehr sichtbaren Gewinn der Entsagung nannte, ist die erste Vertiefung.

Die Entsagung spielt bei der Vertiefung eine große Rolle. Der Buddha erklärt die Vertiefung mit den Worten: «Abseits von Sinnesbegierden, abseits von negativen Haltungen und Gedanken.» Um in die erste Vertiefung zu gelangen, müssen wir diesen Dingen entsagen – wenigstens für die Zeit der Meditation. Je mehr wir uns an dieses Loslassen schon im Alltagsleben gewöhnt haben, desto leichter fällt es uns während der Meditation.

Der Buddha hat das Gleichnis von einem Bademeister gebraucht, der Seifenpulver mit Wasser durchtränkt und daraus einen Seifenball macht. So wie dieser Seifenball vollkommen durchtränkt ist vom Wasser, so durchtränkt das Entzücken uns von Kopf bis Fuß. Am Ende der Vertiefung muß darauf geachtet werden, wie vergänglich selbst dieses wundersame Gefühl ist. Anfangs wird es nur kurz aufleuchten, wie um aufzuzeigen, daß es noch mehr gibt, als auf den Atem aufzupassen.

Findet dieses erfreuliche Ereignis zum erstenmal statt, reagiert der Geist leider sofort, entweder mit Erstaunen oder mit freudiger Erregung, und das zerstört die Meditation. Wahrscheinlich wird der Geist, nach dem Verlust der Empfindung und der Konzentration, dann ängstlich hoffen, das wieder erleben zu können. Und schon ist er wieder beim Anhaften und Habenwollen. Daher gilt es, selbst wenn dieses Gefühl nur eine Sekunde lang angehalten hat, sogleich festzustellen, daß auch dieses angenehme Gefühl vergänglich ist, um damit den impulsiven Reaktionen entgegenzuarbeiten. Will man das Gefühl unbedingt haben und forscht vielleicht noch nach, wo es wohl hergekommen sein mag, dann erfährt man es nicht wieder. Entstanden ist es durch Konzentration. Wenn diese lange genug angehalten hat, wurde eine gewisse Läuterung erreicht, weil zeitweilig keine negativen Gedanken und Sinnesbegierden vorhanden waren. Es gab da weder Gier noch Haß, und so wurde es möglich, Kontakt zur Reinheit des eigenen Herzens zu bekommen. Sobald aber wieder das Wünschen einsetzt, wird dieser Zustand unmöglich, weil ja wieder Begierde vorhanden ist. So muß also stets am Ende dieser ersten Vertiefung deren Unbeständigkeit betrachtet werden.

Es ist deutlich zu erkennen, wie sich das wunderschöne Gefühl langsam auflöst. Die nächste Betrachtung sollte eine Rekapitulierung des Weges sein, den wir genommen haben, um die erste Vertiefung zu erreichen. So wird fast jeder etwas entdecken, das anders war als während früherer Meditationen. Das ist meist so minimal, daß es fast gar nicht auffällt. Vielleicht hat man anders gesessen oder eine andere Methode ausprobiert. Wir müssen rekapitulieren, um den Weg deutlich zu erkennen; wenn wir ihn wissen, können wir ihn immer wieder gehen. Solange es noch Glückssache ist, handelt es sich noch nicht um *sammā-samādhi*, rechte Konzentration. Es sind also zwei Dinge nötig am Ende der Meditation: sich an die Vergänglichkeit erinnern und den Weg rekapitulieren.

Nun ist die Vergänglichkeit der angenehmen Gefühle natürlich längst nicht so erwünscht wie jene der unangenehmen. Nur wenn wir die Vergänglichkeit betrachten und mit Gleichmut reagieren können, haben wir ein spirituelles Gleichgewicht gefunden. Wir haben auch Einsicht gewonnen; weil wir das Entstehen deutlich beobachten konnten, müssen wir uns nun auch auf das Vergehen konzentrieren.

Ein wichtiger Punkt dieser ersten Vertiefung ist die Tatsache, daß sie nur dann entstehen kann, wenn wir zeitweilig jede Ego-Bestätigung aufgeben. Leider passiert es verhältnismäßig oft, daß wir die erste Vertiefung und das wunderbare Empfinden zwar erreichen, unsere Gedanken aber trotzdem dazwischenfunken. Das ist nichts anderes als das Ego, das immer wieder zu Wort kommen möchte. Je mehr wir dieses Ego aufzugeben lernen, desto tiefer werden unsere Meditationen, und desto leichter werden uns die nächsten Schritte fallen. Die Einsichten, die uns diese nächsten Schritte vermitteln, müssen nicht mühsam erarbeitet werden. Sie entstehen automatisch, wenn die Vertiefungen gelingen. Das ist der leichte, beglückende Weg zur Erleuchtung. Manchmal wird dieser Weg als schwierig bezeichnet, was aber nicht zutrifft. Der Buddha hat in allen seinen Richtlinien die Vertiefungen als Schritte auf dem Weg bezeichnet – als Mittel zum Zweck. Halten wir uns an die Weisungen des großen Meisters, dann finden wir hier die Möglichkeit, nicht nur Ruhe und Frieden zu erlangen, sondern auch ein inneres Glück, das mit nichts anderem vergleichbar ist.

Dieser Faktor heißt in Pali *sukha* und richtet sich gegen das vierte Hindernis, die Rastlosigkeit und die Sorge. Dieses vierte Hindernis ist darum bedeutungsvoll, weil wir es oft gar nicht erkennen. Die Rastlosigkeit ist ein Hindernis, das erst einen Schritt vor der vollen Erleuchtung beseitigt wird. Durch die Vertiefungen wird jedoch die Rastlosigkeit derart vermindert, daß wir so weit zur Ruhe kommen, daß viele Wünsche von uns abfallen. Wir finden mehr Herzensfrieden. Rastlosigkeit existiert, wenn wir unerfüllt sind. Wir suchen also nach etwas, das uns befriedigt.

Diese Suche zeigt sich im weltlichen Leben durch Reisen, Berufswechsel, Partnerwechsel, Wohnortwechsel – durch irgendwelche äußeren Wechsel, die immer wieder die Hoffnung auf Erfüllung in uns wecken. Sehr gut ist diese Rastlosigkeit daran zu erkennen, daß man nirgendwo einen Parkplatz findet. Alle sind unterwegs. Tausende von Menschen sind unterwegs – Tag und Nacht –, aufgrund dieses rastlosen Unerfülltseins. Empfinden wir das Glück während der Meditation, dann wird die Rastlosigkeit weniger, weil wir wissen, daß wir uns jederzeit wieder nach innen, diesem Glück zu, wenden können, das uns erfüllt. Während der Meditation sind Sorgen und Rastlosigkeit beiseite gelegt, denn wir können nicht gleichzeitig konzentriert meditieren und uns sorgen. Durch das ständig wiederholte Loslassen werden die Hindernisse kleiner.

Es ist wie mit dem Unkraut: Wenn wir im Garten nichts tun, dann wird das Unkraut bald alle schönen Pflanzen überwuchern. Das Unkraut nimmt den anderen Pflanzen die Nahrung, den Regen und die Sonne weg, und wenn wir es nicht entwurzeln können, weil die Wurzeln zu tief und zu kräftig sind, so können wir es doch niederschlagen, damit es wenigstens kleiner und schwächer wird. Und genau das geschieht durch die meditativen Vertiefungen. Wir entwurzeln die Hindernisse nicht, aber wir machen sie kleiner. Wenn unsere Einsicht schließlich klar genug geworden ist, können wir sie entwurzeln. Die meisten Menschen müssen zugeben, daß sie sich immer noch ärgern, auch wenn sie schon viele Jahre regelmäßig meditieren. Auch wenn wir den Prozeß intellektuell verstehen, um Gleichmut gefühlsmäßig nachvollziehen zu können, brauchen wir neue Gefühle, sonst bleiben wir auf den alten sitzen. Die neuen Gefühle der meditativen Vertiefungen läutern uns automatisch. Wir finden dabei ein Innenleben, das wir bislang nicht kannten, und es gibt keinen Menschen, der nicht ahnt, daß in ihm noch etwas anderes steckt als die Dualität des Haben- und Loswerdenwollens.

Darum üben wir und lernen, uns auf den Atem zu konzentrieren, weil wir dadurch eine Innenwelt entdecken, die nicht nur angenehm und wünschenswert ist, sondern uns auch in die Lage versetzt, die Außenwelt nicht mehr ganz so wichtig zu nehmen. Wir werden keinesfalls gleichgültig – im Gegenteil! Aber wir sind auf dem Wege zum Gleichmut, und das bedeutet, Frieden zu finden. Mit der zweiten Vertiefung lassen wir die angenehmen körperlichen Gefühle in den Hintergrund treten, um unsere Achtsamkeit auf die Emotion des Glücks zu lenken. Wir wenden uns also von den gröberen Empfindungen ab und den feineren zu. Der Buddha hat das Gefühl in der zweiten Vertiefung mit einem See verglichen, in den weder Regen fällt noch Bäche einmünden und der dennoch eine liebliche Strömung aufweist.

Das vierte Hindernis, das der Sorge und der Rastlosigkeit, hat der Buddha mit einem Sklavendasein verglichen, denn wenn wir unseren Sorgen unterliegen, können wir unser Leben nicht meistern. Wir haben weder Kontrolle noch Freiheit; wir sind in unserer Gedankenwelt gefangen. Als Gegenmittel für den Alltag hat der Buddha empfohlen, uns mehr dem Dhamma zuzuwenden. Wenn wir genug Wissen über die Lehre besitzen, erkennen wir Möglichkeiten, die nicht egobezogen sind und uns deshalb Frieden schenken.

Überdies hat der Buddha uns noch ein wirksames Mittel gegen alle Hindernisse genannt: noble Freunde und noble Unterhaltung. Die Unterhaltung ist ein Teil unserer geistigen Nahrung. Die Zufuhr körperlicher Nahrung ist relativ unkompliziert, aber was wir geistig zu uns nehmen, müssen wir sehr achtsam planen.

Noble Freunde sind jene Menschen, die nicht nur gute Freunde sind, sondern auch wertvolle Menschen, die das Gute in uns bestärken. Umgeben wir uns mit haßerfüllten, gierigen Menschen, dann wird das bestimmt auf uns abfärben. Wir sind alle beeinflußbar, und deshalb hat der Buddha immer wieder geraten, sich den richtigen Menschen zu nähern – jener Art von Freunden, die vertrauenswürdig und treu sind, die in guten und in schlechten Zeiten zu uns halten, auch wenn sie nicht immer unserer Meinung sind. Ein nobler Freund trägt Liebe und Güte in seinem Herzen und steht uns auch ungebeten immer zur Seite. Ein guter Freund zu sein ist nicht einfach, weil die Ego-Bezogenheit aufgegeben werden muß, wenn man für einen anderen da sein will. Einen guten Freund wird man nur gewinnen, wenn man selbst einer ist. Wir können lernen, selbst ein nobler Freund zu sein. Der Buddha preist einen guten Freund als «das Ganze des spirituellen Lebens», als jemanden also, der unseren spirituellen Weg unterstützt und begleitet. Besonders hilfreich ist es natürlich, wenn man einen guten Freund findet, der schon ein paar Schritte weiter ist auf dem Pfad. Das muß aber nicht sein, denn gute Freunde sind auf jeden Fall jene, die uns im Guten bestärken.

Ein weiterer Faktor der meditativen Vertiefungen ist die Einspitzigkeit, die sich gegen die Begierde der Sinnesbefriedigung wendet, die unser größtes Hindernis ist. Die Böswilligkeit, die wir in uns tragen, ist natürlich äußerst unangenehm, aber sie ist leicht zu erkennen, und wenn wir mit den Rechtfertigungen aufhören, können wir sie allmählich loswerden. Mit der Sinnesbefriedigung ist es ganz anders, weil wir uns alle ganz selbstverständlich um sie kümmern. Das erscheint uns völlig richtig, denn wozu gibt es all die schönen und bequemen Dinge, und warum sollten wir sie uns nicht leisten, wenn wir das Geld dafür haben? Es wäre doch unsinnig, wenn wir es uns nicht so angenehm wie möglich machen würden! Der Denkfehler liegt darin, daß dem Angenehmen kein Ende gesetzt ist. Wir müssen immer von neuem diese Richtung einschlagen, weil ja nichts so bleibt, wie es ist – auch das Angenehme nicht. So werden wir weder genug Zeit noch genug Energie aufbringen, den spirituellen Weg so konsequent zu verfolgen, daß er uns Gewinn bringt.

Der König sagt zum Buddha, bei den Früchten der Berufsarbeit könne man den Gewinn deutlich sehen. Wo aber ist der Gewinn bei der Meditation? Das ist eine ganz vernünftige Frage. Diesen Gewinn wird man erst dann gewahr, wenn man aktiv praktiziert. Unsere Sinnesbegierden hat der Buddha mit der Situation eines Schuldners verglichen, der monatliche Raten mit Zinsen abzahlen muß. Hat er Glück, dann schafft er es, alle Schulden zu begleichen, bevor er stirbt, falls er keine neuen Schulden macht. Mit den Sinnesbegierden werden wir aber nie fertig – nicht einmal auf dem Totenbett. Sogar dort wollen wir es noch angenehm haben, obwohl das wahrscheinlich nicht möglich ist. Um mit den Begierden zu Rande zu kommen, müssen wir ihnen ein absichtliches Ende bereiten. Das aber können wir erst dann tun, wenn wir gemerkt haben, daß sie uns nichts bringen.

Das heißt natürlich nicht, daß wir aufhören sollen, zu essen, zu schlafen und etwas Schönes zu betrachten. Das wäre unvernünftig, und die Lehre des Buddha ist realistisch. Wir werden lediglich weder unsere Zeit und Kraft noch unser Geld dafür verwenden, es uns so angenehm wie möglich zu machen. Der Hedonismus ist so weit verbreitet in unserer Gesellschaft, daß wir ihn gar nicht mehr bemerken, weil er als die Norm angesehen wird. Nur ein unbeteiligter Beobachter kann das erkennen, und so sollten wir uns fragen, ob wir nicht von manchen Dingen lassen sollten, die gar nicht so wichtig sind und nur Zeit und Energie in Anspruch nehmen, die anderswo viel nutzbringender eingesetzt werden könnten. Der Buddha hat empfohlen, jene Dinge, die wir haben wollen, zu analysieren; sie auseinanderzunehmen und sich die Einzelteile anzusehen. Dabei würde uns ihre Vergänglichkeit klarwerden, und wir würden viele Anstrengungen unterlassen und viele Wünsche aufgeben. Das würde Dukkha ganz erheblich verringern, denn je weniger Wünsche wir haben, desto geringer ist Dukkha.

Natürlich ist dieses Es-angenehm-haben-Wollen auch auf unsere Emotionen gerichtet. Wir möchten am liebsten ausschließlich mit solchen Menschen zusammentreffen, die uns ständig bestätigen, doch das gelingt niemandem. So ist es notwendig, auch diesen Wunsch fallenzulassen. Wir müssen uns klarmachen, daß auch Unangenehmes vergänglich ist, daß immer neue Emotionen auftauchen und daß wir wenig Einfluß auf die Art anderer Menschen nehmen können. Wir können lediglich an unseren Begierden arbeiten. Da die Begierde nach Annehmlichkeiten, wenn sie nicht erfüllt wird, sogleich Haß auslöst, ist es ungeheuer wichtig, zu erkennen, was wir tun, und den Begierden entgegenzutreten, indem wir sie analysieren. Wir werden merken, daß alles ohne bleibende Substanz ist, ohne Bedeutung. Wir werden uns über vieles nicht mehr ärgern und nicht mehr jedem Wunsch hinterherrennen.

Die Einspitzigkeit der Meditation verhilft uns zur Konzentration und schließt alle Sinnesbegierden aus. Je öfter wir meditieren, desto schwächer werden die Sinnesbegierden. Wir schlagen das Unkraut zusammen, auch wenn wir es noch nicht entwurzeln können. Auch die meditativen Vertiefungen sind noch weltliche Geisteszustände. Überweltliche Geisteszustände werden durch Einsichten erlangt, aber die meditativen Vertiefungen ermöglichen es, den Geist so zu erweitern, daß es ihm leichtfällt, zu Einsichten zu gelangen.

Die zweite Vertiefung konzentriert sich auf das Glücksgefühl, und anfängliches und dauerndes Sichhinwenden zum Meditationsobjekt sind nicht mehr nötig. Uns bleiben das entzückende Körpergefühl im Hintergrund, das Glück im Vordergrund und die Einspitzigkeit. Die zweite Vertiefung schenkt uns Selbstvertrauen, denn unser Glück hängt nicht mehr von etwas Äußerlichem ab. Wir warten nicht mehr darauf, daß uns jemand glücklich macht, wir brauchen nichts mehr zu kaufen, nirgendwo hinzureisen – wir haben das

Glück in uns selbst entdeckt. Wir sind unabhängig geworden, und unser Selbstvertrauen ist dadurch gestärkt. Wir verlieren in unangenehmen Situationen nicht mehr den Kopf, sondern stehen den Dingen mit Ruhe und Gleichmut gegenüber. Selbstvertrauen wird von Außenstehenden oft als Überheblichkeit aufgefaßt, weil die Umwelt wie ein Spiegel ist. Menschen ohne Selbstvertrauen können es nicht erkennen, weil der Spiegel nur das widerzuspiegeln vermag, was wir ihm zeigen. Die Unabhängigkeit bringt ein Gefühl der Freiheit mit sich.

Der Buddha hat erklärt, meditative Vertiefungen in ihrer höchsten Form seien Zustände, die einen Vorgeschmack auf *nibbāna* (Skrt. *nirvāna*) gäben, ahnte man doch, wie es sich anfühlt, ohne «Ich» zu sein. Das «Ich» kann nie glücklich werden. Es hat immer irgendwelche Wünsche. Aber in den Vertiefungen, wenn das «Ich» zur Seite geschoben wird, können wir einfach einmal glücklich sein. Das löst einen starken Drang aus, weiterzuüben, denn wer die Vertiefungen beherrscht und mit ihnen meditiert, wird mit Einsichten belohnt und kaum mit dem Praktizieren aufhören. Verständnis für das, was wir erleben, ist natürlich notwendig, und das Wissen, daß nichts von Dauer ist, wird uns die weiteren Vertiefungen und Einsichten, die es zu erringen gilt, erleichtern.

Der Buddha hat die Vorteile der ersten Vertiefung einen sichtbaren Gewinn genannt und die der zweiten einen noch höheren sichtbaren Gewinn. Dieser Gewinn steigert sich mit jeder Vertiefungsstufe. Das werden wir durch unsere Innenschau gewahr. Ein Mensch, der die Vertiefungen erlebt, wird einen anderen, der das auch tut, leicht erkennen, ohne darüber reden zu müssen. Das Praktizieren der Vertiefungen schlägt sich gefühlsmäßig in unserem Innenleben nieder, was auch im Alltag präsent bleibt und darauf ausstrahlt.

8

Die neunte Frucht: Die dritte, vierte und fünfte Vertiefung

Liebende-Güte-Kontemplation

Diese Übung unterscheidet sich von der Liebenden-Güte-Meditation, weil wir dabei effektiv überlegen und nachdenken, während es bei der Liebenden-Güte-Meditation wesentlich ist, das Gefühl zu erleben. Bei Kontemplation geht es darum, in uns zu gehen, uns selbst besser kennenzulernen, die Meditation hingegen hat zum Ziel, die Konzentration zu schärfen. Wir lenken zu Beginn die Achtsamkeit auf den Atem und sprechen folgende Worte:

Möge ich frei sein von Feindseligkeiten.

Um das zu kontemplieren, müssen wir in unserem Inneren nachsehen, ob da irgendwelche Feindseligkeiten vorhanden sind. Wenn ja, dann müssen wir prüfen, ob diese feindselige Haltung für uns von Nutzen ist – ob sie uns zu Glück und Frieden verhilft. Ist das nicht der Fall, können wir, aufgrund unserer Einsicht, versuchen, diese negativen Empfindungen loszulassen und zu ändern. Was uns nicht von Nutzen ist, brauchen wir nicht beizubehalten.

Möge ich keine Lebewesen verletzen.

Auch hier müssen wir prüfen, ob wir irgendwelche Verletzungen verursacht haben – körperliche oder emotionale. Letztere sind keineswegs selten. Das bedeutet, daß wir uns bemühen müssen, harmlos zu sein und nicht zu sehr auf dem eigenen Standpunkt zu beharren, und es vermeiden, durch Argumente anderen weh zu tun.

Möge ich frei sein von geistigen und körperlichen Schwierigkeiten.

Hier müssen wir untersuchen, wie wir mit unseren eigenen Schwierigkeiten umgehen und ob wir sie auflösen können. Das ist nicht einfach, denn manche Verhaltensmuster sind schon fest in uns verankert. Wir können aber die geistigen Schwierigkeiten verändern und damit auch dem Körper mehr Freiraum und Unbeschwertheit verschaffen.

Möge ich fähig sein, mein eigenes Glück zu behüten.

Es ist notwendig, einmal genau zu untersuchen, was das eigene Glück eigentlich beinhaltet, um es überhaupt behüten zu können.

Mögen alle Lebewesen frei sein von Feindseligkeit.

Haben wir zu Anfang, als wir die eigene Feindseligkeit kontempliert haben, einen Weg gefunden, sie loszulassen, dann ist es vielleicht möglich, diese Lösung anderen zu vermitteln und auf sie auszudehnen. Voraussetzung ist, daß wir an uns selbst den Erfolg feststellen können.

Mögen alle Wesen einander nicht verletzen.

Wieder wünschen wir für andere das, was wir bereits in uns entdeckt haben, nämlich, daß Harmlosigkeit und Hilfsbereitschaft viel mehr Glück bereiten als Aggressivität und Rechthaberei. Darum wünschen wir diese Erkenntnis auch anderen.

Mögen alle Wesen frei sein von geistigen und körperlichen Schwierigkeiten.

Auch das haben wir für uns selbst schon untersucht, und weil es für uns wichtig ist, wünschen wir es auch ohne Unterschied allen anderen, auch denen, die uns gleichgültig sind oder mit denen wir uns nicht allzugut verstehen.

Mögen alle Wesen fähig sein, ihr Glück zu behüten.

Die Kontemplation kann uns zeigen, daß andere Menschen Glück anders als wir selbst empfinden. Auch wenn wir anderer Meinung sind, können wir ihnen helfen, ihr Glück zu behüten.

Wir werden uns nun wieder den meditativen Vertiefungen zuwenden, auch wenn wir tiefe Konzentration noch nicht aufbringen können. Der Buddha hat immer wieder gesagt, daß Wachstum, das schließlich zur vollkommenen Freiheit führt, ein allmählicher Prozeß ist. Die beiden ersten Vertiefungen haben wir bereits intensiv besprochen. Bei der dritten nun werden Freude und angenehme körperliche Wahrnehmungen nicht mehr beachtet, vielmehr richtet sich die ganze Aufmerksamkeit auf die empfundene Zufriedenheit. Das deutsche Wort «Zufriedenheit» ist sehr treffend, weil es ausdrückt: zum Frieden führend. In der dritten Vertiefung finden wir also zu innerem Frieden. Da wir bereits inneres Glück empfunden haben, ist es nicht mehr schwierig, zufrieden zu sein. In dieser Vertiefung sind wir wunschlos glücklich. Es handelt sich hier um ein Gefühl des Loslassens, des Tiefer-in-sich-selbst-Versinkens. Das ist auch tatsächlich der Fall, denn die beiden ersten Vertiefungen spielen sich sozusagen «weiter oben» ab, wobei «oben» nur dazu dienen soll, etwas Subtiles zu definieren. Es handelt sich um ein inneres Empfinden, das jeder einzelne für sich selbst schaffen kann.

Mit Geduld, Ausdauer und Zuversicht sind die Vertiefungen zu erreichen, und schließlich werden sie zur Selbstverständlichkeit. Die Welt sieht so aus, wie sie aussieht, weil die Menschheit zu wissen glaubt, was Frieden ist und wie man ihn erreichen kann. Das ist ein genauso grandioser Irrtum wie jener, daß man «Ich» ist. Dabei unterliegen wir der falschen Erwartung, daß andere es schaffen, irgendwie Frieden herbeizuzaubern. Das ist natürlich eine absurde Erwartung. Jeder kann nur in sich selbst Frieden schaffen, indem er jeden Unfrieden losläßt. In der dritten Vertiefung erfahren wir einen Vorgeschmack von dem, was es bedeutet, Frieden zu haben. Die Wünsche müssen losgelassen werden, denn auch der allerkleinste bringt uns nichts als Unfrieden. Dabei begnügen wir uns im allgemeinen nicht mit kleinen, unscheinbaren Wünschen, denn wer will schon klein und unscheinbar sein! Das ist der wichtigste Bestandteil der dritten Vertiefung: Wir können sie nur erleben, wenn wir einmal nichts sein und nichts haben wollen.

Es ist ganz klar, daß jede Vertiefung tiefe Einsichten vermittelt, wenn wir unseren Geist darauf lenken. Tun wir das nicht, dann durchlaufen wir auf jeden Fall einen Läuterungsprozeß, wenn auch keinen Einsichtsprozeß. Bei der dritten Vertiefung beruhigt sich der Geist und geht in die Tiefe. Die anderen Faktoren der Vertiefung sind abgeschwächt, die Wünsche verschwunden, und es entsteht Frieden. Unser Wunsch zu überleben scheint ja vollkommen berechtigt, aber er verhindert den inneren Frieden, weil wir nicht akzeptieren wollen, daß ein Überleben einfach nicht möglich ist. Auch jeder andere Wunsch stiftet Unfrieden. Wir wollen auf jeden Fall etwas Bestimmtes sein – nicht nur irgend jemand. Wird diese Erwartung aus irgendeinem Grunde nicht erfüllt, dann ist die Folge Unfrieden in unserem Herzen. Der einzige Frieden, den wir finden können, liegt in uns selbst. Und solange wir ihn nicht in uns erspürt haben, wird er für uns auch in der Welt nicht zu finden sein.

Es genügt natürlich nicht, nur in der Meditation Frieden zu suchen und zu finden. Ohne Einsicht gelingt es nicht,

Frieden auch in dem täglichen Wirrwarr von Anforderungen zu halten. Wenn uns daran etwas liegt und wenn wir eine friedlichere Welt kennenlernen wollen, dann müssen wir das Wünschen aufgeben. Nur darüber zu reden hilft nicht. Wollen wir der Welt etwas mehr Frieden schenken, dann müssen wir ihn besitzen, um ihn weitergeben zu können. Empfinden wir den Frieden in uns, dann spüren die Menschen, die mit uns zusammenkommen, das sofort. Weil so wenige Menschen auf diesem Erdball den Frieden in sich selbst gefunden haben, leben wir nicht in einer friedlichen Welt. Während der Weihnachtszeit ist überall die Rede davon, aber im Januar bereits ist alles wieder vergessen. Die Worte stimmen zwar, aber die Rede und das Tun unterscheiden sich sehr stark voneinander.

Ohne die meditativen Vertiefungen ist es kaum möglich, den Weg zum Frieden zu finden. Sie stellen die Methode dar, und dann benötigen wir auch noch die Gelegenheit, diesen Pfad zu beschreiten. Eine solche Gelegenheit zu bekommen ist das Beste, was uns geschehen kann. Wenn wir uns das nächstemal zur Meditation niederlassen, sollten wir uns klarmachen, daß wir diese Gelegenheit nur darum erhalten, weil wir viel gutes Kamma erworben haben. Das ist ein echter Grund zur Freude, und diese ist eine wichtige Hilfe für unsere Konzentrationsfähigkeit. Die ganz normale Freude über etwas Schönes in unserem Leben verhilft uns zur Konzentration. Haben wir diese erlangt, folgen ihr die angenehmen Körperempfindungen und im nächsten Schritt die meditative Freude, die eine innere Süße um sich verbreitet. Mit dem dritten Schritt gelangen wir dann zum Frieden. Obwohl der Geist darauf vorbereitet wurde, ist es dennoch ein eindrucksvolles, tiefgreifendes Erlebnis. Der entscheidende Unterschied zwischen diesem Weg, den Bewußtseinszustand zu verändern, und anderen Möglichkeiten ist der Läuterungsprozeß, der bereits stattgefunden hat. Wird der Bewußtseinszustand durch chemische oder irgendwelche andere Mittel verändert, dann ist der Geist nicht darauf vorbereitet und nicht in der Lage, tiefe Einsichten zu erlangen. Das hat zur Folge, daß dieser Zustand nicht nach Belieben beibehalten oder wiederholt werden kann und somit die innere Läuterung nicht unterstützt.

Haben wir durch die dritte Vertiefung den inneren Frieden erlangt, dann können wir etwas davon auf das tägliche Leben übertragen. Unser Geist ist ein Juwel, das den Samen der Erleuchtung in sich trägt. Der Buddha hat die dritte Vertiefung mit folgendem Gleichnis erklärt: In einem Lotosteich blühen viele Lotosblumen in verschiedenen Farben. Es sind Blumen dabei, die aus dem Wasser hochwachsen und andere, die im Wasser liegenbleiben. Jene, die liegenbleiben, sind vollkommen von Wasser durchdrungen – ihre Blüten, ihre Blätter und auch ihre Wurzeln sind von Nässe durchtränkt. Genauso verhält es sich mit dem inneren Frieden. Wir werden so von ihm durchtränkt, daß wir ihn vom Kopf bis zu den Fußspitzen spüren.

Um zum nächsten Schritt zu gelangen, werden alle Freuden und alle Leiden losgelassen. Obwohl das im Moment nur bedeutet, den Frieden loszulassen, müssen wir schon Gleichmut entwickelt haben. Wir müssen auch erkannt haben, daß es nicht Zweck und Ende der Meditation ist, inneren Frieden gefunden zu haben, obwohl wir das immer als das Ziel betrachtet hatten. Wenn wir dann aber den inneren Frieden etwas länger beibehalten konnten, wird es immer deutlicher, daß dies noch nicht alles sein kann. Bei den ersten drei Vertiefungen war stets ein Beobachter auf seinem Posten: das Ego. Auch der Geist, der inzwischen subtiler geworden ist, weiß Bescheid. Ihm ist klar, daß auch Frieden, Freude und vor allem der Beobachter losgelassen werden müssen. Das ist mit einem tiefen Brunnen vergleichbar, in dem man immer tiefer versinkt. Die Person, die wir kennen, ist nun gewillt, sich selbst aufzugeben und in diesem tiefen Brunnen zu versinken.

Die vierte Vertiefung hat verschiedene Stufen. Anfänglich ist die Konzentration noch so, daß wir Geräusche vernehmen können – zwar nicht als störend, aber doch als vorhanden.

Erreichen wir jedoch den Grund des Brunnens, dann hören wir nichts mehr. Das ist eine derart tiefe Stille, daß wir sogar den Beobachter kaum mehr erkennen können, obwohl er noch immer vorhanden ist. Es existiert nur noch die Stille, die mit dem Ausdruck «Gleichmut» bezeichnet wird. In Pali heißt Gleichmut *upekkhā* und bezeichnet einen der sieben Faktoren der Erleuchtung. Bei uns steht Gleichmut für eine Eigenschaft, die Erregtheit ausschließt.

Diese Erklärung ist jedoch ungenügend für die vierte Vertiefung. Weil wir «versunken» sind, ist unser «Ich» einmal nicht erkennbar, weil es «untergegangen» ist. Bedeutsam für die vierte Vertiefung sind besonders zwei Dinge: Das eine ist die Tatsache, daß diese absolute Ruhe den Geist so regeneriert, daß sie als geistiger Jungbrunnen bezeichnet werden kann. Die Klarheit des Geistes wird zu einem strahlenden Stern. Der Geist hat endlich die Möglichkeit gefunden, sich vollkommen auszuruhen. Diese neue Kraft des Geistes verdeutlicht, daß die Schwierigkeiten der Menschen durch Denken und Reagieren entstehen. Außerdem können wir eine Bewußtseinsebene ohne Dukkha erleben, was nur ohne das Ich-Bewußtsein beziehungsweise das Ego möglich ist.

Natürlich nimmt dieses Ich-Bewußtsein gleich nach der Meditation seinen gewohnten Platz wieder ein, aber der Glaube, daß es für alle Zeit so bleiben muß, verschwindet. Schließlich haben wir einen Vorgeschmack davon bekommen, wie es ohne das Ich-Bewußtsein sein kann – und der war vortrefflich.

Die ersten vier Vertiefungen werden in folgendem Gleichnis zusammengefaßt: Ein durstiger Mensch wandert durch die Wüste und findet nirgends Wasser. So suchen wir Erfüllung durch äußere Einflüsse oder auch durch den Glauben an eine äußere Macht, aber unser Durst wird nicht gestillt. Sehen wir nun in der Ferne Wasser glitzern, sind wir freudig erregt und gehen auf das Wasser zu. Das ist Pīti, die erste Vertiefung. Von Freude darüber erfüllt, daß die Wüste doch nicht ohne Wasser ist, stehen wir am Rand des Sees. Das ist

Sukha in der zweiten Vertiefung, denn nun wissen wir, wo unser Durst zu stillen ist. Beugen wir uns dann nieder und trinken, so entsteht Wunschlosigkeit, denn wir sind vollkommen zufrieden. Das ist die dritte Vertiefung. Wir haben gefunden, was wir gesucht haben und sind von Frieden erfüllt. Nun legen wir uns unter den nächsten Baum und ruhen uns aus. Das ist die vierte Vertiefung. Dieses Ausruhen erfüllt uns mit neuer Kraft und Stärke. Das ist eine klare und einfache Darstellung des Weges, den wir gehen können. Wir dürsten alle nach dem Wasser des Lebens.

Je mehr wir das Ich loslassen, desto einfacher wird es. Jeder, der ausdauernd praktiziert, und sich von den Dingen, die ihm der Geist aufzwingen will, nicht stören läßt, kann diesen Weg gehen. Und unterschwellig möchte das jeder Geist auch tun. Da wir alle einen Teil des unendlichen Bewußtseins in uns tragen, gibt es überhaupt keinen Grund dafür, daß der eine es können sollte und der andere nicht. Jeder kann es. Wir verfügen alle über den gleichen menschlichen Geist. Somit ist es eine Frage der Läuterung, des Kammas und der Selbstdisziplin.

Der Buddha hat die Menschen in vier Arten eingeteilt:

Es gibt Menschen, die bei der Meditation viel körperliches, geistiges und emotionales Dukkha erleben und nur langsame Fortschritte machen.

Dann gibt es solche, die viel Dukkha aller Art erleben und schnelle Fortschritte machen.

Weiterhin gibt es jene, die viel Sukha erleben und somit viel Freude beim Praktizieren haben. Es geht ihnen gut, sie sind zufrieden mit ihren Meditationszuständen, und Schmerzen haben sie auch keine. Es dauert aber sehr, sehr lange, bis sie etwas erreichen.

Schließlich gibt es noch jene, die viel Freude erleben und außerdem noch sehr schnell vorankommen.

Es ist unmöglich vorauszusagen, zu welcher Gruppe jemand gehört, aber es gibt sicherlich auch Mischgruppen, die einmal Dukkha und ein anderes Mal Sukha erleben. Darum müssen wir uns mit dem Wissen trösten, daß es mit Geduld und Ausdauer jedem möglich ist, den Weg zu gehen.

Es gibt eine nette Geschichte von einem Mann aus Rājagaha, der den Buddha besuchte und ihm erzählte, daß er bereits seit zehn Jahren seinen Lehrreden lausche und dabei viele Nonnen und Mönche kennengelernt habe. Einige hätten sich während der zehn Jahre sehr positiv verändert, sie seien liebevolle, weise Menschen geworden, wohingegen andere sich in negativer Weise gewandelt hätten. Diese seien nun haßerfüllt und bösartig und verfügten über keinerlei Weisheit. Wieder andere hätten sich überhaupt nicht verändert. Alle hätten jedoch genau den gleichen Reden zugehört – wie das nur möglich sei, daß sie so unterschiedlich reagierten?

Der Buddha antwortete dem Mann mit der Gegenfrage: «Wo ist dein Heimatort?» Darauf der Mann: «Ich bin aus Rājagaha, aber ich lebe jetzt in Benares.» Der Buddha wollte nun wissen: «Besuchst du manchmal Rājagaha, dein Zuhause?» Worauf der Mann erklärte: «O ja, ich gehe sehr oft dahin zurück, denn ich habe dort Familie und Geschäfte.» Nun erkundigte sich der Buddha: «Kennst du den Weg dorthin?» «Ich kenne den Weg so gut, daß ich ihn sogar im Dunkeln finden würde», erklärte der Mann. Der Buddha fuhr fort: «Wenn nun jemand zu dir käme, um dich zu fragen, wie man von Benares nach Rājagaha kommt, könntest du ihm das erklären?» Voller Überzeugung sagte der Mann: «Ich kenne den Weg so genau, daß ich ihn bis ins kleinste beschreiben könnte.» Der Buddha meinte daraufhin: «Das glaube ich dir gern. Aber wenn du nun den Weg ganz genau erklärt hättest und der Frager in Benares bliebe und sich gar nicht auf den Weg nach Rājagaha machen würde, wäre das dann deine Schuld?» «Aber nein», empörte sich der Mann, «ich war doch nur der Wegweiser.» Worauf der Buddha sagte: «Ja, das bin ich auch!»

Die Anweisungen sind klar, aber gehen müssen wir den Weg alle selbst. Nur was wir selbst erlebt haben, verändert uns. Dieses erkannte Erleben kann nie verlorengehen.

Die ersten vier Vertiefungen werden in Pali «Rūpa-Jhānas» genannt. *Rūpa* bedeutet Körper, und *jhāna* ist die Vertiefung. Diese feinkörperlichen Vertiefungen erfüllen uns mit Freude, Ruhe und Frieden. Zu der vierten Vertiefung hat der Buddha folgendes Gleichnis gegeben:

Ein Mensch ist von Kopf bis Fuß in ein weißes Tuch gewickelt, nicht eine einzige Stelle ist davon unbedeckt. Genauso ist diese Stille. Wir fühlen uns völlig in sie eingehüllt. Und so nennt man diese feinkörperlichen Vertiefungen nicht deshalb so, weil es sich um körperliche Empfindungen handelt, sondern weil das Körperbewußtsein sich bereits mit der ersten Vertiefung verändert. Die Abgrenzungen verschwimmen, und die Schwere verliert sich.

Diesen ersten vier Vertiefungen folgen die vier «Arūpa-Jhānas», wobei das «A» mit «nicht» übersetzt wird. Es handelt sich also um nicht-körperliche (formlose) Vertiefungen, die rein geistiger Natur sind und nichts mit den Bewußtseinszuständen zu tun haben, die wir bisher kannten. Sie befinden sich völlig außerhalb unseres gewöhnlichen Erkennens. Sie werden als eine Fortführung der vierten Vertiefung beschrieben, treten aber manchmal ganz spontan schon nach der dritten auf. Der Geist wird mit jedem Schritt, den wir tun, auf den nächsten vorbereitet und dadurch immer subtiler.

Die vierte Vertiefung verleiht dem Geist eine ganz natürliche Kraft, die oft ohne Anstrengung zu den weiteren Vertiefungen führt. Der Buddha hat jedoch nicht davon gesprochen, daß wir warten sollen, bis spontan etwas geschieht, sondern davon, daß wir den Geist zur nächsten Stufe lenken, also eine absichtliche Öffnung für den nächsten Schritt vornehmen sollen. Die fünfte Vertiefung führt uns in den unendlichen Raum.

So wie es sich bei der ersten Vertiefung um körperliche Empfindungen handelt, so ist dies auch bei der fünften möglich. Es kann ein Gefühl der unendlichen Erweiterung des Körpers eintreten, bis keine Grenzen mehr vorhanden sind und die Unendlichkeit des Raums zum einzig Erkennbaren für das Bewußtsein wird. Der Buddha gab dazu folgende Erklärung:

Sieht man ein Haus, dann kann man sich vorstellen, daß da ein Dorf ist. Man kann vielleicht das ganze Dorf sehen und einen einzigen Baum, danach alle anderen Bäume. So kann man sich bald das ganze Dorf, die Wälder, ja, das ganze Land und den ganzen Kontinent vorstellen und immer mehr und mehr, bis alles verschwindet und nur noch der gesamte Raum des Universums im Bewußtsein bleibt.

Manche Menschen werden an einen Punkt gelangen, an dem sich der Körper nicht mehr weiter ausdehnen kann und der unendliche Raum noch nicht erkannt wird. Dabei handelt es sich um ein Zwischenstadium, und man kann sich den Himmel ohne Horizont vorstellen, um dann den unendlichen Raum zu erfahren. Andere Menschen erleben den unendlichen Raum ohne jedes Zwischenstadium. In dieser Unendlichkeit befindet sich nichts – keine Person und kein Ich – und das ist die Erkenntnis, die durch dieses Erleben eine ganz neue Sicht von uns selbst vermittelt.

Die drei ersten unkörperlichen Vertiefungen sind die großen Einsichts-Vertiefungen, die den Weg zur Klarheit und Befreiung öffnen. Dabei ist das eigene Erleben ausschlaggebend, alles andere kann nicht zur Befreiung führen. Das Raumerlebnis bringt es mit sich, daß uns die weltlichen Dinge nicht mehr so stark berühren, weil wir eine andere Wahrheit erfahren haben. Vielleicht werden immer noch Pfeile auf uns abgeschossen, aber sie werden uns nicht mehr so hart treffen, weil wir als Zielscheibe kleiner geworden sind.

9

Die neunte Frucht: Die sechste, siebente und achte Vertiefung

Nach dem Bewußtseinszustand des unendlichen Raumes wird jener des unendlichen Bewußtseins erreicht. Das ist nur logisch, da der unendliche Raum ausschließlich mit unendlichem Bewußtsein erkannt werden kann. Wenn die Achtsamkeit dem unendlichen Raum zugewendet wird, dann ist das Bewußtsein völlig unpersönlich. Da ist niemand, dem es gehört – niemand, der abgegrenzt ist. Es ist nur ein Bewußtsein der unendlichen Erweiterung vorhanden. Darauf folgt dann das Erkennen der unendlichen Bewußtseinsebene, ebenfalls vollkommen unpersönlich.

Normalerweise ist unser Bewußtsein zusammengeschrumpft. Ist es voller Haß und Abwehr, dann ist es vollkommen zusammengeschrumpft. Ist es dagegen voller Liebe und Güte, dann reicht es so weit, wie die Liebe reicht. Handelt es sich um einen einzigen Menschen, der festgehalten werden soll, dann ist das Bewußtsein nur wenig erweitert. Je mehr die Liebe umfaßt, desto weiter kann sich das Bewußtsein ausdehnen. So ist die liebende Güte ein notwendiger Faktor, um der Meditation Größe und Weite zu verleihen. Und je mehr wir uns vom Ego lösen, desto weiter kann sich das Bewußtsein ausdehnen und in die Unendlichkeit gehen. Dort hat die Ego-Bezogenheit keinen Platz. Das bedeutet jedoch nicht, daß nun Erleuchtung erlangt ist und das Ego ein für alle Male aufgegeben wurde. Es wurde lediglich erlebt, daß es möglich ist, dieses lästige Ego zeitweilig abzulegen.

Solange wir noch an unser Ego glauben, glauben wir auch an ein persönliches Bewußtsein, an unsere eigenen Ideen, Pläne, Wünsche und Hoffnungen. Wir glauben, daß all dies uns gehört und stimmen muß, weil wir es ja selbst erdacht haben. Erst wer in der Meditation einige Schritte getan hat, wird erkennen, daß Gedanken und alles, was sie auslösen, nichts anderes sind als Störenfriede. Je mehr wir von diesem kleinen Punkt im Universum – vom Ich – ablassen, desto geschmeidiger und weiter wird unser Bewußtsein.

Erinnern wir uns daran, daß die Vertiefungen einem Haus mit acht Zimmern vergleichbar sind. Halten wir uns in einem Raum des Hauses auf, können wir beschließen, einen anderen aufzusuchen, wir können aber auch bleiben. Der Beschluß, in ein anderes Zimmer zu gehen, bedeutet, den Geist dorthin zu neigen und zu lenken. Dieser Entschluß öffnet unser Bewußtsein für etwas Neues und verhindert die Ablehnung dessen, was nicht mit den Sinnen erfaßt werden kann. Der Geist ändert seine Richtung, damit er den nächsten Schritt tun kann, und wendet sich von der Unendlichkeit des Raumes der Unendlichkeit des Bewußtseins zu. Sobald die sechste Vertiefung wiederholt erlebt worden ist, erlangen wir die Erkenntnis, daß es keine Unterschiede zwischen den Menschen gibt, weil wir keinerlei Trennung mehr wahrnehmen. Damit ist die liebende Güte wesentlich leichter anzuwenden, und wir haben wieder einen Prozeß der Läuterung erlebt.

Die Einsicht in die absolute Wahrheit ist uns noch verschlossen, weil wir sie wegen unserer Ablehnungen und unseres Anhaftens nicht erkennen können. Um konzentriert meditieren zu können, müssen wir diesen Vordergrund freimachen, damit wir zum Hintergrund zu gelangen vermögen. Der Hintergrund ist nicht das Unterbewußtsein, weil wir ja genau wissen, was in der Meditation geschieht. Der Buddha ist diesen Weg gegangen und hat diese Stufen der Meditation erlebt und dann gelehrt. So wissen wir also, worum es geht, aber wir müssen jeden Schritt selbst machen. Während der

Buddha für die vier ersten Vertiefungen noch Gleichnisse gab, so hört das hier auf. Jetzt spielt der Körper keine Rolle mehr. Er wird uns erst wieder bewußt, wenn wir die Meditation abgeschlossen haben. Im unendlichen Raum und in der Erweiterung des unendlichen Bewußtseins ist der Körper nicht wahrnehmbar. Im unendlichen Raum und im unendlichen Bewußtsein besonders ausgeprägt ist das zeitweilige Erleben von «Anattā» – «Nicht-Ich» –, das Endresultat des spirituellen Weges. Es bedarf allerdings der ständigen Übung, damit wir uns dieser Erkenntnis nicht nur intellektuell, sondern auch gefühlsmäßig nähern können.

Da dieses Erleben bei weitem unserem Alltagserleben vorzuziehen ist, zeigt es sich, um wie vieles einfacher es sich ohne das «Ich» leben läßt. Anattā bedeutet nicht nur «Nicht-Ich», obwohl das die wörtliche Übersetzung ist, es bedeutet auch Substanzlosigkeit. Es ist ein gängiger Irrtum, daß sich alles nur um das «Nicht-Ich» dreht. In Wirklichkeit geht es um die Substanzlosigkeit, die in allem zu finden ist, wenn man die absolute Wahrheit betrachtet. Wir praktizieren und leben auf zwei verschiedenen Gleisen, weil es anders einfach nicht möglich ist. Wir leben in der relativen Wahrheit, die auch ganz real ist. Da hat jeder seinen eigenen Namen, ist entweder männlich oder weiblich, hat ein bestimmtes Alter, einen bestimmten Beruf und ein Aussehen, das ihn von den anderen unterscheidet. In der relativen Wahrheit existiert das alles, und hier versucht jeder, sein Glück zu finden, was aber nie recht gelingt. Auf dieser relativen Ebene existieren Blumen, Statuen, Häuser, Bäume, Gras, Wasser, Himmel, Sterne – einfach alles. Auf dieser Ebene versuchen wir uns zu läutern, Achtsamkeit zu entwickeln, liebende Güte zu praktizieren und uns zu konzentrieren. Das alles gelingt manchmal, ein anderes Mal gelingt es nicht. Aber alles, was wir lernen, hat nur den einen Zweck: uns zur absoluten Wahrheit zu führen. Dort existieren keine Einzelheiten und keine Trennungen. Dort gibt es nur etwas, von dem unsere Wissenschaftler schon seit Jahrzehnten wissen: keinen einzigen soliden Baustein – nur Energieteilchen, die zusammenfinden und wieder auseinandertreiben. Jene Wissenschaftler, die diese Tatsache erkannt haben, wären alle erleuchtet, wenn sie sich selbst in diese Erkenntnis mit einbezogen hätten. Leider waren sie nur Beobachter. Für den, der wirklich erlebt hat, was bewiesen, geschrieben und gelehrt wird, verändert sich das Weltbild. Ihn vermag nichts mehr zu bedrohen, denn was kann einem Energieteilchen schon passieren? Es kommt mit anderen Teilchen zusammen und entfernt sich wieder. So sieht die Welt auf der absoluten Ebene aus, und diese beiden Stadien der Meditation – der unendliche Raum und das unendliche Bewußtsein – helfen uns, dies zu erleben. Es ist unmöglich, nach diesem Erleben keine Veränderung zu spüren. Natürlich haben auch jene Menschen weiterhin mit der Alltagswelt zu tun, die die meditativen Vertiefungen praktizieren, denn unser Körper kann die materielle Ebene nicht transzendieren. Das vermag nur der Geist. Daher wird die Bedeutung der alltäglichen Dinge anders eingeschätzt, und das Bewußtsein, daß alles vergeht, führt uns auf eine Ebene, auf der die Anhaftung nachläßt.

Die meditativen Vertiefungen lassen uns zu der Erkenntnis gelangen, daß das «Ich» keine separate Einheit ist und daß es keinen Kern besitzt, daß es nur die ganze Schöpfung gibt. Der Sinn der Vertiefungen ist es, eine Grundlage dafür zu schaffen, daß man die Leere aller Gebilde gewahren kann. Intellektuell ist das kaum zu verstehen. Wenn man sich aber einmal vorstellt, daß es einen unendlichen Raum und ein unendliches Bewußtsein gibt, wo sich keine Abtrennungen und keine Einzelheiten mehr finden lassen, dann kann einem die absolute Leere nach und nach einleuchten. Viele religiöse und spirituelle Disziplinen können mit der absoluten Leere nicht umgehen, weil sie sie als fatalistisches Nichts betrachten. Das aber ist eine falsche Einschätzung. Herz und Geist werden nicht vollkommen leer, sondern sind von der absoluten Wahrheit durchdrungen, daß es keine Einzelpersonen gibt, sondern nur Einheit. Diese Erfahrung haben besonders die christlichen Mystiker des Mittelalters beschrieben. Es gibt viele verschiedene Wege, die zur gleichen Erkenntnis führen.

Die siebente Vertiefung wird das «Nichtsheitsgebiet» genannt. Ein einfaches Gleichnis hilft hier vielleicht, um zu verstehen, was gemeint ist: Wenn wir einen Raum betreten, sehen wir darin viele Dinge. Es sind Möbel da, Kissen, Blumen, Menschen, Vorhänge und so weiter. Und uns liegt daran, daß kein anderer unseren Platz in diesem Raum einnimmt. Dann jedoch kommen wir einmal herein, und dieser uns wohlvertraute Raum ist absolut leer. Der Raum ist weiterhin vorhanden, aber er ist leer. Das vermittelt uns ein Erlebnis der Leere. Durch unsere Praxis sind wir so weit gekommen, daß wir die Dinge nicht mehr benötigen und loslassen können. Wir brauchen an nichts mehr festzuhalten. Es kann ruhig alles leer werden.

In der meditativen Leere wird hin und wieder eine Bewegung des Sichzusammenziehens und des Sichausdehnens erlebt. Das ist die wirkliche Bewegung des Universums. Es ist ständig dabei, sich auszudehnen und sich wieder zusammenzuziehen. Das gleiche tut unser Körper, und wenn wir sehr achtsam geworden sind, können wir auch das in der Meditation erleben. Dabei handelt es sich um ein wahres und tiefes Erlebnis. Das ist auch das Geheimnis jener Menschen, die durch Mauern gehen oder sich in die Luft erheben können: Sie haben realisiert, daß es nichts weiter gibt als Energiepartikel, die zusammenkommen und wieder auseinanderfallen. Etwas anderes sind wir alle nicht. Es ist dies mit den Meereswellen zu vergleichen, von denen es ja auch kleine, mittlere und große gibt. Sie lösen sich alle auf – selbst die allergrößten.

Es ist unmöglich, die Bewußtseinsebenen der meditativen Vertiefungen zu erleben und sich nicht zu ändern. Es ist bekannt, daß unser Umfeld prägende Wirkung auf uns ausübt. Erleben wir also die meditativen Vertiefungen als erhöhte und erweiterte Bewußtseinszustände und wiederholen das oft, dann erhalten wir auch ein geändertes Bewußtsein im Alltag. Die Vertiefungen drei, fünf, sechs und sieben sind Einsichts-Vertiefungen, während die achte Vertiefung weder ins Bewußtsein noch ins Nicht-Bewußtsein führt; sie verfügt weder über Wahrnehmung, noch über Nicht-Wahrnehmung. Sie hat Ähnlichkeit mit der vierten Vertiefung, die uns neue Geistesenergie verfügbar macht. Das geschieht in der achten in noch größerem Maße. Sie hat den Beobachter so weit ausgeschlossen, daß das Erlebnis nur im nachhinein festgestellt werden kann. Die achte Vertiefung schließt die Wahrnehmung so weit aus, daß nicht einmal die unendliche Tiefe der Ruhe, die vorhanden ist, erkennbar wird.

Natürlich gibt es auch den Trancezustand. Dieser unterscheidet sich jedoch deutlich erkennbar von den Vertiefungen: Wer aus der Trance erwacht, ist todmüde, wer dagegen aus einer tiefen Versenkung herauskommt, ist hellwach und voller Energie. Im Trancezustand ist der Geist nicht einspitzig geblieben, sondern in eine nebelhafte Verdichtung getreten. Das kann einem Meditierenden, der alle Stadien absolviert, nicht passieren. Bei Menschen, die ohne jede Anleitung meditieren, ist dies allerdings möglich, denn sie wissen nicht genau, was vor sich geht.

Wer den Weg aller Vertiefungen gegangen ist, von der ersten bis zur achten, muß jeden Schritt genau kennen. Man sollte dann in der Lage sein, vor und zurück zu gehen und sogar von einer Vertiefung in eine andere zu springen. Um Meister der Jhānas zu werden, müssen Bewußtheit und Konzentration so stark sein, daß man jederzeit eintreten kann, die Dauer des Verharrens selbst bestimmt und im nachhinein ganz genau beschreiben kann, worin das Erleben bestanden hat. Der Buddha hat über die Jhānas gesagt: «Es ist unmöglich zu berechnen, wie weit der Einfluß eines Menschen reicht, der die meditativen Vertiefungen praktiziert.»

Selbst wenn ein solcher Mensch in einer Höhle sitzt und sich um nichts Weltliches kümmert, aber die Vertiefungen praktiziert, hat er starken Einfluß auf das Weltgeschehen. Die

Vertiefungen präparieren den Geist, so daß er geschmeidig und weitblickend wird und die verschiedenen Einsichtsstufen leicht verinnerlichen kann. So vermag er die absolute Wahrheit zu erleben.

F.: Wenn es nur Energieteilchen gibt, wie kann man dann Gut und Böse einordnen?

A.: Die Energieteilchen befinden sich auf der Ebene der absoluten Wahrheit, Gut und Böse auf der Ebene der relativen Wahrheit. Auf der Ebene der relativen Wahrheit, auf der wir leben, ist es meistens unser Gewissen, das uns sagt, was gut und böse ist.

F.: Woher kommt unser Gewissen?

A.: Hast du dir das Gewissen mal angeschaut? Sieh mal nach, woher es kommt. Woher kommt denn der Wunsch, etwas anderes zu erleben als das Alltägliche? Untersuch einmal, wie das entsteht. Diese Dinge gehören zum Menschen, wenn er sich erlaubt, zuzuhören, in sich hineinzuschauen, und das Innenleben für wichtiger hält als das äußere Leben.

F.: Wann stirbt das Ego?

A.: Es ist nie geboren worden, und es kann nicht sterben. Es ist die Illusion, die stirbt. Die Vertiefungen sind die Mittel zum Zweck, aber sie sind nicht der Zweck selbst. Das Ego, das uns immer Schwierigkeiten macht, haben wir uns ausgedacht. Diese Denkweise gefühlsmäßig loszulassen ist unsere Aufgabe.

F.: Was bedeutet «Buddha»?

A.: Buddha ist kein Name, sondern bedeutet «der Erwachte». Jeder Buddha entdeckt den Kern der Lehre, die vier edlen Wahrheiten mit dem achtfachen Pfad, selbst wieder. Ein Erleuchteter, der die Lehre des Buddha verwendet, wird Arahat genannt. Der Buddha war auch ein Arahat, ein Erleuchteter, aber eben auch ein Buddha.

10

Die zehnte Frucht: Einsicht, Ursache und Wirkung

Die meditativen Vertiefungen beschreibt der Buddha zuerst, weil danach der Geist erfolgreich auf die Einsicht gelenkt werden kann. Aber auch wenn uns die Vertiefungen noch nicht gelingen, genügt schon eine einigermaßen gelungene Konzentration, um die Möglichkeit zur Einsicht zu haben. In einem Gleichnis wird ein Mensch mit scharfen Augen beschrieben, der ein Juwel betrachtet, dessen Facetten vollkommen geschliffen sind und dessen Reinheit ungetrübt ist. Mit seinen ungewöhnlich scharfen Augen erkennt er einen ganz dünnen roten Faden inmitten dieses ansonsten völlig reinen Juwels. So erklärt der Buddha unsere Fähigkeit, selbst die kleinste Unreinheit zu erkennen, wenn der Geist zur Ruhe gekommen ist und dadurch ungewöhnlich geschärft wurde.

So sollten wir die durch Meditation gewonnene Konzentration stets zur Einsicht nutzen. Es kann jedoch nicht jeder den gleichen Weg gehen. Dazu gibt es eine Geschichte über Tan Achan Chah: Der ehrwürdige Lehrer Chah lehrte in Nordthailand, und viele Menschen aus dem Westen kamen zu ihm. Einer dieser kritischen Zuhörer stellte ihm einmal folgende Frage: «Wie kommt es, daß deine Ratschläge ganz verschieden lauten? Einmal rätst du zu einer bestimmten Meditation und ein anderes Mal zu einer ganz anderen. Was soll ich denn nun glauben?» Der Lehrer entgegnete: «Begegnest du einem Autofahrer, der ständig zu weit links fährt, dann wirst du ihn wohl warnen, sich mehr rechts zu halten, damit er nicht in den Graben fährt. Einen anderen, der zu weit rechts fährt, wirst du sicherlich auffordern, seinen Wagen mehr nach links zu lenken, um einen Unfall zu verhindern.» Hier soll nun der eine weiter rechts fahren, der andere dagegen weiter links. Es kommt ganz einfach darauf an, was bei einem Menschen momentan geschieht, und deshalb ist nicht eines für alle gut.

Der Geist wird jedoch durch Konzentration und vor allem durch die Vertiefungen so geschärft, daß er Zusammenhänge erkennt, die er normalerweise nicht erkennen würde und die er sonst sogar ablehnen würde. Daher erklärt der Buddha in seinen Lehrreden stets zuerst die Vertiefungen und erst danach die Einsicht. Die Schritte der Einsicht folgen einander stufenweise, variieren in der Praxis aber doch so, daß manchmal frühe Einsichten übersprungen werden. Der Begriff «Einsicht» besitzt eine besondere Qualität in den Erklärungen des Buddha. Er bedeutet nicht nur «in sich selbst oder in etwas hineinsehen», nicht nur «etwas verstehen», er bedeutet: Anicca, Dukkha und Anattā – Unbeständigkeit, Unerfülltheit oder Unzufriedenheit, generell Leid und Substanzlosigkeit. Diese drei Daseinsmerkmale werden unter dem Begriff «Einsicht» zusammengefaßt, wobei jede einzelne dieser Qualitäten alle anderen mit einschließt. Hat man eine durchschaut, kennt man alle drei.

Es steht also jedem frei, welches dieser Merkmale er sich zur näheren Untersuchung vornimmt. Ein Mensch, der ein vertrauensvolles und daher liebendes Herz besitzt, wird wenig Angst vor der Unbeständigkeit empfinden und sie zuerst untersuchen. Ein analytischer Mensch wird zuerst die Substanzlosigkeit untersuchen, und jemand, dem die Konzentration leichtfällt – wunderbarerweise gibt es auch solche Menschen –, wird zuerst Dukkha oder das Leid betrachten. Eine der wichtigsten Einsichtsmethoden ist das Erkennen der fünf Anhaftungsgruppen oder Khandhas, bestehend aus: 1. dem Körper, 2. dem Sinnesbewußtsein, 3. dem Gefühl, 4. der

Wahrnehmung, 5. geistigen Formationen und Reaktionen (den Gedanken). Der Buddha hat erklärt, wir bestünden aus diesen fünf Teilen – es gebe nichts anderes. Das müssen wir weder einfach glauben noch ablehnen – wir sollten es überprüfen. Dabei müssen wir wissen, daß Glaube auf Gier basiert und Ablehnung auf Haß. Wenn wir unbesehen etwas glauben, dann ist insofern die Gier im Spiel, als wir es uns möglichst einfach machen wollen. Wir glauben und schließen uns der Meinung Gleichgesinnter an. Damit ersparen wir uns die Unbequemlichkeit einer Analyse.

Leichter zu durchschauen ist der Zusammenhang von Ablehnung und Haß. Wenn wir etwas ablehnen, wollen wir nichts davon wissen. Wir brauchen es nicht und verdammen von vornherein, ohne wissen zu wollen, was wir da verdammen. Der Buddha hat uns empfohlen, den mittleren Weg zu wählen – den der Überprüfung. Ein Mensch, der leicht glaubt – ein Leichtgläubiger – hat es leichter, weil er auch leicht liebt, dagegen hat es jener schwerer, der leicht ablehnt, weil er auch leicht haßt. Dennoch hat der ablehnende Mensch einen Vorteil. Er wird in seinem Inneren ein ungemütliches Gefühl bemerken, das ihn dazu bringt, doch einmal genauer hinzusehen, um die Wahrheit herauszufinden. Der Leichtgläubige fühlt sich recht behaglich und wird diesen Drang nach Wahrheit nicht verspüren.

Bei der Untersuchung der fünf Anhaftungsgruppen werden wir feststellen, daß der Ausdruck «Gruppe» entgegen unseren sonstigen Erfahrungen, nichts Solides bezeichnet. Unser Körper, der sich ja fest und solide anfühlt, ist nichts anderes als eine Anhäufung zusammenkommender und auseinanderfallender Bewegungen. Wäre es nicht so, müßten wir für alle Zeit so bleiben, wie wir geboren wurden – ohne Veränderung und ohne Entwicklung. Alles ist ständig in Bewegung, wie wir zwar wissen, was uns aber nicht kümmert. Konzentrieren wir uns jedoch einmal darauf, dann werden wir diese Bewegung in uns spüren. Dem gleichen Irrtum unterliegen wir bei unseren Geistesqualitäten. Auch die Sinneswahrnehmungen scheinen vollkommen und einmalig zu sein. Wir sehen, wir hören, wir schmecken und riechen. In Wirklichkeit handelt es sich hier um Wellenbewegungen, wie es beim Radio und Fernsehen der Fall ist. Trifft beispielsweise unser Auge auf ein Sehobjekt, beginnt das eigentliche Sehen. Wir kommen nie auf die Idee, daß es sich hier nicht um die Aktion des Auges handelt, sondern um ein ständiges Auf und Ab winziger Teilchen. Das ist wissenschaftlich nachgewiesen, und wir könnten uns ganz leicht kundig machen, wenn wir wollten. Mit dem Hören verhält es sich ebenso. Es gibt keine Möglichkeit soliden Hörens.

Der Buddha hat uns empfohlen, unsere Achtsamkeit zu stärken und Gleichmut zu entwickeln, damit die Dinge in einem anderen Licht erscheinen können. Das Licht, in dem wir uns selbst sehen, und die Qualität, die wir von uns kennen, ist Solidität. Unser Körper ist anscheinend eine solide Masse, die sehen, riechen, hören, schmecken und tasten kann. Diese Sinneswahrnehmungen schenken uns dann Gefühle – angenehme und unangenehme –, auf die wir reagieren müssen. Wollen wir Einsicht gewinnen, so müssen diese Zusammenhänge klar erkannt werden, um jegliches Leiden, das unsere Existenz beinhaltet, ablegen zu können. Wir müssen erkennen, woraus wir bestehen. Das können wir nur, wenn wir uns dieser Einsicht nähern. Dann können wir in uns aufnehmen, daß es im Universum nichts anderes gibt als Bewegung. Haben wir das erfahren, können wir unsere Reaktionen im Gleichmaß halten, in einem Gleichmaß des Geistes, wo kein Überschwang und keine Depression mehr die Oberhand bekommt. Im Alltag handeln wir wie bisher, aber die Reaktionen haben sich verändert. An dieser Eigenschaft erkennen wir andere Praktizierende. Dieses Gleichmaß des Geistes darf keinesfalls mit Gleichgültigkeit verwechselt werden. Weil sie sich ähneln, wird die Gleichgültigkeit der «nahe Feind» genannt.

Bei der Untersuchung der fünf Khandhas werden uns wahrscheinlich die Geistesformationen die größten Schwierigkeiten machen. Sind diese solide, oder sind sie ständig in Bewegung? Sind sie Freude oder Leid? Wo sitzt eigentlich das «Ich»? Die Untersuchung des «Ich», das ja in den Geistesformationen enthalten sein soll, ist für analytisch veranlagte Menschen besonders interessant. Wenn wir uns vor Augen halten, daß wir seit unserer Geburt schon Millionen von Geistesformationen gehabt haben, muß sich dieses «Ich» ja von Sekunde zu Sekunde ändern. Dann kann es unmöglich solide sein. Wie sieht denn dann dieses veränderliche «Ich» aus? Wo ist es zu finden? Diese wichtigen Fragen müssen wir meditativ erfassen, denn der Intellekt findet unzählige Argumente – dafür und dagegen.

Jede dieser fünf Gruppen verfügt über die gleichen Eigenschaften: entstehen und vergehen. Gerade die Vergänglichkeit der Geistesformationen wird uns ins Auge fallen, wenn wir sie untersuchen. Wir wissen, es war da etwas Wichtiges, und wir bemühen uns sehr, uns daran zu erinnern, was es war. Wir bedauern, daß wir es nicht niedergeschrieben haben – es war doch so wichtig! Das macht ganz deutlich, wie diese Geistesformationen ständigem Verfall unterliegen. Ein Geist, der durch Meditation und Konzentration schon ein wenig zur Ruhe gefunden hat, kann diese Vergänglichkeit und den ständigen Verfall akzeptieren, weil sie in der Meditation deutlich erkennbar werden. Alles verrinnt.

Die Untersuchung der fünf Anhaftungsgruppen hilft uns dabei, loszulassen. Loslassen ist die Hauptqualität des spirituellen Lebens. Je mehr wir anhaften, desto materieller sind wir. Anhaftung ist die materielle Eigenschaft des Haben- und Behaltenwollens. Dagegen ist Loslassen eine spirituelle Eigenschaft, die wir im großen wie im kleinen praktizieren können. Eines Tages können wir vielleicht sogar das loslassen, was wir als «Ich» bezeichnen. Wir werden dazu gezwungen, ob wir wollen oder nicht. Auf dem Totenbett müssen wir das «Ich» aufgeben. Wollen wir es dann auch noch nicht, werden wir einen leidvollen Todeskampf haben.

Diesen Kampf sollten wir jetzt ausfechten, im Vollbesitz

unserer geistigen und körperlichen Kräfte, indem wir durch die verschiedenen meditativen Stadien das Loslassen lernen. Es wird gesagt, daß, wenn wir damit schon geübt sind, der Augenblick des Todes uns die letzte Lernsituation vor Augen führt, die ganz besonders erfolgreich sein kann. So gilt es also, diese fünf Khandhas zu untersuchen. Selbst wenn manche Fragen im Moment noch nicht beantwortet werden, ist es hilfreich, sie zu stellen, weil dadurch etwas von diesem Absolutheitsdenken, dem wir unterliegen, losgelassen werden kann, das uns immer wieder dazu verleitet, unseren Wünschen zu glauben, und das besagt: Ich will es ja nur ein wenig angenehmer haben und wenn ich es etwas klüger anpacke und ein bißchen geschickter vorgehe, wird das schon klappen. So lautet die eigene Ansicht und die der ganzen Welt. Alles nur Illusion! Nichts wird werden, was wir nicht innerlich erfahren, erkannt und selbst erarbeitet haben. Dieses Erarbeiten ist das Faszinierendste, was uns dieses Leben bieten kann, und führt außerdem zu großem Gewinn, wie der Buddha auch dem König erklärt, der wissen will, welche Vorteile das spirituelle Leben hat.

Natürlich ist die körperliche Arbeit notwendig, um unseren Körper am Leben zu erhalten, aber dem Geist Klarheit zu verschaffen ist unvergleichlich viel wertvoller. Dadurch werden wir einen Bereich betreten, in welchem wir die alltäglichen Aufgaben des Lebens nur noch als Nebenarbeiten betrachten, so, wie wir es auch nicht für unsere Hauptaufgabe halten, uns morgens zu waschen und die Zähne zu putzen.

Die Lehre des Buddha wird manchmal die Lehre von Ursache und Wirkung oder die Lehre der Analyse, meist aber der mittlere Weg genannt. Dieser mittlere Weg ist stets ein Balanceakt, den einem niemand abnehmen kann. Ursache und Wirkung haben mehrere Bedeutungen. Der erste Bezug zu den fünf Khandhas ist die Tatsache, daß wir feststellen können, weshalb sie entstehen, was ihre Ursache und was ihre Wirkung ist. Die Ursache dessen, daß der Körper existiert, war unser dringender Wunsch, als Mensch auf der Erde zu sein – die Begierde des Seins. Diese können wir an allen Pflanzen und Bäumen feststellen. In Kalifornien gibt es eine Montereytanne, die ganz allein auf einem Felsen wächst, der im Wasser steht. Wie weit mußte dieser Baum seine Wurzeln ausschicken, um sein Leben zu ermöglichen. Wir nennen das Lebensenergie oder Lebenskraft. Der Buddha hat es die «Begierde des Seins» genannt. Wir wollen sein, und so kommen wir hierher. Wir kommen als Wiedergeburtsbewußtsein zur Empfängnis. Darum dürfen wir auch unseren Eltern keinerlei Vorwürfe machen, denn wir haben sie uns selbst ausgesucht. So erklärt es der Buddha.

Wir müssen verstehen, daß wir von einem Bewußtsein beherrscht werden, das am Leben bleiben will, das zum Leben zurückkehren will und sich daher behauptet hat. Das ist die auslösende Ursache dieses Körpers. Zu den näheren Ursachen des Körpers gehören die Nahrung und die Fürsorge, die wir ihm angedeihen lassen müssen. Werden wir sehr dünn, haben wir nicht genug gegessen, und wenn wir zu dick werden, haben wir des Guten zuviel getan. Funktioniert etwas im Körper nicht richtig, fühlen wir Schmerzen. So ist alles auf Ursachen aufgebaut. Das gleiche gilt für die vier Teile des Geistes.

Durch den Körper als Ursache haben wir als Wirkung die fünf Sinne. Wenn das Auge normal funktioniert, haftet es an Sinnesobjekten an. Wäre das Auge krank oder würde nur Grau in Grau um uns herum herrschen, dann würde das Auge nichts sehen. Sind aber Sehobjekte vorhanden und ist das Auge gesund, so entsteht das Sehen als die Wirkung dieser Ursachen. Aus dem Sehen als Ursache wiederum entsteht als Wirkung das Gefühl. Das ist nicht leicht zu erkennen, aber wenn wir uns darauf konzentrieren, was für ein Gefühl zum Beispiel eine schöne Blume auslöst, dann werden wir feststellen können, daß es sich um ein angenehmes Gefühl handelt. Der Körper basiert also auf der Begierde des Seins. Gefühl entsteht durch Sinneskontakte, und darauf folgt die Wirkung, daß die Wahrnehmung erkennt und benennt. Das ist dann Ursache für Reaktionen, wie zum Beispiel: Ob die Blume einen Namen hat – ob sie zu kaufen ist? Wahrscheinlich wird sie sehr teuer sein, und wir können sie uns gar nicht leisten. Das führt weiter zur Sparkasse, weil wir dort ein Konto haben. Diese Gedankengänge lösen dann wieder Gefühle aus, so daß wir uns in einem ständigen Kreislauf von Ursache und Wirkung bewegen. Wenn wir das untersuchen, werden wir eines Tages wohl die Wirkungen weiterhin spüren, aber mit ihnen nicht mehr zufrieden sein und daher die Ursachen in andere Bahnen leiten.

Es existiert noch eine andere Ursache-und-Wirkung-Kombination, die es zu untersuchen gilt: das Kamma. Der Buddha hat es so ausgedrückt, daß Kamma die Absicht ist. Wörtlich übersetzt bedeutet Kamma eigentlich Handlung. Das hat der Buddha aber spezifiziert, indem er deutlich macht: Kamma ist nicht nur die Handlung – es ist die absichtliche Handlung. Deren Resultat nennen wir in unserem Sprachgebrauch auch Kamma, obwohl das an sich nicht richtig ist, denn dadurch haben wir nur ein Wort für Ursache und Wirkung. Dieses Naturgesetz zu untersuchen ist von größter Wichtigkeit. Man darf auf keinen Fall dem Irrtum verfallen, Kamma sei nur das, was in einem früheren Leben einmal geschah, als wir persische Tänzerinnen, ägyptische Pharaonen oder römische Soldaten waren. Das ist die Vergangenheit, die unwiderruflich vorbei ist.

Kamma als Ursache und Wirkung kann nur im jetzigen Leben untersucht werden. Was das derzeitige Geschehen in einem späteren Leben für Auswirkungen haben wird, ist ebenfalls völlig unwichtig, denn alles, was existiert, ist der gegenwärtige Moment. Das einzige Leben, das wir je haben können, ganz egal, was passiert, ist dieser eine Moment. Die Vergangenheit ist Erinnerung, und die Zukunft ist Hoffnung. Das, was wir wirklich erleben, ist dieser Moment – jetzt –, und schon ist er vorbei, und der nächste ist auch schon vorbei. Wenn wir nicht aufpassen, gehen sie alle vorbei, und wir fragen uns am Ende: Was habe ich eigentlich die ganze Zeit über gemacht, sechzig, siebzig, achtzig Jahre lang? Es geht also darum, diesen einen Moment zu leben und Kamma als Ursache und Wirkung jetzt zu verstehen. Auch hier können wir die Zusammenhänge nur schwer erkennen, weil, wie der Buddha sagte, das Kamma verknüpft ist wie ein Spinnennetz, an dem wir weder Anfang noch Ende erkennen können. Wir können uns aber der Erkenntnis öffnen, daß wir uns nicht wohl fühlen, wenn wir einen negativen Gedanken haben und festhalten. Also müssen wir ihn fallenlassen, denn er ist die Ursache für unsere unangenehmen Gefühle. Haben wir das begriffen, dann wird klar, daß wir die Eigentümer unseres Kammas sind. Dann werden wir auch nie mehr jemand anders die Schuld an dem geben, was uns passiert.

Alles, was ein anderer tut, ist dessen Kamma, an dem wir überhaupt nichts ändern können. Wir haben unser eigenes, und es hängt einzig und allein von unserem Denken und Tun ab. Beschimpft uns jemand, ist es so, als ob er glühende Kohlen aufnähme, um sie nach uns zu werfen. Dann liegt es nur an uns, ob wir uns treffen lassen oder ob wir ausweichen. Sich selbst hat der Betreffende auf jeden Fall Schmerz zugefügt. Darauf hatten wir keinen Einfluß. Aber um uns selbst schlechtes Kamma zu ersparen, sollten wir immer mit Mitgefühl reagieren für jeden, der sich selbst schadet. Niemand kann einen anderen davor bewahren, schlechtes Kamma auf sich zu laden. Das einzige, was wir tun können, ist dies: nie jemanden dazu verlocken, sich schlechtes Kamma einzuhandeln. Das ist mit einem Autofahrer vergleichbar, der sein Auto ausgeraubt wiederfindet, weil er es nicht abgeschlossen hat. Daher bekommt er von seiner Versicherung keinen Ersatz, denn er hat den Dieb geradezu angelockt. Wir schaffen ununterbrochen Kamma – außer wenn wir schlafen. Manchmal handelt es sich um neutrales, meist aber um gutes oder schlechtes Kamma. Ist uns das ganz klargeworden, fangen wir an, vorsichtig zu werden.

Wir müssen Kamma auf zwei Ebenen betrachten: Ein Mensch, der die «Ich»-Illusion abgelegt hat, kann kein Kamma mehr schaffen. Aber jeder, der die Illusion noch mit sich herumträgt, erzeugt Kamma, denn er glaubt ja, daß er selbst denkt, spricht und handelt. Wie weit altes Kamma Auswirkungen auf uns hat, wissen wir nicht, aber daß es welche hat, ist klar, sonst würden wir nicht einer bestimmten Gruppe von Menschen angehören, in gerade diesem Land leben, ausgerechnet diesen Beruf ausüben, und so weiter. Im einzelnen über diese Zusammenhänge Bescheid zu wissen ist nicht wichtig. Viel bedeutender ist es, zu wissen, daß wir die freie Wahl haben, ob wir nun Gutes oder Böses tun wollen. Diese freie Wahl ist deshalb so wichtig, weil sie uns die Möglichkeit eröffnet, den spirituellen Weg zu gehen. Kamma ist eine unpersönliche Qualität – weder Strafe noch Belohnung, sondern allein Ursache und Wirkung.

Werden wir aggressiv und greifen jemanden an, dann ist damit zu rechnen, daß sich der Betreffende wehrt. Sind wir dagegen liebevoll, können wir mit einiger Sicherheit annehmen, daß wir ähnlich behandelt werden. Wir werden also nicht belohnt oder bestraft, sondern wir sind die Urheber der Wirkungen, die wir selbst in die Wege leiten. Es ist nicht einfach, die Unpersönlichkeit des Kammas zu verstehen, denn jeder von uns kennt Menschen, die ganz üble Charaktere besitzen und denen es dennoch gutgeht, und andere, die sehr liebenswert und hilfreich sind und ständig in Schwierigkeiten stecken. Das betrachten wir natürlich als Ungerechtigkeit und mögen sogar zu dem Urteil gelangen, daß das Universum von Chaos beherrscht wird. Das stimmt nicht. Das können wir schon daran erkennen, daß die Nacht dem Tag folgt, daß sich die Erde ganz gleichmäßig und unaufhaltsam dreht, daß alles, was geboren wird, auch sterben muß. Lediglich unser Verständnis ist chaotisch. Kamma ist ein ganz klarer Ablauf von miteinander verbundenen Ursachen und Wirkungen.

Der Buddha hat Kamma mit folgendem Gleichnis erklärt: Gibt man einen Teelöffel Salz in eine Tasse Wasser, dann wird dieses ungenießbar. Schüttet man diesen Teelöffel Salz aber in den Ganges, so ändert das am Flußwasser gar nichts. Gibt man also einen Teelöffel schlechtes Kamma in eine Tasse guten Kammas, dann passiert ein Drama. Gibt man aber diesen Teelöffel in einen ganzen Fluß guten Kammas, dann wird kein Unterschied zu bemerken sein. Daher rührt, was uns als Ungerechtigkeit erscheint, aber dennoch nur ein folgerichtiger Ablauf von Ereignissen ist.

Wir verfügen über die Möglichkeit, unsere Gedanken, Worte und Taten immer wieder auf ihre Qualität hin zu untersuchen. Selbstlosigkeit bringt stets gutes Kamma. Leider ist unsere Motivation nicht immer rein und selbstlos, wenn wir etwas Gutes tun. Das müssen wir auch untersuchen, damit wir uns nicht selbst belügen. Immerhin ist es für alle Seiten besser, wenn wir etwas Gutes tun, selbst wenn die dahintersteckende Absicht nicht vollkommen selbstlos ist. Sobald wir erkennen, daß es uns leichter ums Herz wird, je mehr Gutes wir tun, desto leichter wird unser Leben und desto klarer unser Denken.

Wir leben im Kreislauf von Ursache und Wirkung, und wenn wir einen ersten Schritt planen, um diesen ewigen Kreislauf zu verlassen, so müssen wir aufhören, auf unsere Gefühle zu reagieren. Das klingt einfach – ist es aber ganz und gar nicht. Wir müssen es immer und immer wieder versuchen und vor allem: Wir müssen uns daran erinnern. Wenn es uns gelingt, auf Gefühle nicht zu reagieren, dann haben wir dem Haß und der Gier Einhalt geboten.

Diese beiden machen uns das Leben unendlich schwer, vor allem, weil sie sich oft so gut verkleiden, daß wir sie gar nicht erkennen. Diese beiden sind unsere Feinde, auch wenn sich die Gier oft auf recht hübsche Art und Weise zeigt. Der Haß bleibt natürlich immer häßlich, aber er besitzt die starke Waffe der Rechtfertigung. Haben wir erst einmal die Bösartigkeit dieser beiden Gesellen erkannt, werden wir sie immer wieder hinauswerfen aus unserem Herzen, damit sie es nicht noch länger vergiften können.

Je mehr Einsicht wir in die Ich-Illusion gewinnen, desto

leichter ist es, dem Haß und der Gier die Tür zu weisen, denn diese beiden sind Wirkungen der Ich-Illusion. Sie sind aus der Ich-Illusion entstanden, und je kleiner diese Ursache wird, desto kleiner werden auch die Wirkungen.

11

Die vier höchsten Emotionen: Liebe, Mitgefühl, Mitfreude und Gleichmut

Unsere meisten Probleme betreffen die zwischenmenschlichen Beziehungen, so wie es auch bei König Ajātasattu der Fall gewesen ist. Darum richten wir unser Augenmerk noch einmal auf die vier göttlichen Verweilungsstätten, in Pali *brahmavihāras* genannt, die aus liebender Güte, Mitgefühl, Mitfreude und Gleichmut bestehen.

Würden wir lediglich über diese vier Emotionen verfügen, dann besäßen wir das Paradies auf Erden. Leider ist das nicht der Fall, und darum dürfen wir nur ganz selten einmal ein paradiesisches Gefühl erleben. Die meiste Zeit plagen wir uns mit Schwierigkeiten in der Familie, im Freundeskreis und am Arbeitsplatz. Ständig erzählt unser Geist uns, was ihm alles nicht paßt, und meist findet er eine Person, die schuldig ist, die uns stört, die nicht so will, wie wir wollen. Aber erinnern wir uns: In dem Moment, in dem ein anderer etwas sagt oder tut, handelt es sich ganz allein um sein Kamma. Erst eine negative Reaktion unsererseits schafft unser eigenes Kamma. Solange wir diese Tatsache nicht voll und ganz akzeptiert haben, werden wir immer wieder negatives Kamma schaffen. Es ist einfach nicht möglich, daß die ganze Welt sich nur nach unserem Behagen richtet, und die Menschen schon gar nicht.

Solange wir negativ reagieren, ist es nur logisch, daß die negativen Resultate nicht auf sich warten lassen. Dies können wir meist gar nicht oder nur schwer nachvollziehen. Woran liegt das? Einzig und allein an mangelnder Praxis. Je länger wir praktizieren, desto einfacher wird es. Wenn wir erst einmal merken, wie sehr wir uns selbst schaden mit negativen Reaktionen, wird der Gedanke nicht mehr lange auf sich warten lassen, daß es doch närrisch ist, sich selbst Schaden zuzufügen. Und mit diesem Bewußtsein können wir dann daran gehen, unsere Reaktionen achtsamer zu betrachten und Schritt für Schritt zu ändern.

Natürlich können wir auch dabei bleiben, daß nur die anderen Schuld haben und können uns selbst bedauern. Aber diese Verhaltensweise führt immer tiefer in Dukkha. Selbstmitleid bedeutet genau das, was es aussagt: Wir leiden an uns selbst. Und wir sind weit davon entfernt, zu erkennen, daß dieses Leiden ganz allein von uns selbst herrührt.

Es gibt tatsächlich nichts Logischeres und Vernünftigeres, als zu erkennen, daß das Äußere nicht das geringste mit dem zu tun hat, was in unserem Inneren vor sich geht. Aber immer wieder glauben wir, daß die Welt einen Pfeil auf uns abgeschossen hat, der uns trifft. Natürlich liegt das daran, daß wir unser «Ich» beschützen wollen. Das haben wir leider auch nicht richtig verstanden. Es existiert wohl ein Schutz für das «Ich», aber wir können ihn nicht bei anderen Menschen finden, die uns lieben, anerkennen, verstehen oder bewundern sollen und uns außerdem noch zu bestätigen haben, wie wertvoll wir doch sind. Leider klappt das nicht. Das haben wir wohl alle schon erlebt. Sobald wir erkannt haben, daß es einzig und allein darauf ankommt, daß wir selbst lieben und andere anerkennen, beginnen wir, wirklich zu praktizieren. Schenkt uns jemand Gegenliebe, dann ist das wunderbar. Es ändert aber nicht das geringste an unserer eigenen Liebesfähigkeit.

Das ist es, was wir unbedingt begreifen müssen: Wer liebt da eigentlich – ich oder der andere? Liebe ich selbst, dann verfüge ich über eine gewisse Reinheit des Herzens. Ist diese Liebe jedoch abhängig von irgendwelchen Personen oder Situationen, dann fälle ich Urteile und teile ein in jene, die meiner Ansicht nach liebenswert sind, und in jene, die es nicht sind. Und selbst wenn einer, den ich als liebenswert erachtet habe, auch nur eine einzige Reaktion zeigt, die mir nicht gefällt, ist dieser Mensch für mich erledigt, weil ich ihn aus meinem Register der Liebenswerten streiche. Die Gedanken werden dann in etwa so lauten: «Wie habe ich mich in diesem Menschen geirrt. Ich dachte, das sei ein ganz wunderbarer Mensch, und jetzt schau mal, was der gemacht hat!» Wir verhalten uns wie ein Richter, der andauernd Urteile fällt. Die meisten Urteile lauten auf «lebenslänglich», damit uns all die Verurteilten bloß nicht mehr nahekommen können. Es ist offensichtlich, daß ein solches Verhalten unmöglich Ruhe und Frieden vermitteln kann, und dennoch ist es uns allen ungeheuer geläufig.

Wir alle suchen die heile Welt, aber die kann nur im eigenen Herzen existieren, und dafür müssen wir unsere Herzensfähigkeiten so entwickeln, daß wir unabhängig lieben lernen. Das bedeutet, daß wir unser Herz immer mehr läutern und von Negativem befreien und es mehr und mehr mit Liebe anfüllen. Je mehr Liebe ein Herz beinhaltet, desto mehr kann es davon ausströmen. Was uns zurückhält, ist einzig und allein unser denkender, urteilender Geist. Erziehen wir also unser Herz dazu, daß es liebt, dann wissen wir, wie es ist, Liebe zu empfinden. Wir brauchen dann niemanden mehr, der uns liebt, denn wir haben genug Liebe im eigenen Herzen. Damit sind wir unabhängig von den Emotionen anderer geworden, und das schenkt uns Sicherheit. Abhängigkeit führt zu Unsicherheit, da wir nie genau wissen können, was passieren wird. Dem anderen kann alles mögliche einfallen. Er kann uns lieben oder damit aufhören. Er kann bei uns bleiben oder fortgehen. Er kann sterben oder am Leben bleiben, freundlich sein oder mißgelaunt. Das alles ist ungewiß, und wir sind verunsichert. Deshalb wollen wir, daß alles so bleibt, wie wir es für annehmbar erachten, und genau dieses Wollen ist die Ursache für Dukkha – für Leiden.

Solange wir von einem anderen erwarten, daß er etwas tut,

das uns zusagt, so lange werden wir leiden, weil wir etwas haben wollen und es möglicherweise nicht bekommen. Zwischenmenschliche Beziehungen sind keineswegs nur in der Partnerschaft oder der Familie schwierig, sondern überall, wo Menschen zusammenkommen. Das liegt an unserem inneren Richter. Solange wir das «Ich» in uns verspüren, ist es nicht möglich, daß unsere Ansichten jederzeit mit denen anderer Menschen übereinstimmen, weil jeder auf seine Art auf Sinneseindrücke reagiert. Beispielsweise liegen in einem Vorgarten einige Steine, von denen einer behauptet, daß sie wunderbar an diese Stelle passen und daß alles sehr geschmackvoll arrangiert wurde. Ein anderer dagegen ist entsetzt und fragt sich, was das wohl für Menschen sind, die Steine vor ihr Haus legen. Um diese Steine könnte ein Streit entstehen, so absurd das klingt.

Es ist also unmöglich, daß wir alle gleicher Meinung sind, denn das «Ich», das jeder hegt und pflegt, färbt und verfärbt alles. Da sind Erinnerungen, Erfahrungen, die Umstände, unter denen wir aufgewachsen sind, berufliche Prägungen und die Menschen in unserem Umfeld, die unsere Ansichten beeinflussen. Wollen wir nach jenen suchen, die einer Meinung mit uns sind, und nur diese anerkennen, dann bleibt unsere Liebesfähigkeit sehr gering.

Es kommt also nur darauf an, das eigene Herz zur Liebe hinzuneigen, denn der Mensch, der liebt, ist von Natur aus auch liebenswert. Lieben wir jedoch nur deshalb, weil wir liebenswert sein wollen, dann unterliegen wir dem Irrtum, daß wir bei unserem Tun Resultate erwarten. Ist eine Handlung es wert, ausgeführt zu werden, dann verliert sie diesen Wert nicht, ganz gleich, ob Resultate erzielt werden oder nicht. Wir lieben nicht, um anderen einen Gefallen zu erweisen oder um etwas zu erreichen. Wir lieben um der Liebe willen, und damit erreichen wir, daß unser Herz mit Liebe gefüllt ist. Und je voller es wird, desto weniger Platz bleibt für Negativitäten.

Der Buddha hat empfohlen, man solle alle Menschen betrachten wie die eigenen Kinder. Alle Menschen so zu lieben, als ob man ihre Mutter wäre, ist ein hohes Ideal. Aber jeder kleine Schritt auf dieses Ziel zu hilft uns bei der Läuterung des Herzens. Der Buddha hat auch erklärt, wir alle seien schon so oft hier gewesen, daß es sehr leicht möglich sei, daß wir all den vielen Menschen tatsächlich schon Mutter waren. Hält man sich diese Tatsache vor Augen, ist es viel leichter, auch mit jenen Menschen auszukommen, die einem nicht liebenswert erscheinen.

Beobachten wir uns selbst sehr aufmerksam – und das ist ja der Zweck der Achtsamkeit –, dann werden wir feststellen, daß wir selbst auch nicht hundertprozentig liebenswert sind. Wir werden auch merken, daß wir mehr Menschen nicht liebenswert finden als umgekehrt. Auch das kann kein Glück bringen. Wir sollten daher versuchen, das in das Gegenteil zu verwandeln und immer mehr Menschen liebenswert zu finden. Wir müssen es machen wie jede Mutter: Sie liebt ihre Kinder, obwohl sich diese manchmal recht schlecht benehmen. Dieses Verhalten können wir uns als Ziel setzen und als unseren Übungsweg erkennen. Diese Art der Liebe hat der Buddha *mettā* genannt. Sie ist nicht identisch mit dem, was wir als Liebe bezeichnen. Das Wort «Gier» heißt in Pali *lobha* und klingt ähnlich wie das deutsche Wort Liebe, und weil sich die ganze Welt um Habenwollen dreht, interpretieren wir auch die Liebe in dieser Weise. Das ist aber keine Liebe, denn Liebe ist Gebenwollen. Habenwollen ist absurd, wenn wir an Liebe denken, und dennoch haben wir die Liebe dazu degradiert. Obwohl ein liebendes Herz ohne Wünsche und Begrenzungen die Welt in ihrer Reinheit und Schönheit erschließt, haben wir von dieser uns innewohnenden Fähigkeit keinen oder wenig Gebrauch gemacht.

Der ferne Feind der Liebe ist natürlich der Haß, das ist leicht zu erkennen. Der nahe Feind der Liebe jedoch ist Anhänglichkeit und Anhaften. Anhänglichkeit hört sich nett an, so, als wäre es etwas Gutes. Betrachten wir diesen Ausdruck aber etwas näher, so sehen wir, daß wir uns anhängen.

Wir stehen nicht auf eigenen Füßen und schenken Liebe, sondern wir hängen uns an jemanden an. Oft ist es dann so, daß es demjenigen, bei dem wir uns anhängen, gar nicht angenehm ist und daß er diesen Anhänger gern loswerden würde, denn er kann ja eine Last sein. Und dann ist die Verwunderung groß, daß die Liebesbeziehung nicht funktioniert – man war doch so anhänglich! Anhänglichkeit wird deshalb der nahe Feind genannt, weil sie der wirklichen Liebe ähnlich zu sein scheint. Der große Unterschied zwischen beiden ist das Habenwollen, das die Anhänglichkeit auszeichnet.

Dieses Habenwollen ist immer wieder das Ende der Liebe. Die wahre und reine, soviel besungene und bedichtete Liebe bedeutet, daß wir sie ohne Bewertung aus unserem Herzen weitergeben und verschenken können. Dabei müssen wir aufpassen, daß wir die Negativitäten erkennen, die uns innewohnen. Deren Ursachen suchen wir ja immer außerhalb von uns selbst. Aber dort sind sie nicht. Sie liegen stets in unserem Inneren und verdunkeln unser Herz. Es heißt also: Erkennen, nicht tadeln, ändern! Wir müssen immer wieder das Negative durch das Positive ersetzen. Wenn gerade niemand da ist, dem wir Liebe schenken können, dann heißt das noch lange nicht, daß nun keine Liebe existiert. Die Liebe, die das eigene Herz erfüllt, ist die Grundlage für Selbstvertrauen und Sicherheit, die uns helfen, vor anderen Menschen keine Angst zu haben. Diese Angst ist darauf zurückzuführen, daß wir uns unserer eigenen Reaktionen nicht sicher sind.

Begegnen wir nämlich jemandem, der uns keine guten Gefühle entgegenbringt, dann fürchten wir schon eine entsprechende Reaktion von unserer Seite und weichen solchen Situationen lieber von vornherein aus. Ist aber das Herz voller Liebe, dann wird uns das nicht passieren, weil wir wissen, daß unsere Reaktion total liebevoll sein wird. Angst wird unnötig, wenn wir ganz klar erkannt haben, daß jeder der Schöpfer seines eigenen Kammas ist. Dieses Liebesgefühl, das nicht nur auf einen Menschen gerichtet ist, sondern eine Grundlage unseres Innenlebens bildet, ist eine wichtige Hilfe bei der Meditation, denn erst dadurch wird wirkliche Hingabe möglich.

Die zweite der vier göttlichen Verweilungsstätten – der höchsten Emotionen – ist das Mitgefühl, dessen ferner Feind die Grausamkeit ist und dessen naher das Mitleid. Dieser Ausdruck sagt es deutlich: mit-leiden. Das ist genauso falsch anderen gegenüber wie gegenüber sich selbst. Mit-leiden kann dem anderen ja keine Hilfe geben. Wenn uns jemand sein Herz ausschüttet und wir ihn bemitleiden, dann leiden zwei anstelle von einem. Schenken wir ihm statt dessen unser Mitgefühl, dann helfen wir ihm dadurch. Es ist sehr wichtig, für sich selbst und die eigenen Schwierigkeiten Mitgefühl zu entwickeln, denn das ist die Voraussetzung dafür, daß wir dies auch anderen gegenüber tun können. Wenn uns nun jemand nicht liebevoll begegnet, wird es leichter für uns sein, diesem Menschen Mitgefühl zu schenken statt Liebe. Das ist deshalb leichter, weil wir ja wissen, daß derjenige, der uns nicht liebevoll entgegenkommt, ärgerlich oder wütend ist, ganz bestimmt unglücklich ist. Wäre er nämlich glücklich, dann könnte er nicht wütend oder ärgerlich sein. Dieses Wissen um das Unglück des anderen erleichtert es uns, Mitgefühl aufzubringen, besonders dann, wenn wir das auch in bezug auf unser eigenes Unglücklichsein schon geschafft haben.

Leider gehen wir mit unserem eigenen Dukkha oft ganz falsch um. Statt es zu erkennen und uns selbst Mitgefühl entgegenzubringen, versuchen wir, unserem Kummer so schnell wie möglich zu entkommen, indem wir Selbstmitleid entwickeln oder uns ablenken oder jemand anderes dafür verantwortlich machen.

Dabei ist Mitgefühl die einzige Möglichkeit, unseren Schwierigkeiten zu begegnen; wir erleben genau das, was der Buddha lehrt: In dieser Welt existiert Dukkha! Das ist die erste edle Wahrheit. Dann können wir versuchen zu erkennen, was wir eigentlich haben oder loswerden wollen, und machen so Dukkha zu unserem Lehrmeister. Es gibt keinen besseren, und je mehr wir ihn anhören und in das hineinfinden, was er uns beibringen will, desto leichter wird uns der spirituelle Pfad fallen. Dieser Pfad, der uns so stark verändern wird, daß wir uns am Ende vielleicht selbst nicht wiedererkennen.

Dukkha ist Teil unserer Existenz, und erst, wenn wir das akzeptieren und nicht mehr davonlaufen, wenn wir gelernt haben, daß Dukkha zum Leben gehört, können wir loslassen, und dann hört das Leiden auf. Mit diesem Wissen ist es viel einfacher, Mitgefühl für andere zu entwickeln, denn Dukkha trifft alle – ohne Ausnahme. Sogar die sogenannte Schlechtigkeit der anderen kann uns dann nichts mehr anhaben, denn diese entsteht ja nur aus Unwissenheit und Dukkha. Alles Schlechte dieser Welt basiert auf diesen beiden.

Die dritte der vier höchsten Emotionen ist die Mitfreude, deren ferner Feind der Neid ist, bestehend aus Gier und Haß. Der nahe Feind ist die Heuchelei, das Sich-selbst-und-anderen-etwas-Vormachen, von dem wir glauben, daß es manchmal nötig sei. Wir denken: Das sind doch bloß kleine Gelegenheitslügen, die man leicht entschuldigen kann.

Mitfreude wird richtig verstanden, wenn wir sehen, daß es keinen Unterschied zwischen den Menschen gibt und daß wir alle ein Teil dessen sind, was momentan auf der Welt existiert. Hat nun einer dieser Teile Freude erfahren, dann ist dessen Freude in die Welt gekommen und wir haben alle Grund, uns mitzufreuen. Das Universelle wird das Individuelle ersetzen, wenn wir es in der Meditation erfahren und erlebt haben. Unsere Schwierigkeiten hören nicht auf, solange wir das «Ich» unterstützen und sichern wollen. Erst wenn wir anfangen, das Universelle über das Individuelle zu stellen und unsere Läuterung als wichtiger ansehen als das Haben- und Bekommenwollen, werden wir Frieden im Herzen finden.

Die vierte und letzte dieser Emotionen hat der Buddha das größte Juwel aller Emotionen genannt. Es ist der Gleichmut.

Er ist der siebente zur Erleuchtung führende Faktor, dessen ferner Feind die Erregung ist. Der nahe Feind jedoch ist die Gleichgültigkeit, die auf absichtlichem Nicht-Interesse basiert. Von Natur aus haben wir an allem Interesse. Wir möchten alles sehen, hören, schmecken und erleben. Da wir aber durch unsere Unfähigkeit zu lieben schon oft enttäuscht worden sind, bauen wir einen Panzer der Gleichgültigkeit um uns herum, der uns vor weiteren Enttäuschungen bewahren soll.

Er bewahrt uns aber nur davor, zu lieben und uns der Welt der Liebe und des Mitgefühls zu öffnen. Das, was Gleichmut und Gleichgültigkeit deutlich voneinander unterscheidet, ist die Liebe, die durch Gleichmut höher entwickelt wird und die bei der Gleichgültigkeit entweder gar nicht gespürt oder gezeigt werden kann. Gleichmut bedeutet, daß wir schon genügend Einsicht haben, so daß uns einfach nichts mehr wichtig genug erscheint, um uns darüber aufzuregen.

Wie sind wir zu dieser Einsicht gelangt? Wir haben erfahren daß alles entsteht und wieder vergeht – vor allem wir selbst. Wenn wir uns zu oft aufregen, anstatt die Fülle des Lebens zu erkennen, dann verfügen wir noch nicht über ein liebendes Herz. Die Fülle der Existenz ist nur für ein liebendes Herz erkennbar. Die Einsicht, die wir durch die Meditation erwerben, zeigt uns deutlich, daß uns das Ende dieses Lebens ständig bevorsteht. Teresa von Ávila hat gesagt: «Nicht soviel denken – mehr lieben!» Wohin bringt uns das Denken? Sicher, es hat uns auf den Mond gebracht. Haben wir aber Liebe in unseren Herzen entwickelt, dann können wir die Menschen mit ihren Schwierigkeiten und Seltsamkeiten akzeptieren. Dann haben wir eine Welt erbaut, in der Glück, Harmonie und Frieden herrschen. Diese Welt ist nicht zu erdenken. Sie ist nur zu erfühlen. Allein die Meditation kann uns diese heile Welt bescheren, und in ihr ist es absolut nötig, das Denken aufzugeben. Das heilt uns und schenkt uns die Fähigkeit, uns mehr unserem Herzen zuzuwenden.

Da der Gleichmut ein zur Erleuchtung führender Faktor

ist, basiert er auf Einsicht, vor allem auf der, daß alles, was geschieht, auch wieder vergeht. Was kann ich also verlieren? Das Schlimmste, was geschehen kann, ist der Verlust meines Lebens. Das werde ich aber sowieso verlieren – wozu dann die ganze Aufregung? Jene Menschen, die uns Schwierigkeiten machen, wollen uns meist nicht gerade umbringen. Sie wollen nur ihr Ego bestätigen. Das ist doch nicht unsere Sache, sondern einzig und allein ihre. Solange wir meditieren und neue Einsichten erlangen, wird es immer einfacher zu erkennen sein, daß alles Sich-behaupten-Wollen, alle Aggression, die Machtansprüche, das Haben- und Seinwollen mit Unfrieden zusammenhängen. So werden wir immer wieder versuchen, das Wollen und Wünschen loszulassen, um zum Gleichmut zurückzukehren. Meditieren kann man überhaupt nur mit Gleichmut. Sind wir aufgeregt oder wollen irgend etwas ganz unbedingt haben oder loswerden, so können wir nicht zur Ruhe kommen. Gleichmut erleichtert uns den Alltag und die Meditation.

Das heißt nicht, daß das Gewissen einfach abgelegt werden soll. Wir brauchen nur zu verstehen, daß dieser Richter im eigenen Herzen nichts als Unfrieden stiftet. Wollen wir wirklich Frieden haben, dann müssen wir uns bemühen, Liebe und Mitgefühl in unseren Herzen zu entwickeln. Das kann jeder erreichen, denn das Herz ist schließlich zum Lieben da, so, wie der Geist zum Denken. Entsagen wir einmal dem Denken in der Meditation, dann verspüren wir ein Gefühl der Reinheit. Reinheit entwickeln wir auf dem spirituellen Pfad. Wenn nur ein einziger Mensch jene in sich entwickelt hat, hat die ganze Welt einen Gewinn davon. Und je mehr Menschen ihre Herzen läutern, desto größer wird der Gewinn für alle sein. Diese Arbeit können wir täglich von morgens bis abends leisten, weil wir ja ununterbrochen mit uns selbst konfrontiert sind – mit all unseren Reaktionen und mit der Widerspenstigkeit, die uns immer wieder zu schaffen macht, weil sie einen festen Platz in unserem Inneren hat. Je aufmerksamer wir sind, desto leichter wird es uns fallen, loszulassen, bis die Widerspenstigkeit verschwunden ist und wir friedlich und glücklich geworden sind.

Diese Arbeit entschädigt mit großem Gewinn und mit einer Sicherheit, die sonst nirgendwo zu finden ist. Im Grunde wissen wir alle um die Faktoren, die das spirituelle Leben ausmachen, aber immer danach zu handeln ist sehr schwierig. Liebende Güte, Mitgefühl, Mitfreude und Gleichmut sind die vier höchsten Emotionen, die einzigen, die es wert sind, unser Herz zu besitzen. Sie bringen uns auf eine innere Ebene, auf der das Leben an Weite, Größe und Schönheit gewinnt und auf der wir aufhören, danach zu streben, daß alles so läuft, wie wir es wollen – auf der wir sogar das zu lieben lernen, was wir vielleicht gar nicht gewollt haben.

Der Buddha hat von einer Liebe gesprochen, die keine Unterschiede kennt. Sie ist einfach die Qualität des Herzens. Verfügen wir über diese Qualität, dann finden wir einen völlig neuen Lebensweg.

Fragen und Antworten zu Kapitel 11

F.: Ich habe Schwierigkeiten mit dem Wort Mutterliebe.

A.: Wieso?

F.: Kinder benehmen sich manchmal unmöglich, und auch ich tue das gelegentlich, weil ich es einfach nicht besser weiß. Aber solange in unserer Gesellschaft der Anspruch herrscht, daß eine Mutter stets über die wirklich reine Liebe verfügen muß, nehmen wir Mütter an diesem Spiel teil und tun so, als wären wir immer absolut liebevoll. Die Kinder merken aber, daß das nur vorgetäuscht ist.

A.: Das stimmt nicht ganz. Natürlich benehmen sich auch Mütter manchmal reichlich seltsam, da sie ja nicht erleuchtet sind. Mit Liebe hat das aber nichts zu tun. Ganz egal, in welcher Stimmung oder Situation sich eine Mutter befinden mag: Die Liebe zu den Kindern bleibt bestehen und verschwindet nicht einfach, nur weil die Mutter im Moment besonders angespannt oder nervös ist. Andererseits ist für die Liebe zu Unbekannten kein Platz, denn wenn man die Gefühle für die eigenen Kinder mit jenen vergleicht, die man Fremden gegenüber hegt, dann lernt man den Unterschied schnell kennen.

F.: Ist nicht oft der Wunsch, daß die eigenen Kinder besser als andere sein sollten, der Auslöser dafür, daß man sie so in den Vordergrund rückt?

A.: Es gibt alle möglichen Gründe dafür, daß die eigenen Kinder mehr geliebt werden als andere Menschen. Die Gründe sind an sich gar nicht so wichtig. Hier geht es wieder um die Einstellung: Das ist meins!

F.: Da handelt es sich dann aber doch um ein Statussymbol – das ist keine Liebe, wenn ich das so betrachte: Das ist mein Kind, und darum liebe ich es. In diesem Zusammenhang muß man ja auch das Angeben mit Kindern sehen, nach dem Motto: Habe ich nicht reizende Kinder! Sie sind in der Schule viel besser als die anderen, sie haben viel bessere Noten. Das alles hat mit Liebe nicht viel zu tun.

A.: Nein, das hat mit Liebe gar nichts zu tun. Da gilt es, die eigenen Gefühle den Kindern gegenüber zu untersuchen, so, wie sie heute sind, und dann die Gefühle anderen Menschen gegenüber. Da werden die Unterschiede recht deutlich. Hinter diesen Unterschieden ist der innere Gerichtshof – der innere Richter – verborgen. Wenn man sich das ganz klargemacht hat, kann man damit beginnen, dieses Gefühl, das normalerweise jede Mutter von Natur aus ihren Kindern gegenüber besitzt, auch auf andere zu übertragen. Allein darum geht es. Ob man nun eine gute oder schlechte Mutter war, hat nichts damit zu tun. Es geht ganz allein um den Unterschied in den Empfindungen den eigenen Kindern und Fremden gegenüber. Für den, der keine eigenen Kinder und zur eigenen Mutter vielleicht auch nicht das beste Verhältnis hat, wird diese Vorstellung nicht sehr hilfreich sein. Aber vielen Menschen kann sie zeigen, welche Unterschiede gemacht werden. Wir machen aus unserem Herzen sozusagen eine Mördergrube, anstatt es mit Liebe ganz auszufüllen.

F.: Für mich gibt es da noch ein Problem, das aber möglicherweise in meinem eigenen Fehlverhalten begründet ist. Schon oft habe ich versucht, diese Liebe zu den Meinen auszuweiten. Das war für mich immer ein erhebendes Gefühl, aber ich habe festgestellt, daß dann meine Ehefrau mit Eifersucht reagiert. Ich frage mich nun, wessen Problem das ist. Habe ich mich vielleicht nicht liebevoll genug gezeigt?

A.: Es ist beides richtig: Es ist zwar ihr Problem, aber möglicherweise warst du tatsächlich nicht liebevoll, weil du nicht erklärt hast, worum es sich eigentlich handelte.

F.: Das habe ich wirklich nicht getan.

A.: Es würde wahrscheinlich der Erweiterung deiner Liebesfähigkeit sehr dienlich sein, wenn du genau erklären würdest, daß sie allen Menschen in gleicher Weise zufließt. Dann wird es nachvollziehbar, und das Problem ist verschwunden, denn sie kann es eventuell selbst ausprobieren.

F.: Was aber ist, wenn man das einem Menschen erklären soll, der nicht auf einem spirituellen Weg ist? Es wird dann schwierig, den Unterschied zwischen Lieben und Habenwollen zu erklären.

A.: Wenn einer der beiden Partner nicht auf dem spirituellen Weg ist, scheint mir das ein Problem zu sein. Reden wird nicht viel nützen – vorleben und die Liebesfähigkeit erweitern wäre wahrscheinlich der beste Weg.

F.: Ich glaube mittlerweile auch, daß es manchmal tatsächlich nötig wird, sich zu trennen, weil einfach die Entwicklung so weit auseinanderläuft, daß die Gemeinsamkeiten verlorengehen.

A.: Das ist richtig. Wäre man selbst der Erleuchtung schon nahe, dann könnte man mit jeder Situation fertig werden, aber da der größte Teil des Weges noch vor einem liegt, wird es Momente geben, in denen es einfach so nicht weitergehen kann. An diesem Punkt ist es wichtig, daß man keine Schuldzuweisung betreibt, sondern so liebevoll wie möglich zugibt, daß man auf seinem Weg noch nicht so weit vorangekommen ist, daß man mit der Situation fertig wird. Der eigene Ärger oder Haß würde die Lage nur verschlimmern. Leider vermag man nicht immer so viel Liebe, Mitgefühl und Verständnis aufzubringen, daß dadurch die Situation entschärft wird, und die Hoffnung, den anderen bekehren zu können, ist eher gering. Zwar passiert das in seltenen Fällen, aber in der Regel ist es so, daß die Ablehnung sich eher verstärkt durch einen Bekehrungsversuch. Es ist wirklich ganz schwierig, wenn ein Partner alleine den spirituellen Weg einschlägt.

F.: Ich wollte noch etwas zum Thema Mutterliebe sagen: Ich denke, jeder kennt das Gefühl oder die Sehnsucht nach der bedingungslosen Liebe der Mutter. Dieses Gefühl einfach umzukehren wäre ein hilfreiches Mittel.

A.: Das ist eine sehr gute Idee, die ich nur unterschreiben kann. Aber ich hätte doch auch die Vaterliebe erwähnen sollen, und ich entschuldige mich, wenn sich jemand vernachlässigt gefühlt hat. Aber es ist ganz bestimmt sehr hilfreich, wenn man die Sehnsucht nach bedingungsloser Liebe, die wir in uns tragen, selbst verwirklicht. Als Kleinkind hat wohl fast jeder diese bedingungslose Mutterliebe genossen, denn anders überleben Kleinkinder nicht. Und es ist ein ewiger Wunsch, dahin zurückzukehren. Statt dessen sollten wir das in uns selbst entwickeln.

12

Die zehnte Frucht: Angst, Gefahr, Dringlichkeit

Es ist inzwischen wohl klargeworden, daß sich jeder Ruhe für seinen Geist wünscht, und mancher hat sich vielleicht schon geärgert, weil er sie nicht bekommen hat und weil anscheinend jemand anders oder man selbst daran schuld war. Das ist eine falsche Einstellung. Ruhe und Einsicht, «Samatha und Vipassanā», sind die beiden Richtungen der Meditation, auf die alle Methoden ausgerichtet sind. Das ist ein Pfad der Praxis und der Übung. Das hat nichts mit irgendeiner Art von Perfektion zu tun, sondern ganz allein mit Training. Es gibt Stunden, Tage, manchmal sogar ein ganzes Jahr, in denen während unseres Übens keine Ruhe einkehrt, aber jede Menge Einsichten auftauchen, so daß eventuell die wahnwitzige Idee, bereits erleuchtet zu sein, von einem Besitz ergreift.

Dann gibt es Zeiten, in denen der Geist zur Ruhe neigt und die Einsichten eher spärlich auftreten. Meist wird das letztere gar nicht bemerkt. Aber man wundert sich dann, daß man so schön meditieren kann und sich trotzdem dauernd über andere Leute ärgert. Da fehlen dann einfach die Einsichten. Beides ist mit Vorsicht zu behandeln, damit man nicht einerseits ein wunderbares Bild von sich selbst bekommt, weil man über so viele Einsichten verfügt, und andererseits mit sich unzufrieden ist, weil scheinbar die Meditation gut funktioniert und dennoch nichts geschieht. Es ist eben beides nötig: Ruhe und Einsicht. Im Prinzip ist es gleichgültig, was wir zuerst erwerben, wichtig ist einzig und allein das Praktizieren.

Nun kann es immer wieder passieren, daß der Geist einfach nicht zur Ruhe kommen will. Dann heißt es, umgehend eine Einsichts-Methode anzuwenden: das Entstehen und Vergehen des Meditationsobjektes beobachten und das Entstehen und Vergehen des Geistes, der das Meditationsobjekt betrachtet. Je öfter wir das beobachten, desto subtiler wird der Geist. Ablenkung ist damit nicht gemeint. Jede Ablenkung vernebelt. Es geht darum, zu erkennen, wie sich auch der beobachtende Geist ständig bewegt. Kommt also keine Ruhe zustande und fühlt es sich an, als ob ein Kurzschluß entstanden wäre bei der stetigen Hinundherbewegung des Geistes, dann muß man sich sofort der Einsicht zuwenden. Der Geist muß eine Aufgabe bekommen, man darf ihn nicht einfach umherschweifen lassen. Wenn wir Entstehen und Vergehen deutlich wahrgenommen haben, dann merken wir auch, daß alles verrinnt. Jeder Geistesmoment entschwindet. Durch das aufmerksame Betrachten dieses ständigen Vergehens kann leicht Angst ausgelöst werden. Diese Angst kommt vom Ego. Es will nicht zugeben, daß nichts Solides existiert, daß alles kommt und geht und daß darin schon unser vollkommener Zerfall vorprogrammiert ist.

Wir glauben ja nicht, daß dieser Verfall bereits stattfindet. Schließlich sitzen wir hier, schön solide, manche vielleicht jung und hübsch. In Wirklichkeit zerfällt alles und andauernd, egal, ob wir jung oder alt sind. Und genau das wollen wir nicht wahrhaben, denn es bedeutet, daß wir im Bemühen, unserer Existenz Sicherheit und Solidität zu verleihen, nur einem Wahn nachjagen. Weil das aber die ganze Welt tut, können wir nicht glauben, daß nur wir die Nutzlosigkeit dieser Anstrengung durchschauen, und dann steigt Angst hoch. So kann es geschehen, daß wir uns von Meditation und Einsicht abwenden. Viele hören zwar nicht ganz auf, aber sie gehen auch nicht weiter. Diese Angst sollte, sobald sie bewußt wird, mit dem Lehrer besprochen werden. Es ist ganz klar, daß dieser Schritt auf der Einsichtsstufe getan werden muß. Es handelt sich hier ganz eindeutig um die Angst vor dem eigenen Tod, dem Selbst-Tod, dem Ich-Tod, dem Nicht-Sein.

Man kann sich schon viele Male vorgemacht haben, der eigene Tod sei nicht so wichtig, daß nur die Lieben nicht sterben sollen. Steht man aber tatsächlich dem Verfall durch eigenes Erleben gegenüber, dann sieht alles ganz anders aus. Wir glauben im Prinzip nicht daran, daß wir schon im Verfall begriffen sind. Unseren Tod müssen wir visualisieren, weil wir im Augenblick ja noch leben. Aber selbst diese Visualisation können wir noch so gestalten, daß wir uns einreden, es sei ganz in Ordnung, zu sterben. Wenn aber dann der Verfall tatsächlich erkannt wird, kann Panik auftreten, durch die wir hindurchmüssen. Den eigenen Tod zu erleben und zu akzeptieren erfordert Mut und Entschlossenheit. Sich selbst aufzugeben bedeutet, sich selbst zu finden. Erst wenn wir diese Aufgabe erfüllt haben, können wir wahrhaftig leben. Das mag sich wie ein Zen-Paradox anhören, aber jeder, der die Kraft hat, das zu tun, weiß ganz genau, was es bedeutet. Der Mensch, der aus diesem Erlebnis herauskommt, ist ein anderer als jener, der in es eingetreten ist, denn er hat die Wahrheit gefunden.

Die Angst ist etwas Natürliches, und wer sie überwinden kann, hat einen großen Schritt auf der Einsichtsstufe getan. Es handelt sich um eine Art «dunkler Nacht der Seele», und wer sich davon einschüchtern läßt, wird so lange damit konfrontiert, bis er entweder daran zerbricht oder bereit ist, die Illusion des soliden «Ich» loszulassen. Wir stehen das ganze Leben lang immer vor den gleichen Aufgaben. Haben wir einmal versagt, dann können wir sicher sein, daß wir sie unter erschwerten Bedingungen so lange wieder erleben, bis wir erkennen, worum es geht. Auf dem spirituellen Pfad gibt es nur eines zu lernen: loszulassen. Das ist die Antwort auf alle Panikanfälle und Angstzustände: loslassen. Wer die Vergänglichkeit und den Verfall akzeptiert, hat viel von der Todesangst überwunden.

Unsere ganze Existenz ist von Gefahren bedroht. Die größte Gefahr besteht darin, daß wir mit unserem negativen Denken schlechtes Kamma erzeugen. Auch die Gefahr, die Moral in unserem Leben nicht immer aufrechtzuerhalten, ist sehr groß. Der Verstoß gegen irgendein Gebot der Tugend kann von tausenderlei Versuchungen ausgelöst werden. Erst, wenn wir das erstemal die Substanzlosigkeit erlebt haben, werden diese Gefahren ausgemerzt sein. Wir sind auch ständig der Gefahr der Ich-Vernichtung ausgesetzt, entweder durch den körperlichen Tod oder durch emotionale Reaktionen auf scheinbar fehlende «Ich»-Unterstützung. Haben wir das erst einmal erkannt, können wir unser eigenes Dukkha genau betrachten. Was bedeutet es? Wie gehen wir mit dem Unerfülltsein und mit der Unzufriedenheit um? Verhalten wir uns so, daß die Gefahren sich verringern, oder vielleicht eher so, daß wir sie verdrängen, uns momentan beruhigen und schnell immer neue Ablenkungen beschaffen. Haben wir erkannt, daß die Gefahr nicht außen auf uns lauert, sondern in unserem ungeschulten und ungeläuterten Geist? Erst wenn wir soweit sind, das zu erkennen, beginnt das ernsthafte Praktizieren.

Den genannten Gefahren sind natürlich alle Menschen ausgesetzt, und wenn wir uns achtsam unseren Bekanntenkreis ansehen, ist leicht zu erkennen, wie schwer die Menschen mit diesen Gefahren zurechtkommen, wie unglücklich sie sich selbst und andere machen und wie groß die körperlichen und geistigen Probleme sein können, die daraus entstehen. Das können wir gut als Spiegelbild unserer selbst benutzen, ohne zu be- oder zu verurteilen. Wir sitzen alle im gleichen Boot. Haben wir diese Gemeinsamkeit verstanden, dann merken wir, daß wir ständig unter Druck stehen, weil wir immer irgend etwas wollen. Wir haben Erwartungen an das Leben und an uns selbst, die unerfüllbar sind. Sie machen es uns unmöglich, Frieden, Harmonie und Glück zu empfinden, die wir ja eigentlich als unser angeborenes Recht betrachten. Natürlich ist das eine falsche Erwartung.

Wir sind hier, auf dieser Erde, angelangt mit sechs Wurzeln. Mit drei Wurzeln des Guten und mit drei Wurzeln des Bösen. Die Wurzeln des Bösen sind: Gier, Haß und Verblendung, die Wurzeln des Guten: Großzügigkeit, Liebe und Weisheit. Das Recht auf Glück ist nicht mehr als eine Illusion. Frieden und Harmonie zu erleben ist nichts weiter als ein Druck, den wir auf uns selbst ausüben. Wären wir nur ein bißchen klüger, könnten wir nur einen besseren Chef haben oder einen anderen Partner, dann würde es schon gehen. Aber es geht gar nichts, solange wir nicht die drei Wurzeln des Bösen in uns selbst loswerden. Und die sind höchst real. Es handelt sich nicht um oberflächliche Gedanken oder Ideen. Es sind tatsächlich tiefe Verwurzelungen, deretwegen wir als Menschen auf diese Erde gekommen sind. Würden uns die drei Wurzeln des Guten fehlen, wären wir nicht als Menschen hierhergekommen. Auch wenn uns die drei Wurzeln des Bösen fehlten, wären wir keine Menschen. Darum ist unsere Lebensaufgabe ganz klar vorgeschrieben: Die Wurzeln des Bösen sind zu vermindern und die Wurzeln des Guten zu verstärken!

Wir müssen alle Dringlichkeit auf das Praktizieren des spirituellen Pfades lenken. Wenn wir darauf warten, daß der richtige Zeitpunkt dafür kommt, werden tausend andere Dinge da sein, die wir in Angriff nehmen, und wir werden wahrscheinlich niemals beginnen. Die Dringlichkeit der Läuterung muß tagtäglich erneuert und verfolgt werden. Das Erkennen, welche der sechs Wurzeln im Moment bei uns umgeht, ist deshalb so wichtig, weil wir die Disteln niederschlagen müssen oder die Blüten hegen und pflegen. Eine der sechs Wurzeln ist immer in Aktion.

Alles ist vergänglich, und alles verwandelt sich andauernd in etwas anderes. Das ist der Druck des Verfalls und der Erneuerung. Dieser Druck der Erneuerung ist unser ständiges Dukkha und bezeugt die Unzulänglichkeit der Existenz. Das ist auch der Grund für unsere Rastlosigkeit und Bedrückung. In der Tiefe der Meditation werden wir das erkennen. Dann können wir den Druck des Zerfalls akzeptieren und verinnerlichen, und damit wird die Unzulänglichkeit der Existenz erkannt und von uns bestätigt. Dann ist ein großer Schritt nach vorn gelungen. Und er wird viele andere nach sich ziehen.

F.: Wie heißen die sechs Wurzeln in Pali?

A.: Die drei schlechten nennt man *lobha*, *dosa* und *moha*, die drei guten *dāna*, *mettā* und *paññā*. Das Wort für Wurzel lautet *mūla*.

F.: Kann nicht Enttäuschung auch eine Chance enthalten? Ich meine die Enttäuschung im Moment der Wahrnehmung. Vorher war ich ge-täuscht, und nun bin ich ent-täuscht. Ich habe also die Täuschung eingesehen. Das könnte ein neuer Anfang sein.

A.: Sehen wir ein, daß wir einer Täuschung unterliegen, sind wir also von allem, was da draußen vor sich geht, enttäuscht, haben wir schon den richtigen Weg erkannt, und darauf kann man aufbauen.

F.: Wir haben erfahren, daß uns auf dem spirituellen Pfad die Gefahr begegnet, in irgendwelche Untugenden zu verfallen. Wenn ich zurückblicke, so habe ich die Erfahrung gemacht, daß ich, je weiter ich den spirituellen Weg gehe, desto mehr aufpassen muß, weil schon die geringste Ungereimtheit sogleich negative Auswirkungen zeitigt. Früher hatten negative Gedanken für mich weit weniger Wirkung. Je mehr Achtsamkeit, Läuterung und Reinheit geübt wird, desto größere Auswirkungen haben selbst minimale negative Gedanken.

A.: Das stimmt. Man muß vorsichtiger werden. Es ist mit dem Erklettern einer Leiter vergleichbar: Steht man auf der untersten Sprosse und fällt, dann tut man sich nichts. Fällt man von der dritten Sprosse, kann man sich eventuell den Fuß verstauchen. Wer aber von der obersten Sprosse stürzt, kann sich das Genick brechen. Es handelt sich trotzdem um nur einen Fehltritt, egal, ob man von der untersten oder der obersten Sprosse fällt.

F.: Man fragt sich dann manchmal, ob man überhaupt weitergehen soll.

A.: Das stimmt vollkommen, aber diejenigen, die schon

ein Stück der Leiter oder des Berges erklommen haben, genießen eine so viel bessere Luft da oben, daß sie doch lieber nicht aufgeben sollten.

F.: Ich habe Augenblicke erlebt, in denen ich mir sagte: Wenn sich dieses Kamma jetzt schon so auswirkt, dann will ich im Moment nicht weitergehen. Aber irgendwann kommt dann das Bedürfnis, trotzdem weiterzugehen.

A.: Ja, es kommt wieder. Vergiß eines nicht: Wenn die meditativen Vertiefungen so gemeistert werden, daß sie jederzeit verfügbar sind, wirken sie wie eine automatische Läuterung. Je öfter du sie benutzt, desto mehr läutern sie. Du könntest ohne sie nicht mehr leben, denn sie werden ein Teil des Seins. Es gibt dann nicht mehr die Frage: «Soll ich – oder lass' ich's?» Es geht gar nicht mehr anders.

F.: Man erwirbt von Stufe zu Stufe mehr Vertrauen in die eigenen Kletterfähigkeiten und glaubt zunehmend, daß die Leiter standhält, egal, was kommt. Daraus kann man Freude schöpfen.

A.: Das ist schon richtig, aber es besteht immer die Gefahr des Fehltritts, der auf der ersten Stufe vollkommen unwichtig ist, den man vielleicht nicht einmal bemerkt. Auf der obersten Stufe sieht das ganz anders aus. Das merkt man auf jeden Fall – man kann sich ja durchaus das Genick brechen bei einem solchen Sturz. Das sind Schwierigkeiten auf dem Weg, die man – wegen der Vorteile – eben in Kauf nehmen muß. Die Gefahr eines Fehltritts, des eigenen negativen Denkens, des eigenen falschen Wortes, das andere unglücklich macht.

F.: Verstärkt sich die Reaktion auf einen unlauteren Gedanken immer mehr?

A.: Ja. Wenn jemand schon sehr lange praktiziert und sich schon sehr geläutert hat, wird ein einziger unlauterer Gedanke ihn sehr beeindrucken, so daß er möglicherweise noch einmal in die dunkle Nacht der Seele gestürzt wird und sich voller Zweifel fragt, ob er denn überhaupt das Richtige gemacht habe. Ein einziger unlauterer Gedanke! Wogegen ein anderer, der unten steht und noch gar nicht mit dem Klettern angefangen hat, unzählige unlautere Gedanken hegt und es nicht einmal merkt.

F.: Gestern haben wir erfahren, wie wir uns verhalten sollen, wenn schlecht über uns geredet wird. Wie sollen wir uns verhalten, wenn wir körperlich angegriffen werden? Stehenbleiben oder schnell weglaufen?

A.: Das kommt ganz auf die Situation an, aber im Prinzip ist in einem solchen Fall schlechtes Kamma im Gange, und wenn man dem ausweichen kann, soll man es tun.

F.: Ist die absolute Wahrheit das einzige, was von der Evolution ausgeschlossen ist?

A.: Der Begriff «Evolution» wurde von Darwin geprägt, mit dem der Buddha nichts zu tun hatte, denn es liegt ein großer Zeitabstand zwischen beider Leben. Die absolute Wahrheit ist von der Veränderung ausgeschlossen. Das stimmt, aber Evolution stimmt in diesem Zusammenhang nicht.

F.: Du hast davon gesprochen, daß wir den Tod betrachten und vorvollziehen sollen. Ist nicht alles Mutation? Wenn wir das akzeptieren und mitfließen, dann sollte eigentlich keine Anhaftung möglich sein.

A.: Sollte – ist aber oft nicht so.

F.: Dann gibt es den Tod in diesem Sinne gar nicht. Er wird so oft als Schreckgespenst dargestellt, und man brauchte eigentlich gar nicht über ihn zu reden, wenn es ihn doch gar nicht gibt. Es gibt, so gesehen, auch das Gegenteil nicht. Es gibt einen Tod der Gedanken, der Emotionen und so weiter. Aber eigentlich gibt es weder Anfang noch Ende – es ist ein andauerndes Fließen und Mutieren.

A.: Wer dieses andauernde Fließen in sich aufgenommen hat, ist in der Lage, allen Menschen mit Liebe zu begegnen, denn er hat alle Vorurteile abgelegt und kann das, was er weiß, auch in die Tat umsetzen. Wir können unser Wissen zahlreichen Büchern entnehmen und unseren Intellekt damit füttern. Dieses Wissen aber in die Tat umzusetzen steht auf einem anderen Blatt, denn das würde bedeuten, gemäß dem eigenen Wissen zu leben. Das ist eine schwierige Arbeit, zu der wir das Praktizieren brauchen.

Liebende-Güte-Meditation

Wir wollen die Achtsamkeit für einige Momente auf den Atem lenken.

Jetzt erinnern wir uns an alles Gute, was wir im Leben getan haben. Dazu gehören die Meditation, Geschenke machen, Großzügigkeit, Hilfsbereitschaft, Krankenpflege und Besuche, Mitgefühl und gute Wünsche. Wir erinnern uns an die nahe und ferne Vergangenheit und spenden uns selbst Anerkennung für alles, was wir in guter Absicht gedacht, gesagt und getan haben. Wir umhüllen uns mit einem Gefühl von Wärme und Zuneigung für uns selbst und füllen uns damit.

Nun wenden wir unsere Achtsamkeit demjenigen zu, der uns am nächsten sitzt, und stellen uns vor, wieviel Gutes dieser Mensch schon vollbracht haben muß, um überhaupt die Gelegenheit zu erhalten, den spirituellen Pfad zu praktizieren. Wir zollen diesem Menschen liebevolle Anerkennung und füllen und umhüllen ihn mit unserer Zuneigung.

Unsere Achtsamkeit wenden wir jetzt allen Anwesenden zu und stellen uns vor, was sie bereits an Gutem getan haben in ihrem Leben. Jeden einzelnen füllen und umhüllen wir mit Zuneigung und liebevoller Anerkennung.

Nun wenden wir unsere Achtsamkeit unseren Eltern zu und überlegen, was sie an Gutem getan haben. Wir schenken auch ihnen liebevolle Anerkennung, umarmen sie und umhüllen sie mit unserer Zuneigung.

Unsere Gedanken wenden sich den uns nächsten und liebsten Menschen zu, und wir erinnern uns an all das Gute, das sie vollbracht haben, an kleine und an große Wohltaten, die in guter Absicht ausgeführt wurden. Wir schenken ihnen unsere liebevolle Anerkennung, umarmen sie und hüllen sie ein in unsere Zuneigung und Freundschaft.

In gleicher Weise verfahren wir mit unseren guten Freunden, mit unseren Nachbarn, Arbeitskollegen und Bekannten. Ob wir das Gute, das sie gewollt und getan haben, kennen oder nicht, wir schenken ihnen unser Herz voll liebevoller Zuneigung und Anerkennung.

Wir denken an einen schwierigen Menschen in unserem Leben und erinnern uns an alles Gute, das dieser Mensch gesagt und getan hat. Wir können dann auch diesen Menschen liebend umarmen.

Zum Schluß öffnen wir unser Herz ganz weit und lassen Anerkennung, Liebe und Zuneigung herausströmen wie einen goldenen Fluß, der zuerst die Menschen in unserer Nähe erfaßt und dann weiterfließt und Anerkennung, Liebe und Zuneigung verbreitet, so daß viele Lebewesen davon berührt werden.

Nun lenken wir die Achtsamkeit wieder auf uns selbst und empfinden Anerkennung für unsere Bemühungen und Zufriedenheit mit dem Guten in uns. Wir füllen und umhüllen uns mit Liebe, bis wir ganz von ihr durchtränkt sind.

Mögen alle Lebewesen Liebe und Zuneigung empfinden.

13

Erlösung von den drei Trieben: Sinnlichkeitstrieb, Daseinstrieb, Unwissenheitstrieb

Einsicht und Erdulden – der achtfache Pfad

Wenn wir in unserer Praxis zum Punkt der Dringlichkeit gekommen sind, gelangen wir an den Beginn der Weisheit. Der Buddha nennt das «weises Erwägen». Hierbei handelt es sich um eine Geisteshaltung, die weder meditativ noch kontemplativ ist, aber aus beidem entstanden ist. Es bestehen jedoch zwei Möglichkeiten: weises und unweises Erwägen. Haben wir noch nicht allzulange praktiziert, werden wir oft unweises Verhalten wählen, weil wir in unseren gewohnten Mustern verhaftet sind, die uns sagen, was gut und angenehm für uns wäre. Wir setzen dabei viel Energie ein, um Angenehmes zu erlangen. Haben wir es endlich geschafft, sind wir meist enttäuscht und beginnen umgehend, etwas Neues zu suchen.

Das weise Erwägen beginnt damit, daß wir uns einmal überlegen, wo denn die Wurzel unserer Schwierigkeiten liegen könnte. Wenn wir das ernsthaft angehen, geben wir uns nicht mit der oberflächlichen Erkenntnis zufrieden, daß alles nur auf das Ego zurückzuführen ist. Das wäre zu einfach und nicht mehr als ein Akzeptieren von etwas, das man gelesen oder gehört hat. Man muß der eigenen Weisheit eine Chance geben. Natürlich benutzen wir die Richtlinien des Buddha, aber eines Tages werden wir sie uns ganz zu eigen machen, weil wir sie erwogen und erkannt haben.

Der Buddha hat erklärt, daß wir drei starke Triebe in uns beherbergen, die die unterschwelligen Anlasser unseres Denkens und Tuns sind. Diese drei Triebe heißen in Pali «Āsavas»; das bedeutet wörtlich übersetzt: das, was aus uns herausfließt. Es handelt sich um den Sinnlichkeitstrieb, den Daseinstrieb und den Unwissenheitstrieb. Sie sind der Grund dafür, daß unsere Ich-Illusion so viel Unheil bringt. Wir erkennen das auf subtile Weise an allen Menschen, die uns begegnen. Ist nämlich einer dieser drei Triebe stark, dann fühlen wir uns abgestoßen, ohne recht zu wissen, warum. Auf der anderen Seite fühlen wir uns dann angezogen, wenn alle drei Triebe schon eine Schwächung erfahren haben. Tatsache ist, daß diese drei Triebe ständig fließen – bei jedem Menschen, auch bei uns selbst.

Nun müssen wir uns einmal vorstellen, daß es unzählige solcher Flüsse gibt, da ja aus jedem Menschen einer herausfließt, ohne sich mit dem eines anderen vermengen zu können. Ganz im Gegenteil: Sie stoßen sich alle gegenseitig ab. Darum haben wir so enorme Schwierigkeiten, uns das Einssein mit anderen auch nur vorzustellen. Zugrunde liegt diesem Verhalten der Unwissenheitstrieb.

Der Sinnlichkeitstrieb ist immer darauf aus, die Wünsche unserer Sinne zu erfüllen. Das ist durch Achtsamkeit nicht schwer festzustellen: Alles soll angenehm sein, gut schmekken, riechen oder sich gut anhören, damit den Körper kein Ungemach trifft. Es gibt bei diesem Verhalten natürlich auch einen positiven Aspekt; schließlich versuchen wir, unsere Umwelt schön und angenehm zu gestalten, und daran ist nur dann etwas auszusetzen, wenn wir nicht erkennen, warum wir uns so verhalten. Der Drang zur Befriedigung der Sinne ist so stark in uns verankert, daß wir ihn kaum mehr bemerken. Nicht nur die Menschen sind diesem Drang unterworfen, sondern alle Lebewesen. Es geht nicht allein darum, daß wir Neues, anderes, Schönes wollen, nein, es geht vor allem darum, daß wir es ununterbrochen wollen. Das ist die große Gefahr.

Der stärkste Trieb zur Befriedigung der Sinne ist ohne Zweifel der Sexualtrieb, der uns immer wieder zu neuen

Taten drängt, weil wir hoffen, irgendwann wirkliche Erfüllung zu finden. Auch wenn wir merken, daß es sich hier um eine Fehlspekulation handelt, wird dieser Trieb nicht ausgemerzt. Alle Sinnlichkeitstriebe können nur dann abgeschwächt und eines Tages abgelegt werden, wenn die Unwissenheit überwunden ist. Mit letzterer ist das Gegenteil von Weisheit gemeint, nicht das Gegenteil von Wissen, denn wir wissen eigentlich schon, worum es geht. Wir sind aber dem Sinnlichkeitstrieb derart verfallen, daß uns jede Menge Rechtfertigungen einfallen. Wir wollen ja keinem weh tun, und meist ist der Wunsch nach Sinnesbefriedigung so unbewußt, daß wir es gar nicht merken.

Vor seiner Erleuchtung wollte der Buddha diesen Trieb mit Askese bekämpfen. Er hatte ein luxuriöses Leben geführt, das ihn nicht befriedigt hatte. Als er sah, daß weder Luxus noch Askese glückbringend waren, wählte er schließlich den mittleren Weg. Er lehrte, daß weder eine völlige Abwendung, noch eine völlige Zuwendung nötig sei. Wir mögen uns manchmal einbilden, daß wir uns nicht allem zuwenden, aber das ist eine Illusion. Wir wenden uns voll und ganz allem Angenehmen zu. Erst wer einmal freiwillig auf alles – außer dem Nötigsten – verzichtet hat, kann das Erdulden lernen. Erdulden bedeutet, auch dann zufrieden zu sein, wenn wir unangenehme Gefühle haben. Erdulden ist nicht leicht. Unangenehme Gefühle können körperlich sein, wenn wir ungewohnten klimatischen Verhältnissen ausgesetzt sind, etwas essen müssen, das uns nicht schmeckt, eine unbequeme, vielleicht sogar schmutzige Unterkunft ertragen müssen. Das emotionale Erdulden ist vielleicht noch schwieriger. Dazu gehören das Aushalten verbaler Verletzungen, von Verleumdungen, Angriffen und der Gleichgültigkeit anderer dem eigenen kostbaren Selbst gegenüber. Das passiert jedem irgendwann einmal. Es zu erdulden heißt einfach, daß man trotzdem mit seinem Leben zufrieden ist. Dies setzt natürlich die Einsicht in das Entstehen und Vergehen voraus.

Wird einer der vielen Ansprüche, die wir stellen, einmal

nicht erfüllt, dann glauben wir sofort, daß uns Unrecht getan wird. Wollen wir lernen, in jeder Lage zufrieden zu sein, brauchen wir Geduld und Akzeptanz, denn jeder wird hin und wieder von unangenehmen Gefühlen geplagt, selbst der Erleuchtete. Es kommt darauf an, wie wir damit umgehen. Erdulden geht uns so sehr gegen den Strich, daß viele sich eher vom Praktizieren abwenden, als es zu akzeptieren. Nachdem wir schon so lange gesessen und meditiert haben, so viele Einsichten gewonnen haben, sollen wir nun auch noch das Erdulden üben! Das kann doch wohl nicht angehen.

Die drei unterschwelligen Triebe sind natürlich eng miteinander verwandt. Der Daseinstrieb ist unser Überlebenstrieb. Dessen andere Seite sind Selbstmordgedanken oder -versuche – der Wunsch, nicht da zu sein. Beide basieren auf der Ich-Illusion. Aber welch ein Drama, wenn dieser Wunsch, nicht mehr da zu sein, in die Tat umgesetzt wird! Dann wird ein neuer Körper dafür sorgen, daß alles noch einmal von vorn beginnt. Das geschieht vielen Menschen, und es ist ein Jammer, alles wieder verlieren zu müssen, was man schon gewonnen hatte.

Der Daseinstrieb ist der stärkste unserer Triebe – er ist unsere Lebensenergie. Fühlen wir uns geistig und körperlich gut, dann ist diese Energie in großem Maße vorhanden; werden wir dagegen krank, dann verringert sie sich drastisch. Wer schon in der Meditation geübt ist, kennt dieses Gefühl des Nachgebens und Sicheinfügens in das Geschehen. Da bekommt man dann eine Ahnung, wie es ist, wenn dieser ständig Druck ausübende Daseinstrieb sich abschwächt oder gar ganz verschwindet. Das heißt nicht, daß man ihn erst aufgibt, wenn man stirbt – so schnell stirbt der Körper nicht! Es heißt nur, daß wir den Druck der Selbstbehauptung von uns genommen haben. Wir können dann mitfließen mit dem, was ist, und es scheint nicht mehr ganz so wichtig, wie alles geschieht. Vor allem jenen, die im Erdulden schon etwas geübt sind, wird es leichter fallen, sich mittragen zu lassen.

Erdulden darf jedoch nicht mit Ablehnung verbunden sein, denn es ist nur dann eine spirituelle Fähigkeit, wenn sie durch Zufriedenheit gekennzeichnet ist. Das ist natürlich schwierig und nur durch verschiedene Stadien der Einsicht zu erreichen. Erst wenn wir in der Meditation und Kontemplation erkannt haben, daß unser Leiden sehr oft durch unsere Ablehnung des Erduldens ausgelöst wird, werden wir deutlich sehen, daß alle Probleme auf den Daseinstrieb zurückzuführen sind. Wer die Ich- oder Ego-Illusion durchschaut hat, kann jeden Augenblick zufrieden erleben, weil es einfach keinen anderen Moment gibt als den jetzigen. Dazu gibt es eine hübsche Zen-Geschichte:

Einem Zen-Meister, der im Sterben lag, wurde ein Löffel mit Sahnetorte in den Mund geschoben, weil bekannt war, daß er diese sehr gern mochte. Er schluckte den Bissen, und alle warteten gespannt auf seine letzten Worte. Nach einer Weile öffnete er noch einmal die Augen und sagte – mit schon ganz schwacher Stimme: «Das hat gut geschmeckt.» Dann starb er.

Erst das Aufgeben des Daseinstriebes und der Sinnesbefriedigung ermöglicht es, ein völlig erfülltes Leben zu führen. Erst wenn jeder Moment zum wichtigsten und einzigen wird, kann auch die momentane Erfüllung wahrgenommen werden. Vorher können wir vor lauter Suchen nach immer Neuem keine Erfüllung finden. Erst wenn wir keine Befriedigung mehr suchen, werden wir befriedigt sein. Es ist alles für uns da, aber wir können es nicht wahrnehmen, weil unser Geist zu voll ist. Wenn er leer wird, können wir den Moment mit all seiner Reichhaltigkeit erleben.

Jeder Einsichtsschritt, den wir machen, führt uns zu weisem Erwägen. Natürlich gehört zur Praxis das Erleben, das dann seinerseits wieder weise erwogen werden muß.

Wir alle wären nicht als Menschen auf dieser Erde, wenn wir nicht der Ich-Illusion, also dem Unwissenheitstrieb, unterliegen würden. Selbst Kleinkinder sind damit behaftet, wenn auch noch nicht so stark wie die Erwachsenen. Der

Buddha hat mehr als einmal erklärt, die menschliche Ebene sei die beste, um zur Erleuchtung zu gelangen. Überdies lehrte der Buddha, es sei ein großes Glück und eine noch größere Seltenheit, als Mensch geboren zu werden. Wer dazu noch geistig und körperlich gesund ist und so viel erstklassiges Kamma besitzt, daß er den Dhamma hören und praktizieren kann, wird die Größe seines Glücks nicht einmal annähernd ahnen können.

Obwohl wir also mit der Unwissenheit geboren werden, die uns sagt, daß wir ein spezielles Individuum sind, kann uns nichts Besseres passieren, als hier zu sein. Durch die Meditation und die Kontemplation verfügen wir über eine Methode, mit welcher wir die Unwissenheit in Weisheit verwandeln können. Außerdem hat uns der Buddha die vier edlen Wahrheiten geschenkt, die den Kern seiner Lehre bilden.

Die erste edle Wahrheit: Existenz ist Dukkha.

Die zweite edle Wahrheit: Dafür gibt es nur einen Grund, die Begierde.

Die dritte edle Wahrheit: Es gibt Befreiung von jeglichem Dukkha.

Die vierte edle Wahrheit: Der Weg zur Freiheit von Dukkha führt durch den achtfachen Pfad.

Haben wir die beiden ersten edlen Wahrheiten erkannt und wissen, daß wir auch dann leiden, wenn die meisten unserer Wünsche erfüllt werden und wir in den besten Verhältnissen leben, spüren wir unsere Unerfülltheit, dann werden wir uns sicher auf den Weg der Läuterung machen. Dies wird dann zur Dringlichkeit.

Der achtfache Pfad besteht aus acht Schritten, die aber nicht als Leiter zu betrachten sind. Eher sind sie mit kreisförmigen Bahnen zu vergleichen, auf denen wir praktizieren, um am Ende mit einem völlig neuen Verständnis zum Anfang zurückzukehren.

Der achtfache Pfad gliedert sich in drei Teile, wie die ganze Lehre des Buddha: in *sīla*, *samādhi* und *paññā*, moralisches

Benehmen, Konzentration und Weisheit. Obwohl der Buddha in vielen seiner Lehrreden – wie auch in dieser – das moralische Verhalten als Grundlage der Lehre bezeichnet hat, wird im achtfachen Pfad die Weisheit an erster Stelle genannt. Und zwar deshalb, weil es der Weisheit bedarf, um den spirituellen Pfad nicht als eine Möglichkeit zu sehen, sondern als Notwendigkeit zu erkennen, und ebenso für die Einsicht, daß wir ohne den spirituellen Pfad ein wertvolles menschliches Leben vergeudet haben.

Der erste Schritt heißt «rechte Ansicht». In einer anderen Lehrrede hat der Buddha geäußert, alle unsere falschen Ansichten würden auf dem Ego basieren. Diese erste rechte Ansicht öffnet uns die Tür zum Pfad und ist bei weitem nicht die ganze rechte Ansicht, die wir erst am Ende des Pfades erreichen werden. Die rechte Ansicht bedeutet erstens unsere Einsicht, daß das materielle Leben nicht genügt, und zweitens daß wir die Eigentümer unseres Kammas sind. Wir haben aufgehört, andere zu tadeln, und wir wissen, daß unsere Reaktionen uns gehören und alle Taten jenen, die sie verüben. Es ist uns ganz klar, daß unsere Saat auch unsere Ernte sein wird. Wenn das einmal in unseren Gedanken nicht ganz klappt, wissen wir, daß wir vom Pfad abgerutscht sind. Wir versuchen also, ständig wachsam zu sein und aufzupassen, daß wir schnell wieder auf den Pfad zurückfinden.

Vielen scheint das sehr mühsam, und das bleibt es auch, bis es zur Gewohnheit geworden ist. Danach wird es einfach zur Lebensart und zu einer ständig vorhandenen inneren Bereitschaft, das Neue zu erleben. Diese Bereitschaft ist notwendig auf dem spirituellen Pfad. Unsere Gewohnheiten und auch die unserer Umwelt erscheinen so statisch, daß die Bereitschaft zur Erneuerung oft gar nicht in Betracht gezogen wird. Daraus entstehen die festgefahrenen Ansichten und Vorurteile.

Zum Pfad der Weisheit gehören zwei Dinge: Die rechte Ansicht und die rechte Absicht. Die rechte Absicht richtet sich darauf, nur Gutes zu tun und das Gute im eigenen

Inneren immer größer werden zu lassen, so daß ein Gefühl der Sicherheit erwachsen kann. Allerdings ist es dabei nicht mit Worten oder Gedanken getan, ihnen müssen auch gute Taten folgen. Und die rechte Absicht, uns zu läutern, beinhaltet, daß wir aufhören, uns zu rechtfertigen und zu entschuldigen. Erkennen, nicht tadeln, ändern! Es bringt gar nichts, die Schuld auf andere, auf das böse Schicksal oder die widrigen Umstände zu schieben. Der Drang nach dem Guten wird erst dann wirklich stark, wenn die Dringlichkeit erkannt ist. Das Üben des Guten macht den Unterschied aus zwischen dem, der vielleicht spirituelle Ambitionen hat, und dem, der wirklich weiß, was zu tun ist, und es auch verwirklicht. Zwar wird jeder, der noch der Ich-Illusion unterliegt, immer wieder in Schwierigkeiten geraten, aber die rechte Ansicht und die rechte Absicht sind Schritte der Weisheit auf dem achtfachen Pfad.

F.: Wann kommt der Moment der Dringlichkeit? Kann man diesen fördern, oder kommt er von alleine? Hält er an?

A.: Er hält an, und er kommt auf dem fortgeschrittenen Pfad der Einsicht, nachdem man die Angst, das Ego zu verlieren, hinter sich gelassen hat. Und diese Angst ergreift jeden. Den einen stärker, den anderen weniger stark. Wer das erlebt hat, hat die Gefahr der Existenz erkannt. Der nächste Schritt führt zur Dringlichkeit des Praktizierens, weil der Wunsch nach der Erlösung von der Existenz stark geworden ist. Das hat nichts mit Selbstmord zu tun, sondern mit der Erlösung vom Ego. Die Dringlichkeit beruht auf Einsicht, deshalb hält sie an. Was wir einmal erkannt haben, kann uns niemand mehr nehmen. Es kann allerdings geschehen, daß wir uns den Einsichten verschließen. Aber wenn wir eine tiefgründige Einsicht erlangen, wird sie sich auch tief in uns verankern. Wie das zu fördern ist? Indem wir das Entstehen und Vergehen immer wieder betrachten, bis das Vergehen so deutlich erkannt ist, daß alles wegzuschwimmen scheint, bis nichts mehr vorhanden ist, an dem man sich festhalten kann. Da tritt dann die Angst auf, und durch die muß man hindurch.

F.: Handelt es sich um die Gefahr, in diesem Leben die Erleuchtung zu verpassen?

A.: Nein – das ist nicht die Gefahr. Im Gegenteil. Die Gefahr, die man in der Existenz sieht, ist die Gefahr des schlechten Tuns, des Sich-selbst-und-andere-Gefährdens, nicht harm-los zu sein, schlechtes Kamma zu erzeugen und dadurch in üble Umstände zu geraten. Die Aussicht, jederzeit ausgelöscht werden zu können – was man ja fürchtet –, betrachtet man als die Gefährdung der Existenz. Vor allen Dingen sieht man, daß diese Existenz, wenn man ohne Erkenntnis bleibt, eine Existenz nach der anderen nach sich zieht, die immer wieder das gleiche mit sich bringt. Die Existenz ist durch Unbeständigkeit, Dukkha und Substanzlosigkeit gekennzeichnet. Es ist in ihr also nichts zu finden, was Erfüllung verspricht. Das ist die Gefahr der Existenz. Der Trieb der Sinnesbefriedigung erfüllt uns immer wieder mit Hoffnung und gibt uns immer wieder den Antrieb zu neuer Suche. Befriedigung muß doch irgendwo zu finden sein. Es fühlt sich gut an, es sieht schön aus, es schmeckt gut, es hört sich gut an, ich denke etwas Angenehmes – irgendwo muß ich doch fündig werden. Es ist immer wieder dieser Trieb der Sinnesbefriedigung, der uns vorgaukelt, es müsse etwas zu finden sein. Wenn man das alles erkannt hat, dann bleibt einem nur noch das Praktizieren, um sich von all dem zu befreien, denn Erklärungen und Worte sind nur Konzepte.

F.: Ist das der Moment des Stromeintritts?

A.: Der Moment, in dem die Dringlichkeit eintritt, noch nicht.

F.: Sind Gier und Haß eine Folge des Sinnlichkeitstriebes?

A.: Den Sinnlichkeitstrieb kann man als Gier bezeichnen.

F.: Dem Haß und der Gier sind wir ja eigentlich sehr verfallen.

A.: Sie haben beide die gleiche Grundlage, nämlich die Verblendung.

F.: Es ist also der Sinnlichkeitstrieb, der als Gier bezeichnet wird?

A.: Es kommt darauf an, wovon der Buddha spricht. Hier ist von den drei Āsavas die Rede. Dabei wird der Sinnlichkeitstrieb genannt. Der Ausdruck «Gier» wird oft falsch verstanden. Vielleicht wäre «Begierde» zutreffender, die Begierde, die Sinne zu befriedigen.

F.: Den Unwissenheitstrieb verstehe ich noch nicht. Ein Trieb ist ja etwas, das einen irgendwohin treibt. Aber doch nicht zur Unwissenheit?

A.: Nein – es ist die Unwissenheit, die treibt. Zum einen ist es die Sinnlichkeit, die uns treibt; als zweites der Daseinswunsch und als drittes das Nichtwissen – oder besser: die Unkenntnis – der absoluten Wahrheit. Diese drei Triebe sind in jedem Menschen vorhanden und auch zu spüren. Manchmal dämpfen wir sie aus gesellschaftlichen Gründen, ein andermal aber treten sie mit geballter Kraft auf. Dann kriegen wir Schwierigkeiten mit anderen. Sie sind so stark, daß wir sie oft gar nicht erkennen, und das macht es so schwierig, ihnen beizukommen. Wir können ihnen nur mit der Methode des Praktizierens begegnen, die den Geist verfeinert und schärft und ihn so stärkt, daß er das von diesen Trieben ausgehende Unglück zu erkennen vermag. Diese Schritte zeigt der Buddha dem König mit seiner Lehrrede auf. Nachdem der Buddha von Einsicht gesprochen und erklärt hat, welch großen Gewinn sie darstellt, ist Ajātasattu immer noch nicht zufrieden, und so erläutert ihm der Buddha den nächsten Schritt, das Erkennen der Triebe, was einen noch größeren Gewinn bedeutet.

14

Die letzte Frucht: Das Loslassen der Triebe

Stellen wir die Existenz dieser Triebe in uns fest, dann wird klar, daß es sich nicht um eine persönliche Schwierigkeit handelt, sondern um eine allgemeinmenschliche. Erfassen wir diese Tatsache wirklich, dann gehen wahrscheinlich unsere Erwartungen an uns selbst und die Welt etwas zurück, und demgemäß werden auch unsere Enttäuschungen geringer, denn: je höher die Erwartung, desto größer die Enttäuschung. Haben wir erst den Sinnlichkeitstrieb und den Daseinstrieb entdeckt, werden wir bald darauf kommen, daß deren Wurzel die Unwissenheit ist. Wir sind uns dieser Triebe so unbewußt, daß es große Mühe kostet, sie überhaupt zu entdecken, und die meisten Menschen nehmen nicht die geringste Notiz von ihnen. Viel weniger wird entdeckt, daß genau diese Triebe die Urheber unserer Schwierigkeiten sind, und so kommt ganz selten jemand auf die Idee, etwas dagegen zu unternehmen. Darum sollten wir den ganzen Weltenwirrwarr mit mehr Akzeptanz und Toleranz betrachten. Das meiste davon beruht tatsächlich auf diesen drei Trieben.

Der Buddha zeigt uns sieben Wege, um diesen Trieben beizukommen und sie zu bearbeiten. Der erste Weg ist jener der Einsicht, das heißt: Als erstes müssen wir in der Lage sein zu erkennen, daß wir alle mit diesen Trieben ausgestattet sind. Dann erkennen wir ihre Ursache und ferner, daß das Erlöschen dieser Triebe uns das größte Glück bescheren würde.

Daraufhin können wir uns daranmachen, über die anderen sechs Wege diese Triebe abzuschwächen und vielleicht eines Tages ganz auszurotten. Die vier Stadien des Wissens, daß wir die Triebe beherbergen, von der Ursache ihres Vorhandenseins, vom Glück des Erlöschens der Triebe und vom Weg zu ihrem Erlöschen sind die vier edlen Wahrheiten. (Das Erkennen des Dukkha, die Ursache des Dukkha, das Erlöschen des Dukkha und der Weg dorthin.)

Nun aber zu den sechs Wegen, auf denen wir den Trieben beikommen können: Zuerst ist da natürlich die Feststellung, daß sie da sind. Der Sinnlichkeitstrieb verführt uns dazu, es immer angenehm haben zu wollen. Aber wir möchten es ja nicht nur angenehm haben – wir wollen noch viel mehr. Mit diesem Sinnlichkeitstrieb haben wir alle ununterbrochen zu tun, denn er treibt uns ständig fort vom Unangenehmen, hin zum Angenehmen. Es kommt uns gar nicht in den Sinn, uns auch einmal mit nicht ganz so Angenehmem zufriedenzugeben. Dieser Trieb, es stets und immer angenehm haben zu wollen, setzt uns ganz schön unter Druck. Es ist uns unmöglich, dabei ruhig zu bleiben, denn wir müssen ja ständig etwas Neues suchen. Einzig in der Meditation haben wir die Chance, einmal zur Ruhe zu finden. Darum fangen die Erklärungen der meditativen Vertiefungen mit den Worten an: Abgeschieden von allen Sinnesbegierden … Anders können wir keine Ruhe finden.

Die Ursache dafür, daß wir diesen Trieben so sehr unterliegen, ist die Unwissenheit. Diese bezieht sich immer nur darauf, daß wir die absolute Wahrheit noch nicht erkannt haben. Das dürfen wir nicht so verstehen, als ob nun gerade wir ganz besonders unwissend oder schlecht wären. Es handelt sich allein um das Erkennen der menschlichen Problematik im allgemeinen. So können wir lernen, zu akzeptieren, daß es sich nun mal so und nicht anders verhält, und erst dann können wir versuchen, den Sinnlichkeits- und den Daseinstrieb – zumindest während der Meditation – ganz bewußt aufzugeben, um eine Ahnung davon zu bekommen, wie sich das Erlöschen dieser Triebe anfühlt. Im Nibbāna erlöschen diese Triebe so total, daß sie nie mehr auftreten können. Aber schon das momentane Erlöschen vermittelt ein Glück, das nicht möglich ist, solange diese Triebe in uns arbeiten. Solange wir denken, ist auch die Ich-Bezogenheit vorhanden und wir wissen, was wir möchten und was nicht, was wir planen, hoffen und erledigen wollen.

Der Buddha mit seinem Genie hat uns ganz methodisch gezeigt, welche Wege wir einschlagen sollen und wie wir sie gehen können. Je mehr wir von seinen Lehren wissen, desto einfacher wird es, sie zu befolgen. Allein könnten wir diese Wege weder finden noch beschreiten. Es gilt, die Sinneskontakte zu zügeln, wie es schon an anderer Stelle erklärt wurde. Wenn wir sie also beschützen und behüten und nicht alles sehen, betasten, riechen oder hören wollen, dann beschränken wir sie und entsagen diesem oder jenem und geraten weit weniger in Versuchung. Die Versuchung ist immer und überall präsent in der Welt, solange wir nicht vollkommen erleuchtet sind, und über unsere Sinne klopft sie an unsere Tür. Je mehr Sinneskontakte wir haben, desto mehr geraten wir in Versuchung. Daran müssen wir uns aber immer wieder erinnern. Mit Gleichgültigkeit hat eine bewußte Beschränkung der Sinneskontakte nicht das geringste zu tun, und es werden auch keine großartigen Entsagungen von uns verlangt, aber wir können Gleichmut üben.

Alles entsteht und vergeht, kommt und geht. In dem Augenblick, in dem etwas vergangen ist, müssen wir uns etwas Neues suchen. Das hat der Buddha mit «Schuldner sein» bezeichnet. Immer wieder müssen unbezahlte Rechnungen, die unsere Sinneskontakte präsentieren, beglichen werden. Unsere wirklichen Rechnungen bezahlen wir wahrscheinlich alle, aber jene, die durch unsere Sinne entstehen, bemerken wir meist gar nicht. Der erste Schritt ist also die Sinnesbeschränkung.

Beim zweiten Schritt geht es um das Erdulden, das heißt darum, auch unangenehme Empfindungen einmal zuzulassen, weil uns inzwischen das Entstehen und Vergehen klargeworden ist. Wir brauchen nicht mit zusammengebissenen Zähnen dazusitzen und darauf zu warten, daß die Meditationszeit bald ihr Ende findet. Wir können akzeptieren, daß es so ist, wie es ist – alles kommt, alles geht. Es steht nirgends geschrieben, daß wir einen Anspruch auf allzeit nur angenehme Gefühle haben. Da beides existiert, müssen wir schon mit beidem vorliebnehmen, mit dem Angenehmen und dem Unangenehmen. Der Buddha hat es so formuliert: Die Dinge sollen so gesehen werden, wie sie wirklich sind. Wir sollen erdulden, auch wenn es nicht angenehm ist, und weder uns selbst noch andere beschuldigen, die Unannehmlichkeit erzeugt zu haben. So können wir das Erdulden akzeptieren, und nur dann üben wir Gleichmut. Ansonsten fühlen wir uns geschädigt, haben eventuell Selbstmitleid und können dadurch in Depressionen verfallen.

Wir haben nun den ersten Schritt, die Einsicht, besprochen, den zweiten, die Sinneszügelung, und den dritten, das Erdulden, ebenfalls. Der vierte Schritt wird Gebrauch genannt. Ein sonderbarer Ausdruck, mit dem manche vielleicht nichts anzufangen wissen. Glücklicherweise hat ihn der Buddha genau erklärt. Gemeint ist, daß wir dankbar und demütig all die zahlreichen Segnungen gebrauchen, die uns ununterbrochen zufließen. Es ist nicht selbstverständlich, daß wir alles, was wir benötigen, im Überfluß haben, daß unser Leben von Annehmlichkeiten erfüllt ist. Wir können uns dessen ständig in Demut und Dankbarkeit bewußt sein. Dankbarkeit öffnet das Herz und geht in Liebe über. Wir können nur für das dankbar sein, was wir lieben. So wird in unseren Herzen die Liebesfähigkeit wachsen und gedeihen, so daß sie eines Tages nicht mehr auf Menschen beschränkt ist. Alles, was existiert, ist der Liebe wert. So können wir den Sonnenaufgang und den Sonnenuntergang lieben, den kleinen Käfer, die wilde Blume, die knorrige Eiche. Wir können stets demütig und dankbar für alles Gute in unserem Leben sein, statt uns auf das zu konzentrieren, was uns angeblich fehlt.

Die Dinge, die für unser Leben unerläßlich sind, hat der Buddha die «vier Notwendigkeiten» genannt. Es sind dies: Nahrung, um den Körper am Leben zu erhalten, Kleidung, um sich vor Hitze und Kälte zu schützen, ein Dach über dem Kopf, um nicht den Unbilden des Wetters ausgesetzt zu sein, und Medizin für den Körper bei Krankheit. Alles, was darüber hinausgeht, trägt zur Sinnesbegierde bei. Das schreibt uns nicht vor, in einer häßlichen und ungepflegten Umgebung zu hausen, aber es sollte nicht jeder Luxus vorhanden sein, sondern nur das, was wirklich «gebraucht» wird. Es besteht ein großer Unterschied zwischen dem, was notwendig ist, und dem, was man gerne hätte. Wer das rigoros beachtet, wird mindestens die Hälfte seines Haushaltes ausräumen können. Damit ist natürlich niemandem gedient, wenn nicht jemand anders die Dinge brauchen kann. Andererseits ist es auch eine Befreiung, wenn man Dinge los wird, die einen doch nur belasten, da sie dauernde Pflege verlangen. Je weniger man mit sich herumschleppt, desto leichter ist es, die Wahrheit zu erkennen.

Als nächstes kommt ein sehr interessanter Schritt, das «Vermeiden». Der Buddha hat davon gesprochen, daß unangenehme, unerfreuliche und aufregende Situationen und Menschen gemieden werden sollten. Sind wir nämlich ständig Dingen und Leuten ausgesetzt, die uns irritieren, reagieren wir auf eine Art und Weise, die unserem spirituellen Wachstum nicht förderlich ist. Wir müssen also erkennen lernen, wann unser spirituelles Wachstum in Frage gestellt ist. Das Vermeiden von schlechten Freunden ist eine Anweisung des Buddha, die er gegeben hat, weil wir so leicht zu beeinflussen sind. Wir glauben an das Gute in einem Menschen, bis uns jemand Übles über ihn berichtet. Dann glauben wir das. Leider neigen wir meist sogar eher dazu, das Schlechte zu glauben. Der Grund dafür liegt darin, daß das uns selbst besser erscheinen läßt, denn so schlecht wie jener sind wir ganz bestimmt nicht!

Der Buddha hat von einem schlechten Freund folgendes

gesagt: Ein Mensch, der im Umgang bösartig ist, wirkt destruktiv. Er baut nicht auf, sondern zieht herunter. Außerdem ist ein schlechter Freund geizig, und zwar nicht nur im materiellen Bereich, sondern auch hinsichtlich seiner Zeit. Wird seine Hilfe benötigt, dann hat er nie Zeit, weil er nämlich nur auf seinen eigenen Vorteil bedacht ist. Dieser Geiz zeigt sich auch darin, daß er mehr verlangt, als er gewillt ist zu geben. Alle diese Eigenschaften sind eine deutliche Warnung für uns, nicht selbst in diese Fehler zu verfallen. Wir sollen und können uns selbst und unser Verhalten überprüfen. Erkennen, nicht tadeln, ändern! Haben wir nämlich herausgefunden, daß wir geizig sind und uns dafür tadeln, so haben wir uns schon zwei Dukkha aufgeladen. Eine weitere Eigenschaft des schlechten Freundes ist es, hinter unserem Rücken negativ über uns zu reden. Dies müssen wir ganz besonders zu vermeiden suchen, was leider nicht verhindert, daß genau das jedem passiert. Selbst über den Buddha und auch über Jesus hat man schlecht gesprochen. Es ist also kein Wunder, wenn solches auch uns geschieht.

Aber wir können uns selbst davor hüten, Schlechtes über andere zu verbreiten. Ein schlechter Freund erfüllt seine Pflichten uns gegenüber oft nur aus Angst davor, daß es üble Folgen haben könnte, wenn er sich verweigert. Dazu hat der Buddha erklärt, Angst und Scham seien die Hüter der Welt. Wir wissen inzwischen, daß wir von Natur aus mit guten und mit schlechten Eigenschaften ausgestattet sind. Oft hält uns die Angst vor dem Tadel und dem Sich-schämen-Müssen davon ab, Schlechtes zu tun. Das ist an sich nicht falsch, aber es ist dennoch die unterste Stufe des Gut-Seins. Gehen Angst und Scham verloren, dann werden wir kriminell. Verliert ein ganzes Land in einer Psychose die Angst und die Scham, dann haben wir Krieg. Sobald Angst und Scham sich ihren normalen Platz zurückerobert haben, leben wir zumindest nicht mehr im Chaos. So sind Scham und Angst die Hüter eines vernünftigen Benehmens. Erfüllt also einer nur aus Angst und Scham seine Pflicht, so können wir ihn nicht als Freund bezeichnen. Ein Freund ist jemand, der seine Pflichten aus Liebe und Zuneigung erfüllt.

Ebenfalls ein schlechter Freund ist jener, der uns schmeichelt und hinter unserem Rücken Schlechtes über uns verbreitet. Es ist also angebracht, jeder Art von Schmeichelei zu mißtrauen, denn diese deutet auf einen Menschen, der unwahrhaftig ist und nicht zu seiner Überzeugung steht. Können wir ehrlich behaupten, daß wir selbst nicht so handeln, dann vermittelt das ein Gefühl der Sicherheit. Wir müssen aber sehr darauf achten, daß wir solche Menschen nicht in unserem Freundeskreis haben, denn sie schaden uns nur. Nun sehen wir unsere Umwelt jedoch als Spiegelbild dessen, was wir in uns tragen. Verfügen wir über solche unangenehmen Eigenschaften nicht selbst, dann wird es uns sehr schwerfallen, sie an anderen zu erkennen. Fallen sie uns aber auf, dann müssen wir zugeben, daß wir sie auch einmal besessen haben oder noch besitzen. Das Resultat eines solchen Erkennens darf aber auf keinen Fall Haß sein. Mit Haß schaden wir niemandem so sehr wie uns selbst.

Erkennen wir also, daß jemand kein guter Freund ist, so sollten wir ihn und alle Situationen, in denen er uns schaden könnte, meiden, ihm aber dennoch liebevoll zugewandt bleiben. Dazu müssen wir nicht unbedingt unsere Zeit mit ihm verbringen, denn wir alle haben nur begrenzt Zeit. Wir haben vierundzwanzig Stunden am Tag, von denen wir sechs bis acht schlafend verbringen, außerdem müssen wir arbeiten, um unseren Lebensunterhalt zu verdienen. Es gilt also, die Zeit weise einzuteilen. Das hat der Buddha «weises Erwägen» genannt. Einem schlechten Freund liebevoll zugewandt zu sein bedeutet, daß wir ihm trotz allem nur Gutes wünschen, Mitgefühl für ihn aufbringen und ihm helfen, wenn er darum bittet und die Hilfe annehmen kann. Aber wir hüten uns vor Situationen, in denen er uns schaden könnte. Gar nicht einfach!

Natürlich hat der Buddha auch den guten Freund beschrieben, den wir pfleglich behandeln und dem wir nacheifern sollen. Durch weises Erwägen kann man das Leben auf eine harmonische Basis stellen und die tieferen Wahrheiten erkennen. Ein guter Freund benutzt keine Ausreden, etwa, daß er keine Zeit hatte, uns zu helfen. Er beschützt unseren Besitz, ist hilfreich und freut sich an unserem Wohlergehen; er vertraut uns seine Geheimnisse an und bewahrt die unseren. Nur der, mit dem man von Herz zu Herz sprechen kann, ist ein wirklicher Freund. Mit ihm besprechen wir, was uns wirklich bewegt. Er gibt guten Rat, ist großzügig, aufrichtig, zuverlässig und treu. Freunde helfen einander dadurch, daß sie immer bei der Wahrheit bleiben. Auf keinen Fall bedeutet das ständige Kritik. Das Erkunden der Gründe für die Schwierigkeiten des anderen und der Versuch, ihm herauszuhelfen – das ist Wahrheit. Er ist kein Gut-Wetter-Freund, sondern geht mit uns durch dick und dünn. Er verhindert, daß andere schlecht über den Freund sprechen und spricht selbst nur gut über ihn. So einen Freund zu finden ist schwierig und selten. Hat man aber einen, so muß er wie ein Juwel behandelt werden.

Im allgemeinen sind die zwischenmenschlichen Beziehungen von Eitelkeit und Selbstsucht geprägt. Wo zwei Menschen es gut miteinander meinen und die Beziehung nicht dazu benutzt wird, eigene Vorteile zu erlangen, wird diese Herzensöffnung füreinander zu finden sein. Es ist klar, daß man selbst ein guter Freund sein muß, um einen guten Freund sein eigen nennen zu können. Es ist unmöglich, etwas zu erleben, was nicht bereits in uns Wurzeln geschlagen hat. Der Buddha fordert uns also dazu auf, eine schlechte Umgebung zu meiden und das Gute zu suchen.

Der nächste Punkt ist das «Beseitigen». Damit sind die vier großen Anstrengungen gemeint: 1. keinen unheilsamen Gedanken aufkommen zu lassen, der noch nicht aufgekommen ist; 2. keinen unheilsamen Gedanken fortzuführen, der schon aufgekommen ist; 3. einen heilsamen Gedanken aufkommen zu lassen, der noch nicht aufgekommen ist; 4. einen heilsamen Gedanken fortzuführen, der bereits aufgekommen ist.

Damit geben wir unserem Geist immer wieder die Möglichkeit, sich zum Guten zu verändern. Loslassen ist viel schwieriger als Ersetzen. In dem Moment, in dem etwas fallengelassen wird, entsteht sozusagen eine Leere und wenn wir nicht aufpassen, füllt sich diese sofort wieder mit dem, was wir gerade loslassen wollten. Wenn wir aber absichtlich ersetzen, dann retten wir wenigstens den Moment.

Diese Rettungsaktion ist desto leichter, je mehr der Geist durch die Konzentration gestärkt ist. Ebenso wie wir in den Wellen des Ozeans Kraft brauchen, um uns vor dem Ertrinken zu bewahren, bedürfen wir der Kraft des einspitzigen Geistes, um uns vor unheilsamen Gedanken zu retten. So hat uns der Buddha immer wieder die Achtsamkeit anempfohlen, um uns schon zu Beginn der Negativität davor zu schützen. Gedankenkontrolle hilft dabei, unseren Trieben Energie zu entziehen. Erkennen wir Haß und Gier nicht rechtzeitig, nähren wir den Sinnlichkeits- und den Daseinstrieb, die uns im Kreislauf des weltlichen Geschehens festhalten. Je stärker diese Triebe sind, desto weniger können wir inneres Glück und spirituelle Seligkeit wahrnehmen. Das Ersetzen der unheilsamen Gedanken ist vergleichbar mit dem Stehen an einem Abhang, von dem man bei der geringsten Unachtsamkeit abrutschen wird. Allerdings hätte dieses Abrutschen nur mit unserem Körper zu tun. Es sind aber unsere Gedanken und unser Geist, die uns bewegen. Der Körper folgt nur nach, denn ihm bleibt ja gar nichts anderes übrig. So ist es unsere Aufgabe, nicht den Körper, sondern den Geist vor dem Abrutschen zu bewahren. Dazu müssen wir uns immer wieder auf die vier großen Anstrengungen besinnen.

Der siebente Punkt wird «Entfalten» genannt. Hier handelt es sich um die sieben Faktoren, die zur Erleuchtung führen und die auch wieder mit Achtsamkeit anfangen. Es hört sich vielleicht mühsam und beschwerlich an, immer achtsam zu sein, das Gute zu entfalten und das Schlechte zu vermeiden, ist aber genau das Gegenteil. Es vermittelt Interesse und ein Gefühl, etwas vollbracht zu haben, und es schützt den Geist vor Stumpfheit und Schläfrigkeit. Als nächstes kommt die Untersuchung aller Phänomene, die im Universum existieren, auf ihre Vergänglichkeit, ihr Dukkha und ihre Substanzlosigkeit hin. Der dritte Faktor ist die Willenskraft. Die vier darauffolgenden Faktoren sind die meditativen Vertiefungen: Entzücken, Ruhe, Konzentration und Gleichmut. Als Erleuchtungsfaktor ist der Gleichmut durch Einsicht bereits so verinnerlicht, daß er fest verankert ist. Dies sind die sieben Erleuchtungsfaktoren, die aus Ruhe und Einsicht bestehen. Beide müssen wir üben und vervollkommnen, aber es liegt an der Art des Praktizierenden, welcher zuerst Erfolg bringt. Menschen mit einem sehr analytischen Geist müssen bis zu einem gewissen Punkt zur Einsicht gelangen, bevor Ruhe eintritt. Hier gibt es keinerlei Werturteil; wichtig ist das regelmäßige Üben und die Akzeptanz dessen, was geschieht. Bei den sieben Erleuchtungsfaktoren wird die Einsicht zuerst genannt, und dann kommen die Stadien der Ruhe-Meditation.

Die sieben Schritte sind dazu da, unsere Selbsterkenntnis zu stärken und unsere Triebe zu vermindern. Wir können uns erst dann helfen und heilen, wenn wir wissen, was in unserem Inneren vorgeht. Suchen wir zum Beispiel einen Arzt auf, weil wir Schmerzen haben, dann erwarten wir ganz selbstverständlich von ihm, daß er sofort erkennt, welches Organ uns Schwierigkeiten macht. Und dann muß er natürlich auch etwas verschreiben, das uns umgehend Linderung verschafft, sonst gehen wir nie wieder zu ihm. Der Buddha wurde manchmal als «der große Arzt» bezeichnet und das Dhamma als «die reinste Medizin». Obwohl der Buddha die Diagnose unserer Leiden gegeben und auch die Heilmittel verschrieben hat, so hat er dennoch gelehrt, daß wir uns selbst heilen und die Diagnose als richtig erkennen müssen. Das Wissen um die Diagnose und die Heilmittel nützt uns nichts, solange wir es nicht anwenden. Wir können das mit Medizin vergleichen, die wir zwar bewundern, aber nicht schlucken wollen. Die Medizin des Buddha erhalten wir sonst nirgends, und es ist auch nicht hilfreich, ihr einige Bestandteile entnehmen zu wollen, von denen wir glauben, daß sie uns nützen würden. Die Medizin, die der Buddha empfiehlt, ist ganzheitlich und wirkt nur, wenn sie auch so eingenommen wird.

Nun ist das eine so radikale und umfassende Medizin, daß sie nicht auf einmal geschluckt werden kann. Sie muß Schluck für Schluck eingenommen werden. Jeder Schluck enthält allerdings alle Bestandteile und kann so dazu führen, daß wir uns besser fühlen. Um wirklich geheilt zu werden, bedarf es der ganzen Flasche mit allen Ingredienzien, aber wenn wir uns allmählich immer besser fühlen und merken, daß die Medizin nützt, dann werden wir sie weiterhin nehmen. Leider ist die Unsitte weit verbreitet, sich aus der Medizin das herauszuklauben, was man als passend erachtet. Dafür gibt es viele Rechtfertigungen: Es ist so zeitraubend …, ich bin doch gar kein Buddhist …, meine Freunde mögen das gar nicht …, und so weiter. Aber mag diese Medizin manchmal auch gar nicht gut schmecken, denn sie ist nicht mit Zuckerwasser gemischt –, sie muß im ganzen und bis zum Ende eingenommen werden, um heilend zu sein. Wenn wir außerdem noch die Verpackung schön finden, so hilft uns das, die Medizin zu lieben, was unsere Heilung erleichtert.

F.: Ich möchte zu den fünf Betrachtungen etwas fragen. Die erste dieser fünf Betrachtungen ist die über die Vergänglichkeit. Dazu fiel mir die liebende Güte ein. Ist diese denn nicht beständig?

A.: Im universellen, unendlichen Bewußtsein existiert alles, was jemals ins Bewußtsein getreten ist. Nun verfügt aber alles über die Qualität des Zusammenkommens oder Entstehens und des Auseinanderfallens oder Verfalls. Das gilt für jeden Gedanken und jede Wahrnehmung. Aber der endgültige Verfall und die vollkommene Unbeständigkeit ist nicht einmal mehr mit dem unendlichen Bewußtsein verbunden. Es ist nur noch Auflösung vorhanden, wogegen im unendlichen Bewußtsein alles existiert, was es je gegeben hat. Aber auch das verfügt über die Qualität des Kommens und Gehens.

F.: Ich kann mir liebende Güte und Gleichmut nicht als unbeständig vorstellen. Wäre sie unbeständig, dann würde es sich ja nicht mehr um liebende Güte handeln.

A.: Das ist eine relative Wahrheit. Auf der relativen Basis kann man sagen, daß im unendlichen Bewußtsein liebende Güte immer enthalten ist und daß es Menschen gibt, die immer liebende Güte empfinden. Auf der absoluten Basis gibt es jedoch nichts, was nicht zusammenkommt und auseinanderfällt – inklusive des ganzen Universums. Selbst dieses zieht sich zusammen und fällt auseinander. Genauso verhält es sich mit allen Bewußtseinszuständen. Es geht nicht um ein Entweder-Oder, sondern um ein Sowohl-Als-auch. Man kann also sagen, daß die liebende Güte immer existiert, aber auf der absoluten Basis existiert überhaupt nichts.

F.: Was ist *sangha*?

A.: Manche glauben, daß alle, die sich auf ein Meditationskissen setzen, Sangha seien. Das ist durchaus eine Seite von Sangha. In der Übersetzung bedeutet dieses Wort Gemeinschaft, und im Buddhismus bezeichnet es Mönche und Nonnen. In der Zufluchtsformel meint man damit die Erleuchteten: Natürlich wollen wir Zuflucht bei den Erleuchteten suchen, weil dieses höchste Ideal wirklichen Schutz bietet.

F.: Wie soll ich das mit den Trieben und dem Praktizieren verstehen?

A.: Wir sollten nachschauen, ob wir die Triebe in uns finden können. Es besteht ein großer Unterschied zwischen dem intellektuellen Verstehen, dem scholastischen Lernen, und dem Praktizieren. Der Buddha hat beides empfohlen. Ist kein Studium und Verstehen da, dann bleibt uns die Lehre des Buddha fremd. Fehlt die Praxis, dann können wir die wirkliche Bedeutung nicht verinnerlichen.

Allein mit Worten kann man lediglich ein Konzept entwickeln, das immer nur statisch bleibt. Dagegen ist die Praxis etwas, das fließt und immer wieder Neues hervorruft, bis das Ende, die Erleuchtung, erreicht ist. Die drei Triebe sind im Prinzip nur Worte. Wir müssen genau prüfen, ob es sie tatsächlich gibt. Es ist außerordentlich interessant, sie aufzustöbern. Diese Triebkraft führt uns immer wieder auf Irrwege. Können wir ihr schließlich irgendwann Einhalt gebieten – und sei es auch nur kurzfristig –, sind wir in der Lage, eine neue Richtung einzuschlagen. Diese Erkenntnisse werden dann als Herzensqualität empfunden und fühlen sich ganz anders an als alles, was wir bisher verspürt haben.

15

Der achtfache Pfad
Tugend und Konzentration

So, wie wir die Existenz der Triebe und auch ihre Auslöser erkennen können, so, wie wir ihr Erlöschen als großen Segen empfinden können, so führt uns der achtfache Pfad zum Erkennen von Dukkha. Das Erlöschen von Dukkha ist der größte Segen überhaupt, und um ihn zu erlangen, hat uns der Buddha acht Schritte erklärt. Bevor wir allerdings den ersten Schritt tun können, müssen wir unser eigenes Dukkha begriffen haben. Dieses Dukkha ist keineswegs ein menschliches Problem, das auftritt, uns Schwierigkeiten macht und irgendwann gelöst wird oder von selbst wieder verschwindet. Es ist damit gemeint, daß wir wissen müssen, daß Dukkha zu den Grundlagen unserer Existenz gehört. Und zwar zu ausnahmslos jeder Existenz. Solange wir das nicht ganz deutlich erkannt haben, gibt es keinen Grund, uns auf den Weg zu machen.

Die meisten Menschen geben zu, daß sie Dukkha haben, und jeder findet irgendeinen Grund dafür. Wenn das aber auf ein bestimmtes Problem beschränkt ist, zum Beispiel auf ein Partnerproblem, Meditationsschwierigkeiten oder ähnliches, dann wird man sich bemühen, dieses eine Problem loszuwerden, oder auch zwei, drei, denn die Auswahl ist groß: fehlendes Selbstvertrauen, ein Mangel an liebender Güte oder an Toleranz, und so weiter. Das hat der Buddha jedoch nicht gemeint – das ist nicht der Pfad zur Freiheit. Es handelt sich dabei vielmehr um ein universelles Problem, das nicht das geringste mit persönlichen Schwierigkeiten zu tun hat. Existenz an sich ist Dukkha, unabhängig von Fähigkeiten oder Unfähigkeit. Dukkha ist völlig unpersönlich und gilt generell für jede Existenz.

Weil wir Dukkha zwar spüren, aber den Urgrund nicht klar erkennen, versuchen wir uns über den Sinnlichkeitstrieb Befriedigung zu verschaffen, aber selbst dann, wenn wir im Laufe der Jahre unsere Erwartungen drastisch zurückschrauben, werden wir keine volle Zufriedenheit und Erfüllung finden. So bleibt uns nichts anderes übrig, als den ersten Schritt zu tun und die Vergänglichkeit zu akzeptieren. Dabei lernen wir, daß keine vollkommene Zufriedenheit und Erfüllung möglich ist, weil sich ständig alles ändert. Das verschafft uns den Zugang zum Verständnis von Dukkha. Die Vergänglichkeit und der stetige Wechsel verursachen Leiden, solange wir nicht voll und ganz mit ihnen einverstanden sind. Mit dieser Akzeptanz wird es möglich, den Pfad zur Auslöschung von Dukkha voller Kraft und Hingabe zu betreten.

Dukkha ergibt sich aus der Tatsache, daß alles, was sich bewegt, Reibung verursacht. Wenn wir genau aufpassen, können wir das in unseren Geistesformationen feststellen. Und selbst wenn wir das nicht merken, stellen wir auf jeden Fall fest, daß auch die beste Meditation vergeht. Es gibt nichts Bleibendes. Auch wenn wir ganz aufmerksam suchen – wir werden nichts Bleibendes finden. Auf diese Art werden wir vielleicht entdecken, daß gerade dieses ewige Vergehen Dukkha schafft. Eine Minute geht es gut – die nächste geht es schlecht. Das ist das Auf und Ab des Lebens. Dem müssen wir uns beugen, um zu erkennen, daß unser Leben nun einmal dem Dukkha unterliegt. Haben wir das angenommen, dann brauchen wir nicht länger darunter zu leiden. Wir haben nämlich bisher nur deshalb gelitten, weil wir jede Art von Unannehmlichkeit – also von Dukkha – immer so schnell wie möglich loswerden wollten. Wir wollen kein Unbehagen fühlen, also muß es dringendst entfernt werden. Und genau dieser Widerstand verhindert unser Mitfließen, woraus der

Schmerz des Sich-dagegen-Stemmens entsteht. Erst das Mitfließen macht alles einfach und leicht.

Es geht also darum, loszulassen und sich auf den achtfachen Pfad zu begeben, der aus drei Teilen besteht. Der erste Teil gehört der Weisheit an, der nächste beinhaltet moralisches Verhalten. Es gibt keine wahre spirituelle Lehre und keine Religion, die nicht ein geläutertes Benehmen als Grundlage haben. Das liegt ganz einfach daran, daß ein moralisch einwandfreies Verhalten unser eigenes Leben und das unserer Mitmenschen erleichtert. Wer weniger anstößt, tut sich und anderen weniger weh.

Wenn wir unser Benehmen, das Haß und Gier beinhaltet, läutern, können wir weiter voranschreiten. Die drei Schritte des zweiten Teils des Pfades sind: rechte Rede, rechte Handlung, rechter Lebenserwerb. Die Forderung nach rechter Rede ist zweischneidig, denn höfliche Rede ist nicht immer wahrheitsgetreu. Sie kann durchaus manipulativ oder suggestiv sein, um den anderen in eine bestimmte Richtung zu lenken. Das ist keine rechte Rede – weil keine wahrhaftige Rede! Und es sollte sich bei unserer Rede stets um die unbefleckte Wahrheit handeln. Keine Halbwahrheiten oder was wir glauben, das der Zuhörer verkraften kann, nein – die ganze Wahrheit muß es sein. Wir brauchen absolut nicht mit der Tür ins Haus zu fallen, äußern wir uns aber, dann müssen wir zu dem stehen, was wir als richtig erkannt haben und uns überdies bemühen, die Wahrheit von Herz zu Herz zu vermitteln und nicht von Kopf zu Kopf. Ein Dialog lohnt sich nur dann, wenn er unter diesem Aspekt geführt wird.

Natürlich müssen wir Geld für unseren Lebensunterhalt verdienen und auch bürokratische Aufgaben erfüllen. Da wird es sich nicht vermeiden lassen, daß wir uns rein verstandesmäßig unterhalten. Aber sogar dann ist die «Von-Herz-zu-Herz-Sprache» weit wirkungsvoller. Wir reden doch immer mit einem Menschen, der auch ein Herz hat. Wir können sowieso nichts von uns geben, das nicht vom Intellekt gefärbt ist. Enthält unsere Rede auch noch Herzenswärme, dann reden wir in der richtigen Sprache und fühlen uns erfrischt. Und in dieser Sprache gibt es keine Unwahrheiten. Nur wer aus seinem Herzen eine Mördergrube macht, kann unwahr und lügnerisch reden. Wenn wir das sagen, was wir empfinden, ermöglichen wir auch unserem Gegenüber, das auszudrücken, was er fühlt. Dann sind wohl Meinungsverschiedenheiten möglich, aber kein Streit.

Die erste Lehrrede, die der Buddha seinem Sohn Rāhula – die Fessel – hielt, als dieser sieben Jahre alt war, handelt von der Lüge. Der Buddha verließ den Palast und seine Familie an dem Tag, an dem sein Sohn geboren wurde, um sich auf die Suche nach dem Weg aus dem menschlichen Dukkha zu machen. Er versprach, dann wiederzukommen, wenn er diesen Weg gefunden habe. Als er nun tatsächlich zurückkehrte, schickte die Mutter den kleinen Rāhula zu seinem Vater, um sein Erbe einzufordern. Rāhula tat wie ihm befohlen, obwohl er gar nicht wußte, was ein Erbe ist. So hielt der Buddha für Rāhula seine erste Lehrrede, das kostbarste Erbe, das er seinem Sohn hinterlassen konnte.

Der Buddha nahm einen Schöpflöffel und füllte ihn mit Wasser. Er fragte seinen Sohn: «Was siehst du da?» «Einen Schöpflöffel voll Wasser», lautete die Antwort des Kindes. Nun schüttete der Buddha das Wasser aus und fragte: «Und was siehst du nun?» «Jetzt ist der Schöpflöffel leer», sagte der Kleine. Der Buddha erklärte nun, das Leben eines Lügners sei so leer wie dieser Schöpflöffel. Daraufhin drehte er den Löffel herum und meinte: «So verdreht ist das Leben eines Menschen, der lügt.» Darauf nahm er ein wenig Wasser mit dem Schöpflöffel auf und erklärte, daß man so praktizieren solle: immer ein wenig aufnehmen, bis der Löffel gefüllt sei. Und wenn er voll sei, symbolisiere er einen Menschen voller Glück und ohne Lüge. Nun nahm der Buddha eine leere Kanne und zeigte sie Rāhula. «Was ist da drin?» fragte er. «Gar nichts», antwortete das Kind. Der Buddha sagte: «Fülle diese Kanne mit Wasser.» Das tat Rāhula. Der Buddha nahm die Kanne, drehte sie um, und alles Wasser lief heraus. Dazu erklärte der Buddha, bei einem Menschen, der lüge, fließe alles Gute davon. Auf diese Art versuchte er zu erklären, daß die Lüge den Menschen so beeinflußt, daß alles Gute verlorengeht.

Dann zeigte er Rāhula einen Spiegel und fragte: «Was ist das?» Rāhula antwortete, dies sei ein Spiegel, woraufhin der Buddha wissen wollte: «Wozu ist ein Spiegel gut?» Die Antwort des Jungen lautete, daß er sich selbst darin sehen könne. Der Buddha erklärte nun, daß ein Spiegel sehr wichtig sei, denn wenn man sich darin ansehe, könne man feststellen, ob man gelogen habe oder nicht. Zwar hat der Buddha das zu einem Siebenjährigen gesagt – es gilt aber ganz genauso für uns. Die Lüge – so erklärt der Buddha in einer Lehrrede – ist nicht nur das Gegenteil der Wahrheit. Auch wenn nur die halbe Wahrheit gesagt oder wenn etwas verschwiegen wird, handelt es sich um eine Lüge. Oft beschönigen wir etwas, damit es günstiger erscheinen möge. Wer verschweigt nicht hin und wieder etwas, um nicht ganz so schlecht dazustehen? Oder wir sagen nur das, wovon wir uns Vorteile versprechen. All das ist nicht die volle Wahrheit. Was nicht aus dem Herzen kommt, kann leicht fehlerhaft sein.

Über die rechte Rede hat sich der Buddha eingehend ausgelassen. Rechte Rede ist einer der 38 großen Segen, weil ein Mensch, der sich an die Wahrheit hält, nie an Reue leiden wird. Eine impulsive Äußerung kann dazu führen, daß wir einen Freund verlieren. Und dann ist die Reue groß. Die zwischenmenschlichen Beziehungen sind auf der Sprache aufgebaut und auf den dahinterliegenden Gefühlen. Je näher man darum seinen eigenen Gefühlen ist, desto näher ist man denen der anderen. Es gibt ein wunderbares Sprichwort, das lautet: «Lügen haben kurze Beine.» Daß kurze Beine nicht so weit tragen wie lange, ist offensichtlich. So fehlt der Lüge die Kraft der Überzeugung. Auch wenn sie nicht gleich aufgedeckt wird, hinterläßt sie doch keinerlei Inspiration. Wir müssen uns bei unserer Rede also weitgehend auf unsere Gefühle einlassen und obendrein eine Sprache benutzen, die weder unhöflich oder unfreundlich noch gar böse ist. Dennoch ist die Wahl der Worte bei weitem nicht das wichtigste. Wenn wir mit einem Menschen reden, der genau weiß, daß wir ihn nicht mögen, können wir selbst mit den höflichsten Worten die schlimmsten Kränkungen hervorrufen. Andererseits können wir einem Menschen, der von unserer Liebe überzeugt ist, etwas Schroffes sagen, und er wird es uns nicht übelnehmen. Die Gefühle hinter den Worten werden von unserem Gesprächspartner sehr genau verstanden.

So sollten wir uns achtsam einen Spiegel vorhalten, indem wir dem zuhören, was wir von uns geben. Wird unsere Rede ärgerlich, dann heißt es, tief durchzuatmen und zu bedenken, daß der, der uns da gerade geärgert hat, dies nur aus seinem eigenen Dukkha heraus getan hat. Wäre er glücklich, hätte er nichts Herausforderndes sagen müssen, und letztendlich schaden wir uns selbst, wenn wir uns ärgern. Also heißt es, Ärger durch Mitgefühl zu ersetzen. Wir haben die Wahl. Wir können reagieren – oder wir können es sein lassen. Zum eigenen Wohl und zu dem des anderen. Auch bedarf es für die rechte Rede keiner rhetorischen Fähigkeiten.

Allerdings ist es nötig, unsere Worte zu wägen, vor allem wenn wir über den Dhamma sprechen. Wir müssen uns deshalb um weises Erwägen, um Einsicht und um Präzision in der Ausdrucksweise bemühen, denn jeder Mensch hat eine andere Auffassung von dem gleichen Begriff. Selbst wenn die gleiche Sprache gesprochen wird, gibt es oft genug Mißverständnisse. Die rechte Rede entsteht aus den rechten Gedanken, und wenn das Herz mitspricht, wird auch die Wahl der Worte nicht schwerfallen.

Der nächste Schritt besteht in den rechten Handlungen. Die vier Tugendregeln setzen da die Grenzen: 1. nicht töten; 2. nicht stehlen; 3. keinen sexuellen Mißbrauch treiben und 4. keine Drogen oder berauschenden Getränke zu sich nehmen. Die rechte Handlung baut auf der ganz einfachen Grundlage auf, niemandem zu schaden mit dem, was man tut. Auch nicht sich selbst. Unser Tun sollte vielmehr hilfreich sein und uns und anderen nützen. Im Grunde gibt es zahlreiche Menschen, die gerne auf irgendeine Art und Weise helfen würden, sie wissen aber nicht, wie sie das anstellen sollen. Da müssen dann zuerst hilfreiche Fähigkeiten entwickelt werden, bevor geholfen werden kann.

Wir haben also ein progressives Erleben. Erst der Gedanke, dann die Rede und letztlich die Handlung. Wir müssen wissen, daß wir mit unseren Gedanken das geringste Kamma verursachen, mit der Rede ein mittleres und mit unserem Tun schließlich das stärkste.

Nun ist natürlich eine abgeschlossene Handlung sehr schwer zu ändern oder rückgängig zu machen. Ein Gedanke dagegen ist viel leichter zu verändern, er verschwindet sogar von selbst, ohne unser Zutun. Da wir im allgemeinen unseren Gedanken glauben, müssen wir da mit der Läuterung beginnen und dürfen nicht vergessen, daß beim Gedanken die Erschaffung unseres Kammas beginnt. Jeder negative Gedanke erzeugt ausnahmslos negatives Kamma. Wenn wir also bei unseren Gedanken aufräumen und die Negativitäten nicht mehr zulassen, dann kann uns mit unserer Rede und unseren Taten kaum etwas passieren. Wer seine Gedanken aufgeräumt hat, wird auch in anderen Lebensbereichen Ordnung haben. Wer sich dieser grundlegenden Aufgabe nicht stellt, wird es recht schwer haben, Rede und Handlung positiv zu gestalten, um damit Harmonie ins eigene Leben und das seiner Mitmenschen zu bringen.

Der rechte Lebenserwerb gehört zu den Grundlagen einer spirituellen Lebensführung und darf daher nicht mit den fünf Tugendregeln in Konflikt geraten: nicht töten, nicht stehlen, kein sexueller Mißbrauch, keine falsche Rede, kein Alkohol und keine Drogen. Der rechte Lebenserwerb hilft uns auf vielfältige Weise: Wir brauchen nichts zu bereuen und entwickeln auch keine Schuldgefühle. Wir treffen nicht mit Menschen zusammen, deren Sprache und Taten in die falsche Richtung gehen und die an einem spirituellen Leben nicht interessiert sind. Ein rechter Lebenserwerb bewahrt uns vor solchen Schwierigkeiten. Sollten wir Zweifel hegen, ob die Art unseres Lebenserwerbs geeignet ist für ein spirituelles Leben, so brauchen wir nur unsere tagtäglichen Handlungen mit den fünf Tugendregeln zu vergleichen, um zu sehen, ob eine davon nicht eingehalten wird.

Ein wichtiger Bestandteil unserer weisen Erwägungen ist auch das Beschützen oder Hüten des eigenen Glücks. Wie machen wir das? Am besten legen wir schriftlich nieder, was wir als Glück betrachten, und überlegen uns dann, was wir zu dessen Schutz tun oder lassen sollten.

Der dritte Teil des achtfachen Pfades, der von der Meditation handelt, besteht wiederum aus drei Schritten, und zwar: rechte Anstrengung, rechte Achtsamkeit und rechte Konzentration. Es wird sofort deutlich, daß Achtsamkeit und Konzentration nicht ein und dasselbe sind. Achtsamkeit führt zur Konzentration, die wir für die Meditation benötigen. Je mehr wir im Alltag Achtsamkeit üben, desto leichter wird uns die Meditation fallen.

Die rechte Anstrengung umfaßt vor allen Dingen die vier großen Anstrengungen des Geistes, richtig mit heilsamen und unheilsamen Gedanken umzugehen (siehe Kapitel 14). Rechte Anstrengung ist es auch, zu wissen, wie wir unsere Energie einsetzen, ob wir sie für die Sinnesbefriedigung vergeuden oder ob wir sie in die rechten Bahnen lenken. Das ist mit die wichtigste Erwägung: Wie verwende ich meine Zeit? Die rechte Anstrengung ist dann gegeben, wenn wir unsere Zeit zur Meditation und Kontemplation nutzen.

Die meditativen Vertiefungen sind Bewußtseinszustände, zu denen wir über die Konzentration auf den Atem vorstoßen. Die auf das Ein- und Ausatmen gerichtete Achtsamkeit führt uns zur rechten Konzentration – zur Sammlung –, wo wir alle Kräfte des Geistes an einem Punkt sammeln. Haben wir alle Kräfte an einem Punkt gesammelt, dann sind sie natürlich viel stärker, als wenn sie weit verstreut wären. Haben wir alle Schritte, die zum achtfachen Pfad gehören, unternommen, dann kehren wir zurück zum ersten Schritt – zur rechten Ansicht –, und damit hat sich das Bild geändert, das wir von uns selbst haben. Da wir der Mittelpunkt unseres Lebens sind, müssen wir von unserer Mitte ausgehen. Nur von innen kommen wir an die Wahrheit heran. Die Schritte auf dem achtfachen Pfad führen zu unserer Läuterung. Die Anstrengung, die Achtsamkeit und die Vertiefungen verdeutlichen uns, daß wir bisher ein völlig illusorisches Bild unseres Selbst besaßen. Das Erkennen des Dukkha, des Entstehens und Vergehens und die Bewußtseinszustände in den meditativen Vertiefungen zeigen uns, daß uns allen jede Individualität fehlt. Wenn wir das verinnerlichen, betreten wir Neuland. Es ist genau diese Individualität, die uns ständig so große Schwierigkeiten macht. Wenn wir gewillt sind, uns ohne die Individualität zu betrachten, dann hat Dukkha keine Gewalt mehr über uns. Die Möglichkeit, Dukkha für immer loszuwerden, hat jeder, aber der Wille dazu muß vorhanden sein.

Auf einem Waldspaziergang mit seinen Mönchen bückte sich der Buddha einmal und hob ein paar vertrocknete Blätter auf. Diese zeigte er den Mönchen mit der Frage, wo mehr Blätter zu sehen seien, in seiner Hand oder an den Bäumen. Die Mönche antworteten, daß selbstverständlich an den Bäumen wesentlich mehr Blätter seien. Da sagte der Buddha: «Der Unterschied zwischen dem, was ich weiß, und dem, was ich euch gelehrt habe, ist genauso groß wie der zwischen der Zahl der Blätter an den Bäumen und der Zahl der Blätter in meiner Hand. Aber was ich euch gelehrt habe, vergleichbar mit den Blättern in meiner Hand, genügt für die Erleuchtung. Ich habe auch immer mit der offenen Hand gelehrt, das heißt, nie ein Geheimnis aus irgend etwas gemacht. Alles, was ihr jetzt wißt, genügt zur Erleuchtung.»

Darum ist auch an vielen Buddha-Statuen ein Mudrā – eine Handhaltung – zu finden, die geöffnete linke Hand. Das bedeutet: keine geschlossene Faust, also keine Geheimnisse; alles ist offen und für jeden zugänglich. In der Lehre des Buddha wird nichts verschwiegen. Jeder intelligente Mensch, der gewillt ist zu praktizieren, findet offene Erklärungen. Notwendig sind lediglich Zeit, Willenskraft und das Erkennen von Dukkha. Der Buddha hat von sich selbst gesagt: «Es gibt nur eines, was ich lehre: Dukkha und das Ende des Dukkha.»

Fragen und Antworten zu Kapitel 15

F.: In den Tugendregeln sagt der Buddha, daß man kein Lebewesen töten soll. Andererseits sollen Bedürftige dankbar das annehmen, was sie bekommen. Heißt das, sie dürfen nur Vegetarisches annehmen, oder hat das überhaupt nichts damit zu tun?

A.: Das hat wirklich gar nichts mit dieser Regel zu tun. Man soll essen, was man kriegt, aber man soll nicht töten. Diese Frage taucht ständig auf. Mönche und Nonnen sollen demütig sein und dankbar annehmen, was man ihnen gibt. So wird in den Klöstern stets vegetarisch gekocht, aber außerhalb gibt es keine Wahlmöglichkeit.

F.: In den Klöstern ist das so, weil ja kein Mensch ein Tier schlachten darf.

A.: Das würde in einem Kloster natürlich niemand tun, aber die Laien bringen nun mal das, was ihnen einfällt, und das wird dankbar angenommen. Der Buddha hat ganz klar gesagt, seine Lehre solle keine Religion der Ernährung sein, denn davon gab es schon damals genügend. Bei den Hindus kannte man bereits die «heilige Kuh», und die verursachte großen Ärger. Millionen Menschen sind schon umgekommen wegen Meinungsverschiedenheiten die Ernährung betreffend. Eine fanatische Ansicht in bezug darauf, ob Kuh- oder Schweinefleisch gegessen werden darf oder nicht, hat schon Katastrophen ausgelöst. Und der Buddha lehnte jede Art von Fanatismus strikt ab, da es sich dabei lediglich um eine Art des Anhaftens handelt.

F.: Ich sollte also zum Beispiel nicht den Beruf des Metzgers erlernen?

A.: Nein – auf keinen Fall.

F.: Ich habe ein ganz praktisches Problem: Wie entferne ich Stechmücken aus meinem Schlafraum?

A.: In Sri Lanka ist dieses Problem viel größer!

F.: Müssen wir wirklich sogar auf die Insekten achten?

A.: Ja, natürlich! Töten heißt töten, und Lebewesen bleibt

Lebewesen. Da gibt es keine Ausnahmen. Wenn dieses Gesetz gebrochen wird, dann liegt die Verantwortung dafür immer beim Täter. Für das, was man tut, hat man die Konsequenzen zu tragen.

F.: Sind mit dem achten Schritt des achtfachen Pfades die Vertiefungen gemeint?

A.: Es sind bei Konzentration immer die Vertiefungen gemeint, denn die ganze Meditation führt dahin.

F.: Eine Frage zur Wahrheit: Einerseits soll man nur die vollkommene Wahrheit sagen, andererseits heißt es, daß man sie für sich behalten soll, wenn die Wahrheit nicht hilfreich ist.

A.: Wenn man eine verletzende Wahrheit kennt und der andere würde unter diesem Wissen leiden, dann soll man den anderen nicht verletzen.

F.: Also ist unbefleckte Wahrheit eine Wahrheit, die nicht kränkt?

A.: Das ist richtig. Wichtig ist aber auch die Art und Weise, wie mit der Wahrheit umgegangen wird. Es heißt beileibe nicht, daß die Wahrheit manipuliert oder zurückgehalten werden soll, sie muß nur liebevoll vermittelt werden, damit niemand verletzt wird.

F.: Es war vom offenen Herzen die Rede, das eine Voraussetzung für liebevolles Handeln ist. Es gibt aber recht oft die Situation, daß der eine ein offenes Herz hat und der andere nicht.

A.: Das kommt oft vor, und deshalb sind zwischenmenschliche Beziehungen schwierig. Sie funktionieren nur dann gut, wenn eine Herz-zu-Herz-Verbindung besteht. Man kann so lange wie möglich probieren, eine solche Verbindung herzustellen. Und wenn es absolut nicht geht, hilft nur eines: in Liebe Abstand nehmen, um sich selbst zu schützen. Natürlich sind alle zwischenmenschlichen Beziehungen fließend und verändern sich dauernd, aber die allgemeinen Regeln, die der Buddha hierfür aufgestellt hat, deuten in diese Richtung.

16

Ernüchterung und Gierlosigkeit

Die Lehrrede, die der Buddha König Ajātasattu gehalten hat, dreht sich um das progressive Wachstum, das beim alltäglichen Verhalten beginnt und in der Erleuchtung endet. Die meisten Lehrreden des Buddha hatten diese Form. Es gibt zwar einige, in denen schon eine gewisse Reife vorausgesetzt wird, in denen er wahrscheinlich zu Menschen gesprochen hat, die bereits einige Zeit praktiziert hatten, aber der König war ja ein absoluter Neuling. So begann der Buddha ganz am Anfang, indem er moralisches Verhalten, Sinnenzügelung, Vertrauen und Zufriedenheit erklärte, dann die meditativen Vertiefungen und die daraus resultierende Einsicht, bis zu dem Augenblick, in welchem Angst auftritt, die Gefahr und somit die Dringlichkeit des Praktizierens erkannt wird und der Wunsch nach Erlösung entsteht.

Es kommt nicht darauf an, an welcher Stelle des Pfades wir uns gerade befinden. Gemäß den Worten des Buddha ist es einzig und allein wichtig, den ganzen Weg zu kennen, um über Richtung und Ziel desselben Bescheid zu wissen. Das ist vergleichbar mit einer Orientierungskarte, auf der die verschiedenen Richtungen und Anhaltspunkte verzeichnet sind und wo ein roter Punkt einem sagt: «Du bist hier.» Wer nicht weiß, wo genau er steht, kann unmöglich wissen, in welche Richtung er zu gehen hat. Leider gibt es auf dem spirituellen Pfad keine so deutlichen Wegweiser, aber die Ehrlichkeit uns selbst gegenüber hilft zu erkennen, ob wir Ärger und Gier oder Ruhe und Frieden empfinden. Auch, ob wir die Vergänglichkeit schon so verinnerlicht haben, daß das «Ich» ein wenig von seiner scheinbaren Solidität verloren hat. Ganz egal, an welchem Punkt des Weges wir uns befinden: Wir müssen darum wissen, ohne Enttäuschung und ohne Tadel, sonst ist jede Praxis blockiert. Auch demjenigen, der sich bereits in höheren Regionen wähnt oder sich für ganz und gar unfähig hält, fehlt die Orientierungsmöglichkeit. Diese innere Überprüfung, wer, wo und wie wir sind, muß ganz objektiv vorgenommen werden – ohne jede Bestätigung von außen.

Wir haben schon viele Dinge, die zur Läuterung gehören, im Alltag erfahren, denn wir wissen intuitiv, daß Frieden nur dann zu finden ist, wenn die Reinheit des Geistes und des Herzens erworben wurde. Wir haben natürlich auch schon oft Fehler gemacht, aber jetzt, da wir klare Richtlinien haben, können wir den Weg mit mehr Konzentration und Vertrauen angehen. Sind wir zu dem Punkt gekommen, an dem wir nur noch den Wunsch nach Erlösung haben, sind wir immer noch nicht wunschlos glücklich, denn das gelingt nur in der Vertiefung der Meditation oder einem Erleuchteten. Und jede Meditation hat ein Ende, und damit auch das Glücksempfinden. Aber genau das ist unser Antrieb, mit Ausdauer und Disziplin zu praktizieren.

Die Meditation ist zwar das wichtigste Mittel auf dem Weg – aber sie ist nur ein Mittel. Alles Weitere untersteht weisem Erwägen und dem Erkennen. So ist der nächste Schritt den drei Merkmalen der Existenz gewidmet, von denen wir eines besonders untersuchen. Sehr häufig beschäftigen sich die Praktizierenden mit dem Nicht-Ich, mit Anattā, der Substanzlosigkeit. Es könnte natürlich auch Dukkha sein, dem wir uns in diesem Stadium zuwenden. Dukkha ist uns inzwischen klargeworden, weil wir gemerkt haben, daß es nichts gibt, das uns wirklich zufriedenstellen kann, und weil wir die ständige Veränderung akzeptiert haben. Wir haben das Entstehen und Vergehen gesehen und die Angst durchlebt, daß alles das, an dem unser Herz hängt, uns nicht erhalten bleiben kann. So wird dann der Wunsch geboren, sich aus diesem fatalen Kreislauf zu befreien. Die Untersuchung des «Nicht-Ich» geschieht nicht auf intellektueller, logischer Basis, sondern ist ein Versuch, in uns hineinzuspüren, um das «Ich» zu erkennen.

Meistens ist das Ich – das Ego – so stark, daß jede Erkenntnis verhindert wird. Es will sich behaupten, denn das Ego will Macht. Es will leben – auch über den Tod hinaus. Wenn es an Kraft verliert, was recht selten vorkommt, dann haben wir die Möglichkeit der objektiven Untersuchung dessen, was uns ausmacht – unseres Körpers und unseres Geistes. Da kann der Geist prüfen, was eigentlich da sitzt und zu meditieren versucht. Wir müssen dabei unseren Geist auf das Empfinden lenken. Aber wer lenkt da eigentlich? Und was ist das Gefühl? Das Gefühl wird bei einem in der Meditation ungeübten Menschen weitgehend vom Ego bestimmt. Daher beschert es uns meist sehr große Unruhe und eine gewisse Schwere.

Erst in den meditativen Versenkungen herrscht Ruhe. Aber wir können darin nicht andauernd verweilen, und um überhaupt so weit zu kommen, bedarf es einer Menge Konzentration. Auch viele äußere Bedingungen sind vonnöten. Wir brauchen als erstes die Zeit, um zu meditieren. Des weiteren einen ruhigen Platz und Ungestörtheit. Ganz wichtig ist aber auch die Gesundheit, denn ohne sie sind wir nicht fähig, sitzend auszuharren. Um meditieren zu können und gar die Versenkungen zu erreichen, sind wir also von vielen Faktoren abhängig. Und das macht unfrei. So können uns eine Menge äußerer Dinge, Geräusche und Umstände derart stören, daß wir zur Meditation gar nicht fähig sind und ärgerlich werden, weil wir von Bedingungen abhängig sind. Wir können sie uns leider nicht immer aussuchen, denn sie sind – wie alles – Resultate von Ursachen. Daran läßt sich erkennen, daß alles, was Bedingungen unterliegt, nie vollkommen zufriedenstellend sein kann.

Der Buddha war ein Genie im Analysieren und wohl der

beste Psychologe aller Zeiten. Natürlich gibt es auch andere spirituelle Disziplinen, die grundlegende Wahrheiten erkannt und gelehrt haben und auch heute noch lehren. Der Unterschied liegt in der Klarheit und Verständlichkeit und in den praktischen Anweisungen. Der Buddha erklärt auch noch das allerkleinste Detail in aller Ausführlichkeit, damit seine Lehre wirklich für jeden Menschen zugänglich ist. Vielleicht waren wir anfangs gar nicht so sehr interessiert an der buddhistischen Lehre. Wir haben mit der Meditation womöglich nur deshalb begonnen, weil wir ein wenig Ruhe in unser Leben bringen wollten. Durch das Meditieren sind wir dann auf die Untersuchung des Selbst – des Ego – gestoßen, und das hat uns neugierig gemacht. Haben wir dann ernsthaft damit angefangen, uns selbst und unsere Motivation ehrlich zu betrachten, mußten wir zugeben, daß unser Charakter gar nicht so blütenweiß ist, wie wir immer gedacht hatten. Wir erkennen die Ausflüchte und Rechtfertigungen, die wir ständig benutzen. Wir erkennen vielleicht sogar, daß unser ganzes Leben bisher auf Bedingungen aufgebaut war, auf die wir wenig oder keinen Einfluß haben.

Zuerst sind da jene Bedingungen, die wir aufgrund unserer bisherigen Erfahrungen kennen: Wenn du mich liebst, mußt du mich bewundern, beschützen und verstehen, sonst kann ich dich nicht wiederlieben; gibst du mir Sicherheit, schenke ich dir Vertrauen; und so weiter. Diese äußeren Umstände sind aber unzuverlässig und daher unbefriedigend. Und weil wir sie niemals vollkommen bestimmen können, sind wir unsicher und ruhelos. Auch unsere Stimmungen sind von äußeren Bedingungen abhängig und unzuverlässig, ebenso unsere Gedankengänge. Weil alles ständig zerfließt, stehen wir im Weltall ohne jeden Halt da und versuchen, entweder in unerfüllbaren Wünschen oder materiellen Objekten Sicherheit zu finden. Aber auch diese beiden Ausweichmöglichkeiten unterliegen dem Verfall, genau wie alles in uns und um uns herum, und tragen somit zu unserer Unsicherheit und Ängstlichkeit bei. Erst wenn wir diese Unsicherheit wirklich akzeptieren, können wir sie ertragen. Sie verliert dann ihren Schrecken, und wir brauchen keine weitere Energie aufzuwenden. Dieser Schritt wird Ernüchterung genannt, und es handelt sich dabei um den ersten überweltlichen Schritt. Wenn diese Ernüchterung eintritt, haben wir die materielle Welt schon ein klein wenig hinter uns gelassen. Wir haben erkannt, wieviel von dem bunten Geglitzer nichts weiter ist als Narrengold. Wir wissen, daß mit Geld fast alles zu kaufen ist. Aber was ist ein Menschenherz wert, das man mit Geld bezahlt hat? Es kann immer nur ein Ersatz sein. Wenn wir das merken, dann ergreift uns Ernüchterung in bezug auf die weltliche Ebene. Unser Wunsch nach Befreiung und Erlösung, nach der absoluten Wahrheit und Wirklichkeit, die uns zur Quelle des Seins zurückführen, wird gefestigt. Den Weg dorthin veranschaulicht eine Geschichte aus dem Leben des Buddha.

Nachdem Prinz Siddhārtha den Palast seines Vaters verlassen und bei zwei Lehrern die meditativen Vertiefungen erlernt hatte, wandte er sich zunächst der Askese zu, die ihn jedoch nicht zum Ziel führte. Daraufhin ging er nach Bodh-Gayā und setzte sich unter einem Baum zur Meditation nieder, weil er um jeden Preis die Antwort auf Dukkha finden wollte. Nun wurde gerade dieser Baum verehrt, weil in ihm ein Deva, ein Baumgeist, leben sollte, der jenen Frauen half, die keine Kinder kriegen konnten.

In der Nähe des Baumes wohnte eine Frau namens Sujata, die den Deva angefleht hatte, ihr zu einer Empfängnis zu verhelfen. Und tatsächlich gebar diese Frau neun Monate später ein Kind. Sujata hatte ein Gelöbnis abgelegt, als sie um ein Kind gebeten hatte. Sie wollte eine große Opfergabe darbringen, falls ihr Kinderwunsch in Erfüllung gehen würde. Nachdem nun das Kind geboren war, mußte Sujata so vielen Pflichten nachkommen, daß sie es versäumte, ihr Gelöbnis einzulösen. So schickte sie eines Tages ihre Hausmagd zu dem Baum, um eine Feier vorzubereiten. Als die Magd zu dem Baum kam, saß der Buddha dort, und so nahm sie an, er sei der Deva des Baumes. Sie sagte zu ihm: «Meine Herrin will das versprochene Opfer darbringen. Darum bitte ich Euch: Bleibt hier – wir machen das schon.» Daraufhin lief sie zu ihrer Herrin und erzählte ihr, daß der Baumgeist sichtbar dasitze. Sujata molk hundert Kühe und gab diese Milch fünfzig Kühen zu trinken. Dann molk sie fünfzig Kühe und gab die Milch zwanzig Kühen zu trinken. Danach molk sie zwanzig Kühe und gab deren Milch zehn Kühen zu trinken. Schließlich molk sie zehn Kühe und gab deren Milch einer einzigen Kuh. Als sie diese letzte Kuh gemolken hatte, gewann sie reine Sahne. Daraus kochte sie Milchreis, eine Speise, die auch heute noch in Sri Lanka bei feierlichen Anlässen Mönchen und Nonnen angeboten wird. Mit diesem Milchreis füllte Sujata eine große goldene Schale und brachte diese zu dem Baum, wo der Buddha meditierte. Er nahm die Gabe an und aß den Reis. Als die Schale leer war, sagte Sujata: «Behalte bitte diese Schale, denn sie ist mein Dank für die Erhörung meiner Bitte um ein Kind.» Der Buddha, der zu diesem Zeitpunkt noch ein Bodhisattva war, nahm die Schale und warf sie hinter sich in den Fluß. Dazu sagte er: «Schwimmt diese Schale mit dem Strom abwärts, so werde ich nicht erleuchtet werden. Schwimmt sie aber stromaufwärts, werde ich die Erleuchtung erlangen.» Die Schale muß wohl stromaufwärts geschwommen sein, denn der Buddha ist ja der Erleuchtete.

Für uns hat diese Geschichte eine ganz besondere Bedeutung: Wer mit der Strömung schwimmt, hat es leicht, denn die Strömung hilft, und die meisten Menschen tun genau das. Allerdings landet man am Ende im Mündungsschlamm – wie alle anderen auch. Unterwegs gab es wahrscheinlich nur ein Problem: sich über Wasser zu halten. Derjenige, der gegen den Strom schwimmt, hat es natürlich wesentlich schwerer. Da muß man sich ordentlich anstrengen. Zwar wird in dieser Richtung nicht viel Betrieb herrschen, aber jene, die stromabwärts unterwegs sind, werden wohl durch Zurufe klarzumachen versuchen, daß die Richtung nicht stimmt. Da wird es natürlich schwierig, die Zuversicht zu behalten. Das Ziel allerdings wird dann alle Mühe vergelten, denn wir kommen zur Quelle des Seins, die sauber und rein und beglückend ist. Aber ganz eindeutig ist es viel, viel schwerer, gegen den Strom zu schwimmen. Dabei werden Muskeln entwickelt, die vorher nicht vorhanden waren. Die eigentliche Schwierigkeit jedoch ist die, daß man sich der allgemeinen Meinung – und vor allem den eigenen Instinkten – widersetzt, wenn man gegen den Strom schwimmt.

Tatsächlich werden wir desto stärker, je länger wir den spirituellen Weg beschreiten. Wenn wir uns gegen unsere Instinkte und Impulse wehren, wehren wir uns gegen die drei negativen Wurzeln oder Triebe. Haben wir das einige Zeit lang getan, wird uns Ernüchterung zuteil, und wir erkennen das ganze Theaterspiel und sehen, daß die Welt nur eine Bühne ist. Nach dem Ende jedes Stückes senkt sich der Vorhang. Der Körper stirbt. Und gleich hebt er sich wieder, denn der Geist geht zu einem neuen Stück über. Ein Theater ohne Ende, mit der Welt und dem All als Kulisse. Wenn wir so weit gekommen sind, das zu erkennen, können wir den nächsten Schritt in Angriff nehmen, den der Gierlosigkeit (Pali: Virāga).

Um Gierlosigkeit zu erleben, müssen die drei negativen Triebe schon gewaltig in den Hintergrund getreten sein. Dazu müssen wir sie natürlich erst in ihrer ganzen Stärke erkannt haben. Erstaunlicherweise kann uns sowohl die Negativität, als auch die Positivität den Weg verstellen. Wir können im Negativen verharren, indem wir abwehren und nichts an uns heranlassen, oder wir können uns öffnen und versuchen, soviel wie nur irgend möglich zu bekommen. Bei beidem ist das Ego der Mittelpunkt. Darum ist es von größter Wichtigkeit, daß wir Konzentration üben und erwerben. Es kommt nicht so sehr darauf an, alle Vertiefungen wirklich geschafft zu haben, obwohl das äußerst hilfreich wäre, sondern einfach darauf, daß der Geist in der Lage ist, in die Tiefe zu gehen. Denn dahin führt die Lehre des Buddha. Erleuchtung kann nur in der Tiefe stattfinden, und dazu muß der Geist zur Ruhe kommen und beiseite treten können. Das andauernde Tätigsein des Geistes ist für dieses pausenlose Theater verantwortlich, bei dem immer etwas los sein muß, weil sonst das Publikum unruhig wird. Wir sind dabei Regisseure, Schauspieler und Zuschauer zugleich. Wir machen unser ganzes Theater selber.

Haben wir es geschafft, unseren Geist zur Ruhe zu bringen, dann ist es an der Zeit, sich an die Untersuchung der Eigenschaften des Universums zu machen. Dabei geht es um Objektivität, nicht mehr um das Ego, denn solange das «Ich» herumspukt, ist keine Tiefenperspektive möglich. Diese Persönlichkeit, mit der wir uns ständig beschäftigen, ist der Störenfried Nummer eins. Das können wir allerdings erst dann erfassen, wenn wir die Vertiefungen gemacht haben, denn dann merken wir, daß zu der Zeit kein Störenfried vorhanden war. Diese Erkenntnis hilft enorm, dem allseits betriebenen Persönlichkeitskult ein Ende zu machen. Um so weit zu kommen, benötigt man Willenskraft, aber noch viel wichtiger ist Verständnis. Mit Gewalt können wir gar nichts ausrichten. Alles braucht seine Zeit. Jeder Schritt – auch der kleinste – führt uns weiter. Der Buddha hat uns dazu ein Gleichnis gegeben: Wenn wir am Rande des Ozeans stehen und in das Meer hineingehen, werden zuerst die Füße naß. Nach weiteren Schritten reicht das Wasser bis zu den Knien. Langsam geht man weiter, und das Wasser reicht bis zur Brust, bis zu den Schultern, und schließlich wird man vom Ozean ganz umfangen.

Durch die Vertiefungen lernen wir, daß alles, was auf Bedingungen aufgebaut ist, uns nicht völlig befriedigen kann. Der Körper besteht aus Bedingungen – er ist aus Einzelteilen zusammengesetzt, und jedes einzelne Teil muß funktionieren, sonst ist der Körper nicht lebensfähig. Auch der Geist setzt Gesundheit voraus, sonst arbeitet er nicht einwandfrei. Der meditative Geist befindet sich auf der Suche nach dem Urgrund des Seins. Was von allen Bedingungen unabhängig und daher ohne jede Unruhe ist, das suchen wir. Wir verstehen die Worte, erleben aber andauernd das Gegenteil von dem, wonach wir uns eigentlich sehnen. Unser Geist, wenn er die Vertiefungen erreicht hat, sucht nach dem, was unveränderlich ist und bleibt und nur durch die Meditation gefunden werden kann.

Die Ernüchterung zu verinnerlichen ist gar nicht einfach, denn die Welt spricht uns andauernd durch unsere Sinne an. Jede Blume zeigt uns, wie schön sie ist, und dabei vergessen wir nur allzu leicht, auch ihr Vergehen mit zu betrachten, und sind eher an ihrem neuen Entstehen interessiert. Gerade weil uns die Welt immer wieder durch unsere Sinne berührt, stellt die Ernüchterung einen so großen Schritt im Hinblick auf die Bearbeitung der drei negativen Triebe dar.

Verdeutlichen mag dies eine Geschichte, die sich in Indien zur Zeit des Buddha abspielte. Ein Ehepaar hatte sich furchtbar gezankt, und da das schon oft geschehen war, nahm die Frau sich vor, den Mann zu verlassen, während er bei der Arbeit war. Sie kleidete sich in ihre besten Saris, mehrere übereinander, legte all ihren Goldschmuck an und eilte davon. Als der Mann von der Arbeit nach Hause kam, hatte ihm der Zank schon sehr leid getan, doch nun war die Frau fort, und er konnte sich nicht mit ihr versöhnen. Da ihre besten Saris und all ihr Goldschmuck fehlte, wußte er, daß sie ihn verlassen wollte. Schnell lief er hinaus, um sie zu suchen, konnte sie aber nicht finden, weil sie ja einen großen Vorsprung hatte. Auf der Straße begegnete er einem Mönch, der in der Richtung ging, die die Frau wahrscheinlich eingeschlagen hatte. Er fragte ihn daher: «Ehrwürdiger, seid Ihr einer Frau in schönen Saris, mit viel Goldschmuck und langen schwarzen Haaren begegnet?» Der Mönch antwortete: «Ich habe ein Gebiß vorbeieilen sehen.» Dieser Mönch war so geübt in der Sinnenzügelung, daß er weder schöne Kleider noch Schmuck, noch eine Frau wahrgenommen hatte. Er hatte nur ein Gebiß gesehen.

Diese Geschichte verdeutlicht die Ernüchterung sehr genau. Wenn wir selbst noch nicht so weit sind, müssen wir an unserem Sinnlichkeitstrieb und an unserem Daseinstrieb arbeiten, um den Weg aus dem Dukkha der Existenz zu verwirklichen. Jede Einsicht bringt uns der Vollkommenheit etwas näher. Alles ist vergänglich. Wir können nichts festhalten, und so ist auch nichts ganz zufriedenstellend. Der Sinn unseres Lebens ist das spirituelle Wachstum, so daß wir eines Tages die Ich-Illusion aufgeben und unbeschwert leben und sterben können.

Nibbāna bedeutet «nicht brennen», also erlöschen. Wir brennen alle, weil wir etwas wollen, weil wir unzufrieden sind, weil unsere Leidenschaften uns treiben. Gleichmut ist einer der Erleuchtungsfaktoren und bedeutet, alles im gleichen Licht zu sehen, ohne Vorzüge und Nachteile. Ernüchterung ist der erste Schritt des «Nicht-mehr-Brennens», daher der erste überweltliche Schritt, und führt uns zum vollkommenen Loslassen. Nur wer sich selbst aufgibt, kann das ewige Leben gewinnen. Mit Denken ist es allerdings nicht getan, wir müssen auch empfinden können, was erkanntes Erleben bedeutet. Erleben ist Gefühl, und Erkennen ist im Geist.

Nach der Lehre des Buddha gibt es 37 Schritte auf dem Weg zur Erleuchtung: die vier Grundlagen der Achtsamkeit, die vier großen Anstrengungen, den achtfachen Pfad, die fünf spirituellen Fähigkeiten, die fünf spirituellen Kräfte, die vier Machtwege und die sieben Erleuchtungsfaktoren. Die sieben Erleuchtungsfaktoren sind das Endprodukt, wogegen die anderen dreißig Schritte uns die Richtung zeigen. Wir haben diese Schritte schon alle besprochen, bis auf die vier Machtfährten. Der Buddha hat gesagt, derjenige, der die vier Machtfährten nicht benutze, könne den Weg zur Erlösung nicht finden. In Pali heißen diese vier Machtfährten «Iddhipāda». *Pāda* ist der Pfad, und *iddhi* sind – entsprechend *siddhi* in Sanskrit – übernatürliche Kräfte. Daß solche übernatürlichen Kräfte existieren, hat der Buddha nie geleugnet. Er hat vielmehr erklärt, daß ein Erleuchteter diese Kräfte zu einem guten Zweck entwickeln und nutzen könne, wogegen Unerleuchtete sich damit nicht abgeben sollten, denn sie würden die Energie in falsche Bahnen leiten.

Nun handelt es sich bei diesen vier Machtfährten einerseits um übernatürliche Kräfte. Auf der anderen Seite aber ist damit die Erziehung des Geistes gemeint. Alle vier sind Arten der Konzentration. Die erste ist die Konzentration der Absicht und bedeutet, daß wir uns nicht verzetteln sollen, sondern Prioritäten setzen müssen. Die spirituelle Kraft des Menschen wird durch die Einspitzigkeit erlangt. Wenn wir unsere ganze Kraft auf einen Punkt konzentrieren, dann steckt wirklich Power dahinter. Wir müssen uns klarmachen, was das Wichtigste ist, und dies dann konsequent verfolgen.

Nun können die wenigsten Menschen sich ganz der spirituellen Entwicklung widmen. Der Lebensunterhalt muß gesichert werden. Dazu hat der Buddha vorgeschlagen, ein Drittel des Verdienstes für sich und die Familie zu verwenden, ein weiteres Drittel für schlechte Zeiten zurückzulegen und das dritte Drittel wohltätigen Zwecken zukommen zu lassen.

Zu der einspitzigen Absicht kommt dann die Konzentration der Willenskraft, das heißt, daß sich zur Absicht die Energie gesellt. Das ist nicht so einfach, denn, wie das Sprichwort so schön sagt: «Der Geist ist willig, aber das Fleisch ist schwach.» Wenn es uns gelingt, unsere Absicht mit der Kraft des Willens zu verbinden, erfahren wir Läuterung und Zufriedenheit. Gerade in der Meditation sind Absicht und Willenskraft deutlich zu erkennen. Die Absicht ist bestimmt da. Aber haben wir auch die Willenskraft, sie zu verwirklichen? Gleiches gilt für gutes Tun. Die Absicht ist sicher immer vorhanden, doch erst die Unterstützung durch die Willenskraft führt zum Gelingen.

Der dritte und der vierte Schritt sind Konzentration des Bewußtseins und Konzentration des Erwägens, was Ruhe und Einsicht bedeutet. Die beiden ersten Schritte bilden den Auftakt und sind die Bausteine, die beiden nächsten sind Resultate.

Konzentration des Bewußtseins bedeutet, das einspitzige Bewußtsein dort zu halten, wo es sich hinbegeben hat. Darauf folgt die Konzentration des Erwägens. Das weise Erwägen ist ein Einsichts-Erkennen, aus dem heraus immer wieder objektiv Dukkha untersucht wird. Was ist Dukkha, und wo kommt es her? Unter welchen Bedingungen entsteht es? Wo ist das «Ich» zu finden? Diese Beobachtungen müssen vollkommen objektiv angestellt werden, sonst funktioniert das Ganze nicht.

Zu der Geschichte mit dem Gebiß ein Vorschlag: Wenn wir die Blumen im Garten bewundern, sollten wir uns ganz bewußt sagen: «Sehr hübsch. Hält aber nicht lange!» Auf diese Weise gelangen wir eines Tages dazu, Entstehen und Vergehen mit vollkommenem Gleichmut zu betrachten und uns dadurch viel Leid zu ersparen.

17

Pfad und Frucht

Hat man in der Meditation all das erkannt, was nicht zufriedenstellend ist, wird die Suche aufgenommen nach jenem, was keine Ursache mehr hat und keine Bedingungen enthält, die Suche nach der vollkommenen Ruhe des Geistes, die unabhängig von allen Umständen ist. Da zu diesem Zeitpunkt die Vertiefungen bekannt sind, ist der Geist in der Lage, sich zu konzentrieren. Aber während der Vertiefungen hat der Geist ja etwas zu beobachten, auch wenn der Beobachter in der vierten oder achten Vertiefung kaum mehr erkennbar ist. Er ist aber trotzdem noch vorhanden, und so ist dieser Zustand immer noch nicht der absolute. Jhānas sind immer noch relativ, denn es gibt einen Beobachter und etwas Beobachtetes. Um endgültig zum Loslassen zu gelangen, müssen Beobachter und Beobachtetes eins werden. Das ist ein Moment, der die Qualität der meditativen Vertiefung besitzt, jedoch einen Schritt darüber hinausgeht, weil der Beobachter verschwindet. Das ist es, was ich den «Stillpunkt» nenne. Einen Punkt der Stille, an dem der Geist nicht mehr in Bewegung ist.

Wir haben bisher schon feststellen können, daß sich der Geist bewegt, ob er nun in der Vertiefung ist oder nicht. Er bewegt sich, und diese Bewegung, sei sie auch noch so geringfügig, bedeutet Reibung, und Reibung ist Dukkha.

Um an den Punkt der Stille zu gelangen und ihn zu erleben, muß mit voller Absicht das «Ich» und alles Anhaften daran aufgegeben werden. Der Buddha hat gesagt, Nibbāna sei ohne Anhaften. Unser Anhaften betrifft zunächst die Menschen, die zu uns gehören und vor allem unser eigenes «Ich». Das ist das stärkste Anhaften: der Daseinstrieb. Er entsteht aus unserer Unwissenheit in bezug auf das Absolute und macht uns nichts als Schwierigkeiten. Es ist also nötig, sich meditativ von den fünf Daseinsgruppen zu lösen, aus denen unser «Ich» anscheinend besteht. Lassen wir diese fünf Daseinsgruppen los, dann lösen wir uns gleichzeitig von den fünf Hindernissen. Dafür hat der Buddha ein Gleichnis gegeben. Er hat oft erklärt, Gleichnisse seien für intelligente Menschen hilfreich, weil diese durch die Vorstellung ein Gefühl für die Wahrheit bekommen könnten.

Er sagte folgendes: Wir stehen am Ufer eines Flusses, sind aber mit dieser Seite nicht mehr zufrieden. Wir haben erkannt, daß es hier nur Schwierigkeiten gibt, und wir wissen auch, worin diese bestehen: in unserem falschen Glauben an ein «Ich», dem wir nicht mehr vertrauen, weil wir erkannt haben, daß es nur eine Idee ist, die sich auf die Daseinsgruppen bezieht und uns dauernd zur Sinnlichkeit hinzieht. Wir möchten also an das andere Ufer, wo Stille herrscht, was wir dank unseres größeren Klarblicks feststellen können. Nun wächst an unserem Ufer ein starker Baum mit einem Ast, der über den Fluß ragt. Dieser Ast ist das Symbol für die Ich-Illusion, die fest mit dem Baum verwachsen ist. An dem Ast der Ich-Illusion hängt ein Seil, das unseren Körper versinnbildlicht. Wir sind nun gewillt, den Sprung hinüber zu wagen, denn wir haben ja alle vorher nötigen Schritte schon getan. Und wir wissen, daß dieser Sprung uns wirklich Ruhe bringt. Mit dem Anlauf der vorhergegangenen Praxis packen wir das Seil, und es schwingt hinüber. Jetzt müssen wir unsere Identifikation mit Körper und Geist vollständig loslassen und uns auf das andere Ufer fallen lassen.

Wenn uns das gelingt, stehen wir natürlich nicht gleich fest auf beiden Füßen, denn wir müssen erst unser Gleichgewicht in dieser neuen Welt wiederfinden. Das kann einige Zeit dauern, aber wir haben jedenfalls das bewerkstelligt, was «Stromeintritt» genannt wird. Was bedeutet das? Wir sind in den Strom, der zu Nibbāna führt, eingetreten, weil wir willens waren, unser «Selbst» einmal völlig loszulassen. Dieses Ereignis zeitigt drei Resultate, das heißt, daß wir die ersten drei der zehn Fesseln losgeworden sind, die uns im Kreis von Geburt und Wiedergeburt festhalten.

Wir haben erstens die falsche Ansicht vom «Ich» gelöscht und momentan erlebt, wie es sich anfühlt, ohne die Ich-Illusion zu existieren. Dadurch verfügen wir nun über die richtige Ansicht vom «Selbst», und das löst ein interessantes Phänomen aus: Das Gefühl des Nicht-Ich, das «Pfadmoment» (Magga) genannt wird und dem die Erkenntnis, der Fruchtmoment, folgt, verschwindet wieder, aber die Erkenntnis des Nicht-Ich bleibt uns erhalten.

Obwohl diese Erkenntnis groß und einschneidend ist, sind wir darauf angewiesen, sie uns immer wieder durch Erinnerung zu verdeutlichen, um dieses Gefühl zu erleben. Wir wissen jedoch, daß wir selbst und alle anderen Menschen aus Körper und Geist bestehen und nur durch Unwissenheit mit Haß und Gier behaftet sind. Das Resultat dieser Erfahrung wird sein, daß wir uns über nichts mehr wundern, was die Menschheit im allgemeinen und die Menschen in unserem Umfeld so alles vollbringen. In der falschen Ansicht des individuellen «Ich» erkennen wir deutlich die Ursache der inneren Unruhe, die jeden Menschen plagt.

Die zweite Fessel, die wir verlieren, ist der skeptische Zweifel. Wir haben keinen Zweifel mehr daran, daß es im Leben nur eine wichtige Arbeit gibt: das spirituelle Wachstum, um zur vollkommenen Wahrheit zu gelangen. Wir hegen keinerlei Zweifel mehr daran, daß der Buddha tatsächlich die Wahrheit gesprochen hat, denn wir haben es selbst erlebt. Wir haben auch keine Zweifel daran, daß wir seinen Anweisungen folgen können, denn wir haben es ja getan. Diese Sicherheit bezieht sich auch auf unser tägliches Leben. Der skeptische Zweifel, der uns immer wieder zu neuer Suche nach Befriedigung unserer Sehnsüchte trieb, ist endgültig ausgemerzt.

Die dritte Fessel, die wir verlieren, ist unser Glaube an Riten und Rituale – nicht nur in religiöser Hinsicht. Wir glauben jetzt nicht mehr an deren Fähigkeit, uns zur Wahrheit zu führen. Die festverankerten Ansichten und Meinungen darüber, was zu geschehen hat und auf welche Art und Weise, lösen sich einfach auf. Wir haben alle so viele dieser Meinungen, daß wir sie oft gar nicht mehr wahrnehmen, sondern nur noch nach alten Schablonen und Mustern handeln. Wir haben Meinungen dazu, wie das Bild aussehen sollte, das andere von uns haben, Meinungen dazu, worauf das Aussehen schließen läßt, dazu, wie wir unsere Berufe ausüben und unsere Geschäfte zu führen haben, kurz: Es gibt nichts, wozu wir uns keine Meinung gebildet haben. Solange wir nicht die Vergänglichkeit und Dukkha durchschaut haben, halten wir an diesen Meinungen fest, denn sie unterstützen unsere Ich-Illusion. Auch unsere Annahme, daß jeder, der anderer Meinung ist als wir selbst, sich auf dem falschen Weg befindet, geht in die Brüche. Der Moment ohne Ich-Illusion bringt unsere festverankerten Ansichten ins Wanken und zeigt uns, daß sie nur auf dem beruhen, was uns gefällt.

Nun sind also drei starke Fesseln gefallen, aber es war noch keine Rede von einer Verminderung von Haß und Gier, die also noch genauso stark sind wie zuvor. Es gibt jedoch einen wichtigen Fortschritt: Gier und Haß werden klarer gesehen und erkannt, und dies erleichtert das Bemühen um Läuterung. Gerade die Gier ist oft so verschleiert, daß wir sie nicht erkennen. Nach diesem Schritt wird sie enttarnt sein, und wir merken, welche Unannehmlichkeiten und Katastrophen jeglichen Ausmaßes bisher von ihr ausgelöst wurden. Da wir inzwischen auch gelernt haben: erkennen, nicht tadeln, ändern, werden wir mit mehr Willenskraft und ohne Selbstkritik weiter auf unserem Weg voranschreiten.

Wir sind in den Strom eingetreten, und es heißt, daß ein Mensch, der diesen Schritt getan hat, die fünf Tugendregeln nicht mehr brechen kann, weil ihm das deutliche Erkennen von Haß und Gier im eigenen Herzen unangenehm ist. Ebenfalls wird gesagt, daß ein Stromeingetretener maximal noch sieben Leben bis zur Erleuchtung braucht. Natürlich kann der ganze Weg in einem Leben zu Ende geführt werden. Andererseits sind sich alle buddhistischen Meditationsmeister hierin einig: Wer diesen Punkt in diesem Leben nicht erreicht, hat ein gutes menschliches Leben vertan. Hier ist nun der Moment erreicht, von dem an wir die Sicherheit haben, nicht mehr in untere Bewußtseinsebenen zu verfallen. Es gibt nur noch den einen klaren Weg, so daß die Außenwelt uns nicht mehr so berühren kann wie bisher.

Dem Fruchtmoment muß ein Rekapitulieren folgen, um den neuen Bewußtseinszustand zu integrieren und um festzustellen, was sich eigentlich geändert hat. Im Fruchtmoment selbst erfährt man eine große Erleichterung, genau so, als ob man eine schwere Bürde abgelegt hätte. Und eben das ist ja auch geschehen, denn das «Ich» ist beschwerlich. Auch dieses Gefühl wird nicht lange andauern, aber man kann es sich nach Belieben wieder in Erinnerung rufen, und das ist auch notwendig, um die nächsten Schritte zu unternehmen. Obwohl der Pfadmoment nur ein Geistesblitz ist, ist er dennoch ein Riesenerlebnis, das man nur selbst bestätigen kann. Ebenso ist es nötig, mehr als einmal nachzuschauen, was sich in uns geändert hat und wie wir von nun an mit den fünf Hindernissen umgehen. Diese Selbsterkenntnis bedarf der größten Ehrlichkeit, was uns aber von dem Zeitpunkt an keine Schwierigkeiten bereitet.

Da wir Haß und Gier nun viel klarer empfinden, bemerken wir auch unser Anhaften deutlicher und haben einen ganz starken Drang, uns davon zu befreien. Wer in der Lage ist, ein zweitesmal den Sprung vom Anhaften ins Ungewisse zu unternehmen, wird als Einmalwiederkehrer bezeichnet. Der Sprung selbst, das Loslassen der Ich-Illusion, ist der gleiche wie beim erstenmal, führt uns aber dadurch, daß schon Übung vorhanden ist, etwas weiter ins Neuland hinein.

Wie es die Benennung ausdrückt, braucht ein solcher Mensch nur noch einmal geboren zu werden, um Nibbāna zu erleben. Er kann, wenn er sich dafür entschieden hat, eine große Hilfe für die Menschheit sein. Er hat jedoch die Wahl, ob er lehren will oder nicht. Beim Rekapitulieren und Erkennen unseres Bewußtseinszustandes merken wir, daß Haß und Gier noch immer existieren, sich aber in «Bevorzugen» und «Irritiertsein» verwandelt haben. Wenn wir auf irgendeine Weise gefordert werden und darauf reagieren, können wir besonders gut feststellen, wie weit wir uns verändert haben.

Nach jedem solchen Schritt erkennen wir im Fruchtmoment die vier edlen Wahrheiten. Wir sehen klar, daß Dukkha von unserem Wollen und Anhaften herrührt und daß wir einen Moment der Erlösung erlebt haben. Wir wissen auch, daß uns der achtfache Pfad dahin geführt hat. Dieser Moment ist vergleichbar mit dem Sonnenaufgang, der Licht spendet und Kälte und Dunkelheit auslöscht, so daß vier Resultate erzielt werden. Trotz der wunderbaren Erkenntnisse bringt auch dieser Schritt noch nicht das Gefühl des Nicht-Ich mit sich. Das wird erst mit dem nächsten Schritt erworben – mit dem Schritt des Nichtwiederkehrers. Wenn wir immer wieder versuchen, uns an den letzten Fruchtmoment gefühlsmäßig zurückzuerinnern, wird uns das helfen, die Ego-Illusion zu durchbrechen. Wir bekommen ein Gefühl der Durchlässigkeit, die Solidität und Kompaktheit der Person ist erschüttert, und es entsteht ein Gefühl der Präsenz ohne Druck. Jeder Mensch, der die drei Triebe in sich beherbergt, übt Druck aus, auf sich selbst und auf seine Umwelt. Dadurch fühlt er sich bedrückt – unser existentielles Dukkha. Dem ist unmöglich durch den Intellekt beizukommen. Wenn das gefühlsmäßige Durchschauen der Illusion sich stärker verankert hat, wird klar, daß nur das Erlöschen die Erlösung bringt.

18

Nibbāna ohne Anhaften

Der Nichtwiederkehrer (Anāgāmī) wird so genannt, weil er nicht mehr auf die menschliche Ebene zurückkann. Nur wer Haß und Gier in sich trägt, vermag auf unserer Ebene zu leben. Der Nichtwiederkehrer steht einen Schritt vor der Erleuchtung und hat die fünf niederen Fesseln verloren. Die ersten drei hatte der Stromeingetretene schon abgestreift. Der Einmalwiederkehrer hatte Haß und Gier vermindert, und der Nichtwiederkehrer hat diese beiden endgültig losgelassen. Sollten wir jemanden kennenlernen wollen, der ohne Haß und Gier ist, müssen wir einen Menschen suchen, der einen Schritt vor der Erleuchtung steht. Der Nichtwiederkehrer wird auf einer höheren Bewußtseinsebene wiedergeboren, wahrscheinlich auf einer Brahma-Ebene, einer Götterebene. Zwar ist der Bewußtseinszustand auch auf der Götterebene unbeständig, aber er dauert so lange, daß er als ewig empfunden wird. Es herrscht hier eine solche Klarsicht, daß sich die Wesen als allwissend und allmächtig empfinden. Es besteht ein derart großer Unterschied zwischen dieser Bewußtseinsebene und der menschlichen, daß diese Wesen kaum einen Einfluß auf uns ausüben können. Menschen haben aber die Möglichkeit, durch die vier Brahmavihāras – die göttlichen Verweilungsstätten – eine Ahnung von den Götterebenen zu bekommen und Kontakt mit ihnen aufzunehmen. Diese hohen Bewußtseinszustände werden Deva-Welten genannt. Es heißt, daß die Devas nur mit solchen Menschen etwas zu tun haben können, die viel liebende Güte in ihrem Herzen haben. Die anderen riechen nicht gut genug und sind daher abstoßend für die Devas.

Vom Nichtwiederkehrer heißt es, sein Ego hafte ihm in etwa noch so an wie der Duft einer Blume. Es ist also schon sehr subtil, aber die fünf höheren Fesseln binden ihn noch an das Rad von Leben und Tod. Diese Fesseln basieren alle auf dem Rest der Ich-Illusion. Eine davon wird als Unwissenheit bezeichnet, weil die absolute Wahrheit noch nicht vollkommen integriert ist. Dieses wenige Anhaften wird Dünkel (Ich-Dünkel) genannt, in Pali: Mano. Daraus entsteht der Wunsch nach einer Wiedergeburt in einer paradiesischen Welt. Dieser Mensch verspürt ja keinen Haß und keine Gier mehr, also ist sein Innenleben vollkommen harmonisch, und das möchte er nicht gerne aufgeben. Zwar ist er noch allen Schwierigkeiten ausgesetzt, mit denen Menschen konfrontiert werden, aber er reagiert nicht mit Ablehnung oder Besitzergreifen.

Da sein Innenleben so harmonisch ist, verspürt er keinen sonderlich starken Antrieb zu einem weiteren Schritt, und wenn er stirbt, wird er sich auf den Götterbewußtseinsebenen wiederfinden. Gemäß der Kosmologie des Buddha gibt es deren vier, und sie werden zunehmend subtiler. Es hängt nun ganz davon ab, wie weit die Gemütserlösung dieses Nichtwiederkehrers gediehen ist und ob die acht Vertiefungen erreicht worden sind, um festzulegen, in welcher dieser vier subtilen Ebenen er sich aufhalten wird. Der subtile Ich-Dünkel und der Wunsch nach dem Paradies führen zu einer gewissen Rastlosigkeit, die natürlich wesentlich geringer ist als bei den Menschen im allgemeinen. Aber jeder Wunsch bringt Dukkha mit sich, was erklärt, daß der Nichtwiederkehrer noch die fünf höheren Fesseln ablegen muß, um totale Freiheit zu erlangen.

Die erste Fessel ist also die Unwissenheit (das subtile Anhaften am «Ich»), die zweite ist der Ich-Dünkel. Darauf folgen zwei Fesseln, die sich darauf beziehen, daß man auf der paradiesischen Ebene in zwei verschiedenen Welten wiedergeboren werden kann, die beide ersehnt werden. Die letzte Fessel ist die Rastlosigkeit. Wenn ein Mensch ein solches Stadium erreicht hat, wird er um diese Unruhe oder Rastlosigkeit wissen. Falls körperlich kräftig genug dazu, wird er sicher versuchen, volle Freiheit zu erlangen. Es ist nicht ungewöhnlich, daß jemand, der so weit gekommen ist, schon alt und körperlich nicht mehr in der Lage ist, die Meditation so durchzuführen, wie es nötig wäre. Aber es liegt durchaus im Bereich des Möglichen, daß auch ein junger Mensch diese Stufe erreicht.

Ein Nichtwiederkehrer kann im Zustand des Nicht-Ich leben, wenn er seine Achtsamkeit darauf richtet. Er kann diese Leere innen erkennen, indem er sich darauf konzentriert, und entsprechend reagieren. Aber das ständige Nicht-Ich-Bewußtsein fehlt nach wie vor, weil ja noch etwas zu erledigen ist. Kann ein solcher Mensch weitermeditieren und praktizieren, wird es ihm wohl auch gelingen, den nächsten Schritt zu tun. Es handelt sich im Prinzip einzig und allein um die Lösung der ersten der fünf Fesseln, weil die anderen vier nichts anderes sind als Resultate der Unwissenheit in bezug auf die noch immer als Rest existierende Ich-Illusion. Daher rühren die Wünsche nach dem Paradies.

Fährt dieser Mensch nun fort zu praktizieren, wird er sich immer wieder selbst erkennen – und darum geht es. Je weiter man auf diesem Pfad voranschreitet, desto mehr wird es auf ein ständiges Sich-selbst-Überprüfen hinauslaufen. Dabei wird diese innere Überprüfung immer unpersönlicher, weil man sich selbst viel objektiver gegenübersteht. Sie wird durch ständige Praxis zur Gewohnheit und läßt auch den Nichtwiederkehrer die kleine Blockade in seinem Inneren erkennen.

Wir alle haben in unserem Inneren Blockaden, entstanden durch Trauer, Gier, Wünsche, festgefahrene Meinungen, Ablehnungen und Unklarheiten. Dies alles kann der Nichtwiederkehrer natürlich nicht mehr finden, aber er stellt dennoch fest, daß da irgendwo in seinem Inneren noch eine gewisse Schwere, irgendeine Anhaftung besteht. Das zeigt ihm, daß er noch einen Sprung wagen muß. Das Gleichnis des Abspringens darf natürlich nicht als ein visueller, imaginärer Ersatz für das effektive Loslassen dienen. Mit dem nächsten Schritt muß man etwas ganz Außergewöhnliches schaffen: Es heißt, loszulassen von allem Spirituellen, Mentalen und Materiellen und im wahrsten Sinne des Wortes sich selbst voll und ganz aufzugeben, sich aufzulösen im Ursprung des Alls, wo es keine separaten Manifestationen irgendeiner Art gibt. Diesem Gewilltsein folgt ein Moment totaler Konzentration, in dem die Loslösung stattfinden kann. Das Resultat im nächsten Moment ist nicht nur Erleichterung, wie das bisher der Fall war, sondern auch die Wahrnehmung der Auflösung aller Blockaden, die jemals existiert haben. Auch hier entsteht wieder das Gefühl, Neuland zu betreten, aber begleitet von der Gewißheit, heimgekommen zu sein.

Ein Mensch, der seinen Pfad so weit verfolgt hat, kennt keine Unklarheiten mehr und kann daher deutlich sehen, daß er die Ich-Illusion aufgegeben hat. Ein solcher Mensch wird *arahat* (Skrt. *arhat*) – ein Erleuchteter – genannt. Er schafft kein weiteres Kamma, denn es existieren nur noch Körper und Geist, ohne Ego.

Handlungen können keine Resultate mehr erbringen, weil niemand da ist, um die Resultate zu erleben.

Fünfundvierzig Jahre lang hat der Buddha jeden Tag gelehrt. Bei jedem Wetter, bei Gesundheit und bei Krankheit. Er handelte dabei aus Mitgefühl für alle Lebewesen, die durch die Ich-Illusion immer wieder leiden müssen.

Die Energie der Erleuchtung ist die stärkste Energie, die im Universum vorhanden ist. Wenn wir uns der Lehre als Antrieb und Richtlinie und der täglichen Meditation vorbehaltlos hingeben, kann diese Erleuchtungsenergie möglicherweise persönlich erlebt werden. Vor seinem Tod empfahl der Buddha, eine Pilgerfahrt zu den Stätten, an denen er gelebt und gewirkt hat, zu unternehmen. Bodh-Gayā, der Ort seiner Erleuchtung, ist heute ein Wallfahrtsort für Millionen von Menschen, die zu dem Bodhi-Baum kommen, unter dem der Bodhisattva gesessen und meditiert hat. Der Originalbaum existiert nicht mehr, er wurde in einem Religionskrieg von den Muslimen vernichtet. Heute steht dort ein Ableger des Bodhi-Baums aus Sri Lanka, der wiederum aus einem Ableger des Originalbaumes entstand. Beim Umrunden des Stūpa schien es, als sei der Erdboden energiegeladen und erfülle den ganzen Körper mit dieser Energie. Umgehend fiel die Reisemüdigkeit von mir ab, und eine tiefe Stille ergriff mein Inneres. So setzte ich mich zur Meditation nieder, als ich den Stūpa umrundet hatte, und alle achtzig Mitglieder der Reisegruppe taten es mir gleich, obwohl manche davon noch nie im Leben meditiert hatten und sie niemand dazu ermuntert hatte.

Später unterhielt ich mich mit einigen Frauen, denen die hier herrschende Energie fast unheimlich war und die sich wunderten, daß sie in Lumbinī so gar nichts davon gespürt hatten. Plötzlich fiel mir ein, daß der Buddha in Lumbinī ja noch gar nicht erleuchtet war, während er hier, in Kushinara, in der Fülle seiner Erleuchtung starb. Menschen, die überhaupt nicht im Meditieren geübt waren, kamen an diesem Ort sofort zur Ruhe und hatten keinerlei Schwierigkeiten mit der Meditation.

Noch etwas geschah dort: Als ich einige Schritte um den Stūpa herumgegangen war, roch ich Sandelholzgeruch und dachte, es gehe jemand hinter mir, der ein Räucherstäbchen angezündet habe. Ich drehte mich um, aber ich war ganz allein. Da wartete ich einige Augenblicke, ob nicht doch jemand mit einem Räucherstäbchen auftauchte. Es duftete wunderbar, und nach einigen Augenblicken kam eine Freundin. Als sie näher kam, fragte sie, ob ich ein Räucherstäbchen abgebrannt hätte, weil es so angenehm rieche. Später fiel uns dazu ein, daß der Buddha und andere Erleuchtete früher auf einem aus Sandelholz errichteten Scheiterhaufen verbrannt wurden. Aus diesen Erlebnissen habe ich geschlossen, daß die Erleuchtungsenergie nicht verlorengeht und daß sie jedem zur Verfügung steht, der sich dafür öffnet. Wir können das mit einer Radiosendung vergleichen. Wenn unser Empfänger eingeschaltet ist und wir uns auf der richtigen Wellenlänge befinden, hören wir die Sendung.

König Ajātasattu war von den Erklärungen des Buddha begeistert und wollte ihm nun auch folgen. Nachdem der Buddha ihn als Jünger akzeptiert hatte, gestand der König endlich seine schreckliche Tat, den Vatermord, woraufhin der Buddha erklärte, daß allein schon der Entschluß, dem Buddha folgen zu wollen, viele Vorteile mit sich bringe. Als der König weggegangen war, sagte der Buddha zu seinen Mönchen, daß Ajātasattu jetzt ein Stromeingetretener wäre, hätte er seinen Vater nicht umgebracht. Diese Tat jedoch habe eine unüberwindbare Blockade erzeugt, und die Folgen müßten eben getragen werden. Und so kam es auch. Ajātasattu wurde von seinem Sohn umgebracht, und der Vatermord wiederholte sich im Königshaus noch fünfmal. Schließlich hatte das Volk genug davon und tötete den letzten König, um einen ganz neuen wählen zu können.

Der Buddha hat die Erleuchtung mit einem äußerst scharfsichtigen Menschen verglichen, der vor einem klaren See steht und deutlich erkennen kann, was sich auf dessen Boden befindet. Diese Aussage wurde manchmal falsch verstanden, und der Buddha wurde gefragt, ob er allwissend sei. Seine Antwort lautete stets «nein». Sein Vetter und Begleiter Ānanda wollte nun auch eine Erklärung dafür, daß sich der Buddha nicht für allwissend hielt. Dieser sagte daraufhin, der Buddha wisse stets das, worauf er seine Aufmerksamkeit richte, aber das, worauf seine Aufmerksamkeit nicht gerichtet sei, wisse er selbstverständlich nicht.

Wenn wir unsere Aufmerksamkeit den spirituellen Lehren zuwenden und unseren Geist in diese Richtung lenken, uns immer wieder vor Augen halten, was Dukkha ist, und uns für die Befreiung davon entscheiden, so neigt sich unser Geist dem spirituellen Wachstum zu. Das ist die Aufgabe, die jenen gestellt wird, die einen spirituellen Pfad beschreiten. Verwenden wir unsere Meditationspraxis lediglich dafür, daß sich die Welt uns etwas angenehmer darbietet, dann wird diese Erwartung mit Sicherheit enttäuscht. Meditation ist dazu da, den Geist zu läutern und uns in dem Wissen zu bestärken, daß wir das Weltliche transzendieren können.

Der Buddha hat nach seiner Erleuchtung eine ganze Woche im Glück und der Freude des erlebten Nibbāna gesessen. Dabei hat er sich mit seinem Geist von allen weltlichen Dingen entfernt. Das bedeutet nicht unbedingt, daß er sich in die Vertiefungen begeben hat, obwohl das sicher hin und wieder der Fall war, es bedeutet, daß er einfach alles, was in der Welt existiert, hinter sich gelassen hat. Er hat die Freude und das Glück des Wachseins ohne jede Anhaftung erlebt, weil sein Ego sich aufgelöst hatte. Er konnte dann zurück in die Welt, um diese an dem Guten teilnehmen zu lassen, das er in sich trug. Obwohl er von weltlichen Umständen berührt wurde, ist sein Geist nie mehr wankend geworden. Die Welt ist zwar da, aber der Erleuchtete bewegt sich in ihr nur noch, um zu helfen.

Die Erleuchtung ist der höchste Zustand, den ein Mensch je erlangen kann. Eine tiefe Zufriedenheit und Freude, gepaart mit Gleichmut, machen ihn völlig unabhängig von der Welt, denn diese ist auf einer Illusion aufgebaut. Das wird im Hinduismus *māyā* genannt, in Pali *moha*. Es ist schwer zu begreifen, worin diese Illusion besteht, denn wir glauben, wenn wir etwas anfassen können, muß es auch existieren. Die Illusion besteht aber darin, daß wir das, was wir anfassen oder mit den anderen Sinnen ergreifen können, als die einzig existierende Wirklichkeit betrachten. Wir wollen inneren Frieden, spirituelles Wachstum und ewiges Glück in der Welt finden. Aber weder die Welt noch die Menschen können uns das geben, denn all dies ist nur Kulisse des Theaterstücks, in dem wir die Schauspieler sind. Wir identifizieren uns mit unseren Kostümen, die wir ständig wechseln, damit wir immer zu dem gerade gespielten Stück passen. Shakespeare schrieb, die ganze Welt sei eine Bühne, und wir seien die

Schauspieler. Er kannte die spirituellen Werte, sonst wäre sein Werk nicht unsterblich geworden.

Die Illusion besteht ganz allein in unserer Sicht der Dinge. Der Erleuchtete sieht alles ganz anders, und schon auf dem Weg zur Erleuchtung verändert sich das Blickfeld. Erkenntnis trifft uns nicht wie ein Blitz, sondern ist mit einem langsamen Aufstieg zu vergleichen, bis auf dem Berggipfel die Luft klar wird, und die Sicht auch. Danach wird das Leben äußerlich ganz genau so verlaufen, wie es immer war, aber innerlich wird es vollkommen verändert sein.

Sāriputta, sozusagen die rechte Hand des Buddha, sagte in einer Lehrrede, alle, die ihm ihre Erleuchtung kundgetan hätten, hätten dies auf eine der folgenden drei Arten erklärt. Entweder erlangten sie zuerst Einsicht und dann Ruhe oder zuerst Ruhe und dann Einsicht, oder sie arbeiteten an beiden zugleich. Es ist unwichtig, was wir zuerst erreichen. Das Gefühl für die Bedeutung dieses Weges ist ausschlaggebend, nicht die Hoffnung auf Resultate.

Wenn der Buddha über seine Erleuchtung sprach oder jemand sein eigenes Erleuchtungserlebnis erklärte, sagte der Buddha am Ende oft folgendes: «Versiegt ist die Wiedergeburt, erfüllt der heilige Wandel, getan ist, was zu tun war; nichts Weiteres mehr nach diesem hier.»

Fragen und Antworten zu Kapitel 18

F.: Können auch Kinder Kamma verursachen?

A.: Ja. Man sagt, ab etwa zwei Jahren sei das möglich. Vorher ist die Absicht noch nicht klar – da handelt es sich noch um Instinkt. Aber im Alter von zwei Jahren ist Denken und Handeln mit Absicht möglich, und Absicht schafft immer Kamma.

F.: Ich bin der Ansicht, daß die meditativen Vertiefungen eine Frage der Energie sind. Daß da immer wieder Energie gebraucht wird, um sich total hingeben zu können.

A.: Natürlich handelt es sich hier um geistige Energie.

F.: Kann man diese mit irgendwelchen körperlichen oder geistigen Übungen fördern?

A.: Ja. Durch ständige Achtsamkeit. Dabei ist das Wort «ständig» mit Vorsicht zu gebrauchen. Besser ist es, zu sagen: so ständig wie möglich. Wer nicht erleuchtet ist, kann nicht dauernd achtsam sein. Alles im Leben ist mit Achtsamkeit zu beobachten, vor allem Körper und Geist. Das bringt die Energie, die zur Konzentration nötig ist, die wiederum immer neue Energie schafft. Ein unachtsamer Geist schweift in die Weite und kann sich nicht auf einen Punkt ausrichten.

F.: Ist das nicht sehr anstrengend?

A.: Es wurde niemals behauptet, daß es das nicht sei. Dinge, die so einfach sind wie beispielsweise das Anschalten des Fernsehers, meistert schließlich jedes Kind. Aber es bringt nichts. Jene Dinge, die unseren Geist anstrengen, sind es, die uns Gewinn bringen. Wer ein Studium absolviert, muß sich anstrengen, sonst schafft er das Diplom nicht und kann sich seinen Lebensunterhalt nicht verdienen.

Was wir auf dem spirituellen Pfad gewinnen, ist die Ewigkeit. Und das ist sicherlich mühsam. Man könnte den spirituellen Weg die Universität des Geistes nennen. Die Meditation und der gesamte Weg sind ein Trainieren des Geistes, wobei die Meditation die Wissenschaft des Geistes ist. Wäre das nicht der Fall, dann wäre keinem Menschen durch die Meditation zu helfen. Aber weil es eine Wissenschaft ist, bringt sie ganz konkret immer die gleichen Erfahrungen hervor, so daß jeder den gleichen Weg geht. Der Buddha beschreibt diesen zwar etwas anders, aber das ist nicht von Bedeutung, da es sich lediglich um Worte handelt.

F.: Könnte man nicht Chakra- oder Yoga-Übungen für diese Art von Energiearbeit einsetzen? Die Yogīs praktizieren das ja auch, um die Vertiefungen zu erlangen.

A.: Yoga-Übungen sind äußerst hilfreich, da sie ja das richtige Sitzen lehren. Man lernt dabei, seine Glieder etwas auszudehnen. Jede Übungsart, die die Konzentration fördert, ist hilfreich. In der Lehre des Buddha geht es mehr um Betrachtungen, die den ganzen Körper betreffen, und nicht nur einzelne Punkte.

F.: Die Achtsamkeit zu praktizieren macht Freude, selbst wenn sich die Betrachtungen auf Anicca beziehen. Ich finde, das hat nichts mit Anstrengung und Traurigkeit zu tun. Erst wenn ich merke, daß meine Achtsamkeit nachläßt, geht auch von meiner Freude etwas verloren.

A.: Das ist richtig. Aber du bist auch schon geübt darin, denn du machst das bereits eine ganze Weile, und deshalb hat sich der Geist daran gewöhnt und weiß genau, daß es sich um den richtigen Weg handelt. Der Ungeübte muß sich ganz absichtlich von seinen Sinnestrieben abwenden, um Achtsamkeit zu erlangen. Das ist mühsam. Der Geübte dagegen weiß, daß diese Achtsamkeit das einzige ist, was einen harmonischen und friedlichen Verlauf des Lebens gewährleistet.

F.: Die Formulierung «das Rad des Dhamma» vermittelt den Eindruck, daß die Lehre weiterrollt wie ein Rad.

A.: Richtig! Sie rollte – und sie rollt noch immer. Das ist damit gemeint.

F.: Der Mord, den der König begangen hat, mußte sich wohl wiederholen? Es muß also immer wieder einen Täter geben?

A.: Wenn jemand seinen eigenen Vater umgebracht hat, ist

es schon sehr wahrscheinlich, daß er ebenfalls umgebracht wird. Aber nicht unbedingt vom eigenen Sohn.

F.: Es ist dennoch so, daß das Böse immer Böses nach sich zieht? Ein Prozeß ohne Ende?

A.: Ja, es wird immer ein Bösewicht da sein. Die Welt ist voller Schlechtigkeit.

F.: Wenn aber nun keiner reagieren würde auf üble Taten?

A.: Auf dieser Welt mit ihren Milliarden von Menschen soll es nur noch Gute geben? Ist das die Frage?

F.: Ja. Wenn keiner auf das Böse reagiert, dann müßten doch alle geläutert sein.

A.: Und du willst wissen, ob das möglich ist? Das ist nicht anzunehmen. Wir haben ja schon genug Schwierigkeiten damit, obwohl wir uns bemühen. Und bei den meisten ist nicht einmal das Bemühen vorhanden.

Liebende-Güte-Meditation

Bitte die Achtsamkeit auf den Atem lenken.

Jetzt wollen wir unser Herz öffnen und uns der Liebe hingeben, die ein Gefühl der Wärme und der Zuneigung, des Akzeptierens, des Umhüllens und Umarmens ist. Diese Hingabe an die Liebe wollen wir einmal für uns selbst in Anspruch nehmen, um uns selbst zu beschenken.

Jetzt wenden wir uns in liebender Hingebung demjenigen zu, der uns am nächsten ist, und umhüllen und füllen diesen mit Herzenswärme und Zuneigung und akzeptieren ihn völlig. Wir überschütten diesen Menschen mit liebenden Gefühlen.

Nun wenden wir uns in liebender Hingebung allen Anwesenden zu und füllen und umhüllen sie mit Herzenswärme und

Zuneigung. Wir akzeptieren sie so, wie sie sind, be- oder verurteilen niemanden, sondern nehmen sie einfach im Herzen auf.

Jetzt wenden wir uns in liebender Hingebung den Eltern zu, voll Herzenswärme, Zuneigung und Akzeptanz. Wir nehmen sie in unser Herz auf.

Nun denken wir an die uns nächsten und liebsten Menschen, mit denen wir vielleicht zusammenleben, und schenken ihnen unser Herz, ohne zu erwarten, daß wir etwas zurückbekommen. Wir akzeptieren sie so, wie sie sind.

Jetzt wenden wir uns in liebender Hingebung unseren guten Freunden zu, füllen sie mit Wärme, Zuneigung und Akzeptanz. Wir umarmen sie ohne die Erwartung, das gleiche zurückzubekommen, und schenken ihnen unser Herz.

Jetzt denken wir an unsere Nachbarn, Arbeitskollegen und Bekannten, an die Menschen, die uns im Alltag begegnen. Auch ihnen wenden wir uns in liebender Hingabe zu, akzeptieren sie, öffnen ihnen unser Herz und lassen sie hinein.

Nun denken wir an Menschen, mit denen wir Schwierigkeiten haben, und wenden uns auch ihnen mit liebender Hingebung zu. Wir öffnen auch für sie unser Herz und lassen sie hinein. Wir be- und verurteilen nicht, sondern umhüllen diese Menschen mit Zuneigung und Wärme.

Jetzt öffnen wir das Herz so weit wie nur möglich und lassen die liebende Hingebung herausfließen zu allen Menschen, nah und fern, zu jenen, die wir kennen, und zu jenen, die wir nicht kennen, von denen wir gehört haben oder deren Existenz wir nur ahnen. Liebende Hingebung ist wie ein Juwel, an dem jeder teilhaben kann. Wir müssen sie nur fließen lassen, dann erreicht sie viele Herzen.

Dieses Juwel der liebenden Hingebung lassen wir jetzt in unserem Inneren strahlen, bis keine Zelle ohne Wärme, Zuneigung, Akzeptanz und Hingabe ist. Wir fühlen uns beglückt und beschützt dadurch und verankern dieses Juwel in unserem Herzen, so daß wir jederzeit Zugang zu ihm haben.